PRACTICE
AND CASES OF
ENVIRONMENTAL PROTECTION TAX

环境保护税
计算申报与征管实务
I

水泥·燃煤电厂·工业锅炉行业

刘伟 主编

中国市场出版社
China Market Press
·北京·

图书在版编目（CIP）数据

环境保护税计算申报与征管实务. Ⅰ, 水泥、燃煤电厂、工业锅炉行业 / 刘伟主编. -- 北京：中国市场出版社有限公司, 2024.9. -- ISBN 978-7-5092-2572-1

Ⅰ. D922.229.4

中国国家版本馆CIP数据核字第2024FL4622号

环境保护税计算申报与征管实务Ⅰ：水泥、燃煤电厂、工业锅炉行业
HUANJINGBAOHUSHUI JISUAN SHENBAO YU ZHENGGUAN SHIWU Ⅰ : SHUINI RANMEI DIANCHANG GONGYE GUOLU HANGYE

主　　编：刘　伟
责任编辑：张　瑶（zhangyao9903@126.com）
出版发行：中国市场出版社 China Market Press
社　　址：北京市西城区月坛北小街2号院3号楼（100837）
电　　话：（010）68020337/68021338
网　　址：http://www.scpress.cn
印　　刷：河北鑫兆源印刷有限公司
规　　格：185mm×260mm　16开本
印　　张：19
字　　数：393千字
书　　号：ISBN 978-7-5092-2572-1
版　　次：2024年9月第1版
印　　次：2024年9月第1次印刷
定　　价：98.00元

版权所有　侵权必究　　印装差错　负责调换

编委会

主　　编：刘　伟
编委成员：滕洪辉　李　强　赵　辉　邹顺瑛
　　　　　王思依　王丽艳　王　宁　陈永强
　　　　　郝顺利　王爱红　麦淑珍　孙　毅
　　　　　范其阳　付璐璐　刘　妍　赵亚文
　　　　　王德斌　石重明

前言
PREFACE

环境保护税法自2018年正式实施以来，已经六年半多了，环境保护税的征收管理也逐渐走上了正轨。根据财政部统计，2024年上半年，全国环境保护税入库120亿元，同比增长18%，在生态文明建设中发挥了较好的经济杠杆作用。

近几年，环境保护税越来越得到党中央和国务院的重视，在生态文明以及美丽中国建设中发挥着越来越大的作用。2023年12月27日，中共中央、国务院印发《关于全面推进美丽中国建设的意见》，明确提出"强化税收政策支持，严格执行环境保护税法，完善征收体系，加快把挥发性有机物纳入征收范围"；2024年1月，国务院办公厅印发《关于加快构建废弃物循环利用体系的意见》（国办发〔2024〕7号），明确"细化贮存或处置固体废弃物的环境保护有关标准要求，综合考虑固体废弃物的环境危害程度、环境保护标准、税收征管工作基础等因素，完善固体废物环境保护税的政策执行口径，加大征管力度，引导工业固体废弃物优先循环利用"；党的二十届三中全会对深化财税体制改革作出了全面部署，提出了明确要求，明确"改革环境保护税法，将挥发性有机物纳入征收范围"；2024年7月31日，中共中央、国务院印发《关于加快经济社会发展全面绿色转型的意见》，提出"健全绿色转型财税政策。积极构建有利于促进绿色低碳发展和资源高效利用的财税政策体系，支持新型能源体系建设、传统行业改造升级、绿色低碳科技创新、能源资源节约集约利用和绿色低碳生活方式推广等领域工作。落实环境保护、节能节水、资源综合利用、新能源和清洁能源车船税收优惠。完善绿色税制，全面推行水资源费改税，完善环境保护税征收体系，研究支持碳减排相关税收政策"，对环境保护税的重视程度可见一斑。

从2017年开始，我就奔波在环境保护税培训及现场勘察的第一线，努力想把环境保护税法以及与之相关联的生态环境保护相关法律法规和标准具体适用场景真实地展示给税务干部及纳税人，努力想把排污费与环境保护税之间的区别向税务干部和纳税人阐述清楚，努力想用最简单的语言、最方便的模型展示环境保护税税源、税目、计算方法、减免税等工作的识别和纳税凭证的制作。在与辽宁、山东、山西、河北、内蒙古、广西、安徽、宁夏、新疆、深圳等省级税务机关，大连、沈阳、济南、太原、呼和浩特、石家庄、乌鲁木齐、聊城、阜新、唐山、保定、日照、沧州、运城、济宁、包头等地市税务机关和更多的区县税务机关一线税务干部进行业务交流，在与生态环境部环境规划院以及湖北、广东、辽宁、沈阳、大连、抚顺、葫芦岛等省市的生态环境部门进一步沟通后，我总结出环境保护税目前存在的主要和突出的问题其实是负责征管的部门不负责制定方法，制定方法的部门不负责征管，导致很难形成有效合力。于是，我在心里渐渐萌生了一个想法，就是要用税务的语言讲清环境保护税，用税务的思维研究环境保护税，真正让这个税种融入税收体系，融入依法治税、以数治税的税收征管改革浪潮。

我对环境保护税的理解和观念与国家税务总局大连市税务局资源和环境税处的观念不谋而合。大连市税务局通过大量的调研，广泛听取基层负责征管和税政的税务干部与广大纳税人的意见，在进行了深入的理论论证以后，决定根据大连市工业企业的结构特点，按行业规范环境保护税申报缴纳，切实解决纳税人分不清税费关系、不知道如何申报环境保护税的实际难题。

2020年，大连市税务局启动以"清理一个行业，整顿一个行业，规范一个行业"为目的的环境保护税调研式辅导工作。对每个行业的规范工作，都抽取该行业不同工艺、不同污染防治措施、不同规模的企业若干户，抽调各区县局一线环境保护税征管人员，组成环境保护税专班，我也有幸参与其中。通过深入企业现场，调取材料，分析数据，了解工艺，摸索生态环境部门的监测管理与环境保护税的关联关系，探索排污许可证中许可的内容与环境保护税税源、税目、计算方法、减免税之间的关联指标，总结环境管理台账和执行报告与税收征管的符合性，逐渐探索出用税收语言来解读环保指标，进而指导环境保护税申报缴纳的一种新思路。

2020—2021年，大连市税务局理顺了燃煤火电行业，编制了理论成果《燃煤火电企业环境保护税征管操作指南》；2021—2022年理顺了燃煤锅炉行业，编制了理论成果《热力生产和供应企业环境保护税征管操作指南》；2023年理顺了水泥行业，编制了理论成果《水泥制造企业环境保护税征管操作指南》，为基层税务干部征管环境保护税和纳税人申报缴纳环境保护税提供了较好的政策与实操指引。

今天，我们将三个行业的征管操作指南进行了重新整理，在此基础上形成了这本《环境保护税计算申报与征管实务Ⅰ：水泥、燃煤电厂、工业锅炉行业》，旨在帮助相关行业的纳税人解决环境保护税的涉税风险，帮助税务干部解决环境保护税征管中潜在的风险点，助力环境保护税在生态文明建设中发挥更突出的作用！

刘 伟

目 录
CONTENTS

第1部分 环境保护税概述 ·· 001

第1章 环境保护税税收要素与征收管理 ··· 002
    1.1 环境保护税纳税人 ·· 002
    1.2 环境保护税征税对象 ·· 002
    1.3 环境保护税计税依据 ·· 007
    1.4 环境保护税应税污染物排放量的计算方法 ································ 008
    1.5 环境保护税税目税额 ·· 008
    1.6 环境保护税应纳税额的计算 ··· 009
    1.7 环境保护税征收管理 ·· 009
    1.8 环境保护税的申报及审核 ·· 011

第2部分 水泥工业环境保护税征收管理操作指南 ······························· 029

第2章 水泥工业总体概述 ··· 030
    2.1 水泥工业企业概况 ·· 030
    2.2 水泥工业企业污染物排放特点及生产工艺流程 ························· 030
第3章 水泥工业企业环境保护税税源、税目的确定 ······························· 035
    3.1 税源、税目确定依据 ·· 035
    3.2 按次申报税源、税目的确定 ··· 035
    3.3 按固定期限申报税源、税目的确定 ·· 036

第4章　水泥工业企业应税污染物排放量的核算方法·················050
4.1　核算方法判定的基本原则·················050
4.2　应税大气污染物排放量的核算方法·················052
4.3　应税水污染物排放量的核算方法·················090
4.4　应税固体废物排放量的核算方法·················094
4.5　应税噪声排放量的核算方法·················094

第5章　减税和免税·················095
5.1　一般规定·················095
5.2　具体规定·················096

第3部分　燃煤电厂环境保护税征收管理操作指南·················099

第6章　燃煤电厂总体概述·················100
6.1　燃煤发电企业概述·················100
6.2　燃煤发电企业污染物排放特点及生产工艺流程·················100

第7章　燃煤电厂环境保护税税源的确定·················101
7.1　税源的确定依据·················101
7.2　建设期以及日常维护施工涉及按次申报税源的确定·················101
7.3　按固定期限申报税源的确定·················101

第8章　燃煤电厂应税污染物税目的确定·················105
8.1　应税大气污染物税目的确定·················105
8.2　应税水污染物税目的确定·················106
8.3　应税固体废物税目的确定·················109
8.4　应税噪声税目的确定·················109

第9章　燃煤电厂应税污染物排放量的核算方法·················110
9.1　核算方法判定的基本原则·················110
9.2　应税大气污染物排放量的核算方法·················112
9.3　应税水污染物排放量的核算方法·················224
9.4　应税固体废物排放量的核算方法·················230
9.5　应税噪声排放量的核算方法·················246

第10章 减税和免税 ·· 247
    10.1 一般规定 ··· 247
    10.2 具体规定 ··· 247

第4部分　工业锅炉环境保护税征收管理操作指南 ············· 249

第11章 锅炉燃烧企业总体概述 ··· 250
第12章 通过排污许可证获取税源、税目信息 ·· 251
    12.1 排污许可证概述及查询方式 ··· 251
    12.2 排污许可证中涉及环境保护税的内容 ·· 251
    12.3 《排污许可证与环境保护税申报信息采集明细对照表》 ··················· 260
第13章 通过生产工艺环节获取税源、税目信息 ··· 263
    13.1 建设期以及日常维护施工涉及按次申报税源的确定 ························ 263
    13.2 正常运行期间税源的确定 ··· 263
第14章 应税污染物排放量的核算方法 ·· 264
    14.1 核算方法判定的基本原则 ··· 264
    14.2 应税大气污染物、应税水污染物排序纳税规定 ······························ 264
    14.3 减税和免税 ·· 265
第15章 应税污染物排放量与应纳税额的具体计算 ······································· 268
    15.1 应税大气污染物排放量与应纳税额的核算 ····································· 268
    15.2 应税水污染物排放量的核算 ·· 287
    15.3 应税固体废物排放量产排污系数（物料衡算）方法核算 ·················· 288
    15.4 应税噪声排放量的核算 ·· 292

鸣　谢 ··· 293

第1部分
环境保护税概述

第1章 环境保护税税收要素与征收管理

1.1 环境保护税纳税人

《中华人民共和国环境保护税法》(以下简称《环境保护税法》)第二条规定,在中华人民共和国领域和中华人民共和国管辖的其他海域,直接向环境排放应税污染物的企业事业单位和其他生产经营者为环境保护税的纳税人。

1.2 环境保护税征税对象

《环境保护税法》第三条规定,该法所称应税污染物,是指该法所附《环境保护税税目税额表》《应税污染物和当量值表》规定的大气污染物、水污染物、固体废物和噪声。环境保护税征税对象见图1-1。

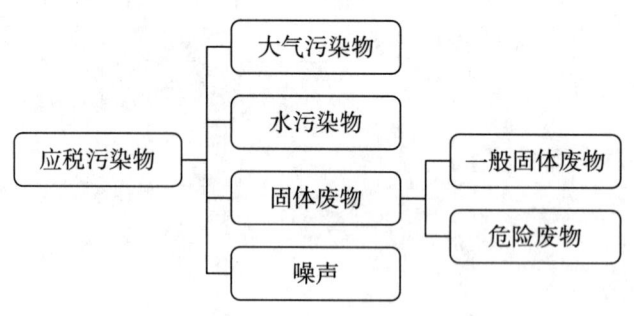

图1-1 征税对象示意图

1.2.1 应税大气污染物

应税大气污染物按照《环境保护税法》所附《应税污染物和当量值表》执行,详见表1-1。

表1-1 大气污染物污染当量值

污染物	污染当量值(千克)
1.二氧化硫	0.95
2.氮氧化物	0.95
3.一氧化碳	16.7
4.氯气	0.34
5.氯化氢	10.75

续表

污染物	污染当量值（千克）
6. 氟化物	0.87
7. 氰化氢	0.005
8. 硫酸雾	0.6
9. 铬酸雾	0.0007
10. 汞及其化合物	0.0001
11. 一般性粉尘	4
12. 石棉尘	0.53
13. 玻璃棉尘	2.13
14. 碳黑尘	0.59
15. 铅及其化合物	0.02
16. 镉及其化合物	0.03
17. 铍及其化合物	0.0004
18. 镍及其化合物	0.13
19. 锡及其化合物	0.27
20. 烟尘	2.18
21. 苯	0.05
22. 甲苯	0.18
23. 二甲苯	0.27
24. 苯并（a）芘	0.000002
25. 甲醛	0.09
26. 乙醛	0.45
27. 丙烯醛	0.06
28. 甲醇	0.67
29. 酚类	0.35
30. 沥青烟	0.19
31. 苯胺类	0.21
32. 氯苯类	0.72
33. 硝基苯	0.17
34. 丙烯腈	0.22
35. 氯乙烯	0.55
36. 光气	0.04
37. 硫化氢	0.29

续表

污染物	污染当量值（千克）
38.氨	9.09
39.三甲胺	0.32
40.甲硫醇	0.04
41.甲硫醚	0.28
42.二甲二硫	0.28
43.苯乙烯	25
44.二硫化碳	20

1.2.2 应税水污染物

应税水污染物按照《环境保护税法》所附《应税污染物和当量值表》执行，分为第一类水污染物和其他类水污染物，详见表1-2至表1-4。

表1-2 第一类水污染物污染当量值

污染物	污染当量值（千克）
1.总汞	0.0005
2.总镉	0.005
3.总铬	0.04
4.六价铬	0.02
5.总砷	0.02
6.总铅	0.025
7.总镍	0.025
8.苯并（a）芘	0.0000003
9.总铍	0.01
10.总银	0.02

表1-3 第二类水污染物污染当量值

污染物	污染当量值（千克）	备 注
11.悬浮物（SS）	4	
12.生化需氧量（BOD_5）	0.5	同一排放口中的化学需氧量、生化需氧量和总有机碳，只征收一项。
13.化学需氧量（COD_{cr}）	1	
14.总有机碳（TOC）	0.49	
15.石油类	0.1	

续表

污染物	污染当量值（千克）	备 注
16. 动植物油	0.16	
17. 挥发酚	0.08	
18. 总氰化物	0.05	
19. 硫化物	0.125	
20. 氨氮	0.8	
21. 氟化物	0.5	
22. 甲醛	0.125	
23. 苯胺类	0.2	
24. 硝基苯类	0.2	
25. 阴离子表面活性剂（LAS）	0.2	
26. 总铜	0.1	
27. 总锌	0.2	
28. 总锰	0.2	
29. 彩色显影剂（CD-2）	0.2	
30. 总磷	0.25	
31. 单质磷（以P计）	0.05	
32. 有机磷农药（以P计）	0.05	
33. 乐果	0.05	
34. 甲基对硫磷	0.05	
35. 马拉硫磷	0.05	
36. 对硫磷	0.05	
37. 五氯酚及五氯酚钠（以五氯酚计）	0.25	
38. 三氯甲烷	0.04	
39. 可吸附有机卤化物（AOX）（以Cl计）	0.25	
40. 四氯化碳	0.04	
41. 三氯乙烯	0.04	
42. 四氯乙烯	0.04	
43. 苯	0.02	
44. 甲苯	0.02	
45. 乙苯	0.02	
46. 邻-二甲苯	0.02	
47. 对-二甲苯	0.02	

续表

污染物	污染当量值（千克）	备 注
48. 间-二甲苯	0.02	
49. 氯苯	0.02	
50. 邻二氯苯	0.02	
51. 对二氯苯	0.02	
52. 对硝基氯苯	0.02	
53. 2,4-二硝基氯苯	0.02	
54. 苯酚	0.02	
55. 间-甲酚	0.02	
56. 2,4-二氯酚	0.02	
57. 2,4,6-三氯酚	0.02	
58. 邻苯二甲酸二丁酯	0.02	
59. 邻苯二甲酸二辛酯	0.02	
60. 丙烯腈	0.125	
61. 总硒	0.02	

表1-4　pH值、色度、大肠菌群数、余氯量水污染物污染当量值

污染物		污染当量值	备 注
1.pH值	1.0-1，13-14 2.1-2，12-13 3.2-3，11-12 4.3-4，10-11 5.4-5，9-10 6.5-6	0.06吨污水 0.125吨污水 0.25吨污水 0.5吨污水 1吨污水 5吨污水	pH5-6指大于等于5，小于6；pH9-10指大于9，小于等于10，其余类推。
2.色度		5吨水·倍	
3.大肠菌群数（超标）		3.3吨污水	大肠菌群数和余氯量只征收一项。
4.余氯量（用氯消毒的医院废水）		3.3吨污水	

1.2.3 应税固体废物

应税固体废物是指《环境保护税法》所附《环境保护税税目税额表》中列举的煤矸石、尾矿、危险废物、冶炼渣、粉煤灰、炉渣以及其他固体废物。

对于其他固体废物，根据《中华人民共和国环境保护税法实施条例》（以下简称《环境保护税法实施条例》）第二条规定，其他固体废物的具体范围，依照《环境保护税法》第六条第二款规定的程序确定。

1.2.4 应税噪声

应税噪声是指工业噪声,不包括建筑噪声等其他噪声。

1.3 环境保护税计税依据

1.3.1 一般规定

《环境保护税法》第七条规定,应税污染物的计税依据,按照下列方法确定:

(1)应税大气污染物按照污染物排放量折合的污染当量数确定;

(2)应税水污染物按照污染物排放量折合的污染当量数确定;

(3)应税固体废物按照固体废物的排放量确定;

(4)应税噪声按照超过国家规定标准的分贝数确定。

1.3.2 惩罚性措施

《环境保护税法实施条例》第六条规定,纳税人有下列情形之一的,以其当期应税固体废物的产生量作为固体废物的排放量:

(1)非法倾倒应税固体废物;

(2)进行虚假纳税申报。

第七条规定,应税大气污染物、水污染物的计税依据,按照污染物排放量折合的污染当量数确定。

纳税人有下列情形之一的,以其当期应税大气污染物、水污染物的产生量作为污染物的排放量:

(1)未依法安装使用污染物自动监测设备或者未将污染物自动监测设备与环境保护主管部门的监控设备联网;

(2)损毁或者擅自移动、改变污染物自动监测设备;

(3)篡改、伪造污染物监测数据;

(4)通过暗管、渗井、渗坑、灌注或者稀释排放以及不正常运行防治污染设施等方式违法排放应税污染物;

(5)进行虚假纳税申报。

条例第六条的两种和第七条的五种涉及惩罚性征税的行为,除了第六条的第二种、第七条的第一种和第五种行为可以根据企业的实际情况直接判定以外,其余的四种行为可以通过生态环境主管部门传递的环境违法和受行政处罚信息或者司法部门传递的环境涉刑信息来判定企业的违法行为是否涉及惩罚性征税。

《排污许可证申请与核发技术规范 总则》(HJ 942—2018)中"9.2 废气"又额外列举了两种按产生量计算的情况,分别是"要求采用自动监测的排放口或污染物项目而未采用的以及自动监测设备不符合规定的,采用产排污系数法核算颗粒物、氮氧化物、挥发性有机物等污染物实际排放量,根据单位产品污染物的产生量,按直排进行核算"和"二氧化硫、氮氧化物、颗粒物在线监测数据缺失时段超过25%的,自动监测数据不能作为核算实际排放量的依据,实际排放量按照'要求采用自动监测的排放口或污染物项目而未采用'的相关规定进行核算,其他污染物在线监测数据缺失情形可参照核算,环境保护部另有规定的从其规定",所以上述几种行为均需要按产生量计算环境保护税。

1.4 环境保护税应税污染物排放量的计算方法

《环境保护税法》第十条规定,应税大气污染物、水污染物、固体废物的排放量和噪声的分贝数,按照下列方法和顺序计算:

(1)纳税人安装使用符合国家规定和监测规范的污染物自动监测设备的,按照污染物自动监测数据计算;

(2)纳税人未安装使用污染物自动监测设备的,按照监测机构出具的符合国家有关规定和监测规范的监测数据计算;

(3)因排放污染物种类多等原因不具备监测条件的,按照国务院环境保护主管部门规定的排污系数、物料衡算方法计算;

(4)不能按照第(1)项至第(3)项规定的方法计算的,按照省、自治区、直辖市人民政府环境保护主管部门规定的抽样测算的方法核定计算。

应税污染物排放量的计算方法见图1-2。

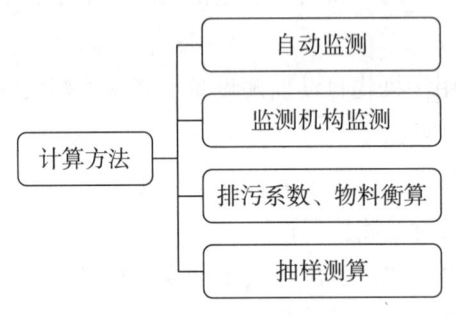

图1-2 计算方法示意图

1.5 环境保护税税目税额

环境保护税税目税额见表1-5。

表1-5 环境保护税税目税额表

税 目	计税单位	税 额	备 注
大气污染物	每污染当量	1.2~12元	
水污染物	每污染当量	1.4~14元	

续表

税　目		计税单位	税　额	备　注
固体废物	煤矸石	每吨	5元	
	尾矿	每吨	15元	
	危险废物	每吨	1000元	
	冶炼渣、粉煤灰、炉渣、其他固体废物（含半固态、液态废物）	每吨	25元	
噪声	工业噪声	超标1~3分贝	每月350元	1.一个单位边界上有多处噪声超标，根据最高一处超标声级计算应纳税额；当沿边界长度超过100米有两处以上噪声超标，按照两个单位计算应纳税额。2.一个单位有不同地点作业场所的，应当分别计算应纳税额，合并计征。3.昼、夜均超标的环境噪声，昼、夜分别计算应纳税额，累计计征。4.声源一个月内超标不足15天的，减半计算应纳税额。5.夜间频繁突发和夜间偶然突发厂界超标噪声，按等效声级和峰值噪声两种指标中超标分贝值高的一项计算应纳税额。
		超标4~6分贝	每月700元	
		超标7~9分贝	每月1400元	
		超标10~12分贝	每月2800元	
		超标13~15分贝	每月5600元	
		超标16分贝以上	每月11200元	

1.6　环境保护税应纳税额的计算

（1）应税大气污染物的应纳税额为污染当量数乘以具体适用税额；
（2）应税水污染物的应纳税额为污染当量数乘以具体适用税额；
（3）应税固体废物的应纳税额为固体废物排放量乘以具体适用税额；
（4）应税噪声的应纳税额为超过国家规定标准的分贝数对应的具体适用税额。

1.7　环境保护税征收管理

1.7.1　纳税义务发生时间

纳税义务发生时间为纳税人排放应税污染物的当日。

1.7.2　纳税期限

环境保护税按月计算，按季申报缴纳。不能按固定期限计算缴纳的，可以按次申报缴纳。纳税人按季申报缴纳的,应当自季度终了之日起十五日内,向税务机关办理纳税申报并缴纳税款。纳税人按次申报缴纳的,应当自纳税义务发生之日起十五日内,向税务机关办理纳税申报并缴纳税款。

1.7.3 纳税地点

纳税人应当向应税污染物排放地的税务机关申报缴纳环境保护税。排放地是指:

(1)应税大气污染物、水污染物排放口所在地;

(2)应税固体废物产生地;

(3)应税噪声产生地。

纳税人跨区域排放应税污染物,税务机关对税收征收管辖有争议的,由争议各方按照有利于征收管理的原则协商解决;不能协商一致的,报请共同的上级税务机关决定。

环境保护税征收管理情况见图1-3。

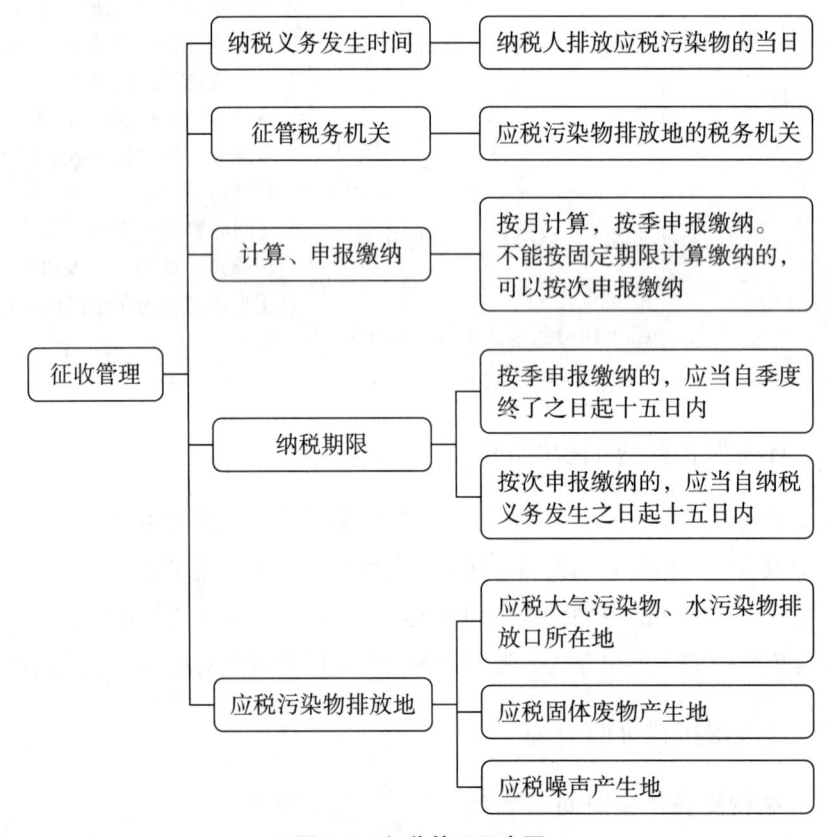

图1-3 征收管理示意图

1.7.4 纳税资料保存

纳税人应当按照税收征收管理的有关规定,妥善保管应税污染物监测和管理的有关资料。依据《中华人民共和国税收征收管理法实施细则》第二十九条规定，应税污染物监测和管理的有关资料应当保存10年。

1.8 环境保护税的申报及审核

1.8.1 税源基础信息的申报及审核

1.8.1.1 税源基础信息采集表主表的申报及审核

1.税源基础信息采集表主表的申报

纳税人完成登记后，即可进行环境保护税税源基础信息采集。

操作流程为：【功能菜单】→【管理服务】→【税源信息维护管理】→【财产行为税税源信息报告】，点击进入财产行为税税源信息报告界面。输入纳税人识别号（统一社会信用代码），按"回车"键，系统自动带出纳税人信息，如图1-4所示。

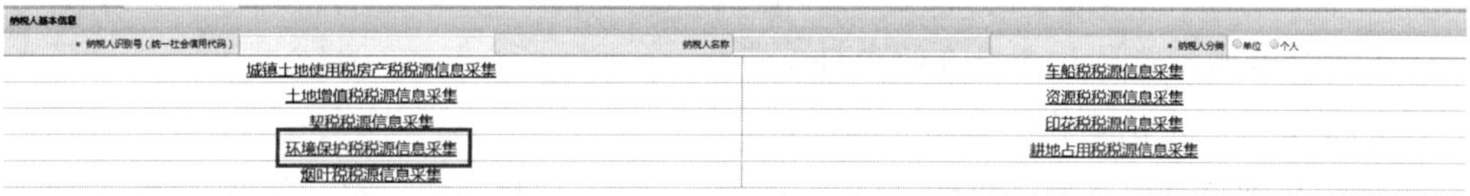

图1-4 财产行为税税源信息报告界面

点击"环境保护税税源信息采集"，跳转至环境保护税税源信息采集页面。点击右下角"增行"，具体税源采集内容可参照排污许可证及相关行业的排污许可证申请与核发技术规范相关内容对照录入。录入税源基础信息后，点击"保存"，税源基础信息保存成功，如图1-5所示。

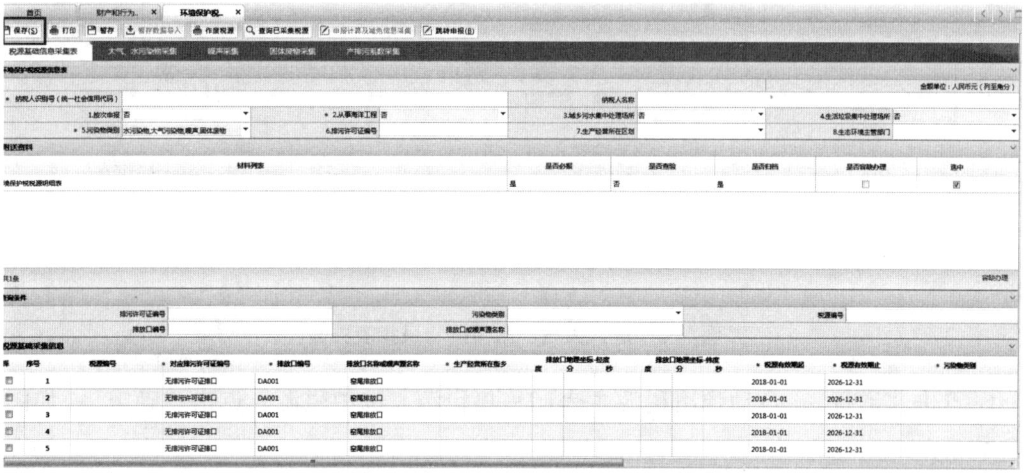

图1-5 环境保护税税源信息采集界面

2.税源基础信息采集表主表的审核

（1）税源明细按照企业排污许可证载明的排放口信息结合企业自身实际全量录入。

（2）固体废物采集时，"污染物排放量计算方法"无须填写。污染物名称为"危险废物（固）"的，征收子目必须填写，按照国务院生态环境主管部门发布的《国家危险废物名录》填写。除"危险废物（固）"外，其他类固体废物征收子目无须填写。

（3）排污许可证中载明的废水"排放去向"为直接进入自然水体时，此排放口才需要进行环境保护税基础信息采集；为"不外排"或"进入污水处理厂"时，此排放口不属于直接向环境排放，不需要进行信息采集。

（4）税源基础信息采集表主表中，污染物类别选择"噪声"时，污染物名称不需要填写。

1.8.1.2 税源基础信息采集附表的申报及审核

1.大气和水污染物信息附表的申报及审核

（1）大气和水污染物信息附表的申报。

税源基础信息采集表采集的"污染物类别"为大气污染物、水污染物，"污染物排放量计算方法"为"自动监测""监测机构监测"的，必须采集"大气、水污染物采集表"。

点击"大气、水污染物采集表"，如图1-6所示。

图1-6 进入大气、水污染物采集表界面

点击"增行"，自动弹出税源主表已采集税源，选中税源，点击"确定"，如图1-7所示。

图1-7 税源信息选择界面

录入执行标准、标准浓度值等数据项,点击"保存",如图1-8所示。

图1-8 大气、水污染物采集表录入界面

提示信息界面如图1-9所示。

图1-9 提示信息界面

（2）大气和水污染物信息附表的审核。

①税源基础信息采集表采集的"污染物类别"为大气污染物、水污染物，"污染物排放量计算方法"为"排污系数""物料衡算"的，无须采集"大气、水污染物采集表"。

②执行标准栏次，如同时存在国家与地方标准，应遵循孰严的原则，录入地方标准。

2.噪声信息附表的申报及审核

（1）噪声信息附表的申报。

税源基础信息采集表采集的"污染物类别"为噪声的，需采集"噪声采集表"。点击"噪声采集"，点击"增行"，税源查询页面选中税源，点击"确定"，录入其他数据项，点击"保存"，如图1-10所示。

税源信息列表选中税源，点击"确定"，如图1-11所示。

图1-10　进入噪声采集表界面

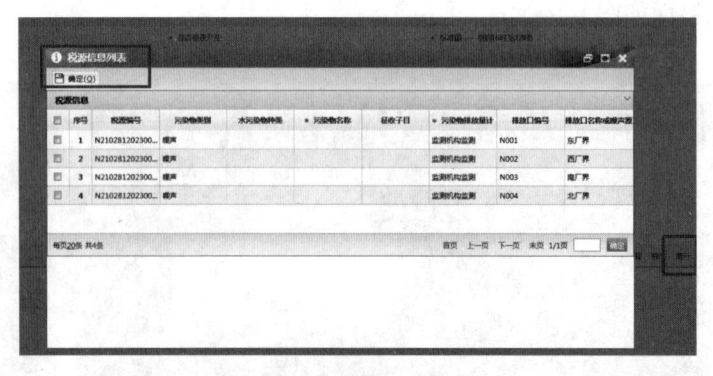

图1-11　税源信息选择界面

录入"是否昼夜产生""标准值——昼间（6时至22时）""标准值——夜间（22时至次日6时）"等数据项，点击"保存"。如图1-12、图1-13所示。

图1-12 噪声采集表录入界面

图1-13 提示信息界面

（2）噪声信息附表的审核。

对于昼夜均产生噪声的纳税人，噪声税源基础信息采集时应同时采集昼间标准与夜间标准。

3.固体废物信息附表的申报及审核

（1）固体废物信息附表的申报。

税源基础信息采集表采集的"污染物类别"为固体废物的，需采集"固体废物采集表"。点击"固体废物采集"页，如图1-14所示。

图1-14 进入固体废物采集表界面

点击"增行"，税源查询页面选中税源，点击"确定"，如图1-15所示。

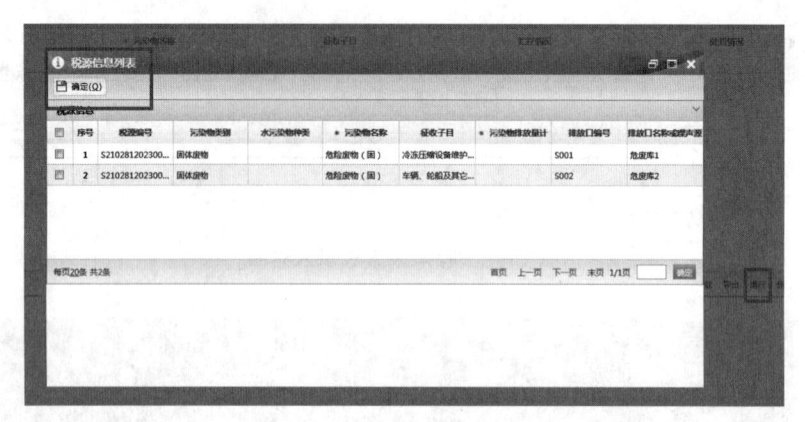

图 1-15　税源信息选择界面

根据企业实际情况，录入"贮存情况""处置情况""综合利用情况"等数据项，点击"保存"，如图 1-16、图 1-17 所示。

图 1-16　固体废物采集表录入界面

图 1-17　提示信息界面

（2）固体废物信息附表的审核。

①"贮存情况"：填写贮存场所（设施）名称。

②"处置情况"：填写处置单位。

③"综合利用情况"：填写综合利用方式。综合利用方式填写"金属材料回收"、

"非金属材料回收"、"能量回收"或"其他方式"。

④纳税人存在贮存、处置、综合利用情况的,税源信息采集时为必录,否则将影响固体废物申报表填列。

4.产排污系数附表的申报及审核

(1)产排污系数附表的申报。

"污染物排放量计算方法"为"排污系数"的税源,需先采集"产排污系数采集表"。点击"产排污系数采集"页,点击"增行",录入采集数据,点击"保存",保存成功。再进入"税源基础信息采集表",采集"污染物排放量计算方法"为"排污系数"的税源,如图1-18、图1-19所示。

(2)产排污系数附表的审核。

①按产排污系数计算的污染物,需先进行产排污系数采集,保存成功后,再进入税源基础信息采集表主表,进行对应的税源采集。

②计算基数单位应填写国务院环境主管部门发布的纳税人适用的产排污系数表中"单位"栏的分母项,污染物单位应选择国务院环境主管部门发布的纳税人适用的产排污系数表中"单位"栏分子项,包括"吨""千克""克""毫克"。

图1-18 产排污系数采集表界面

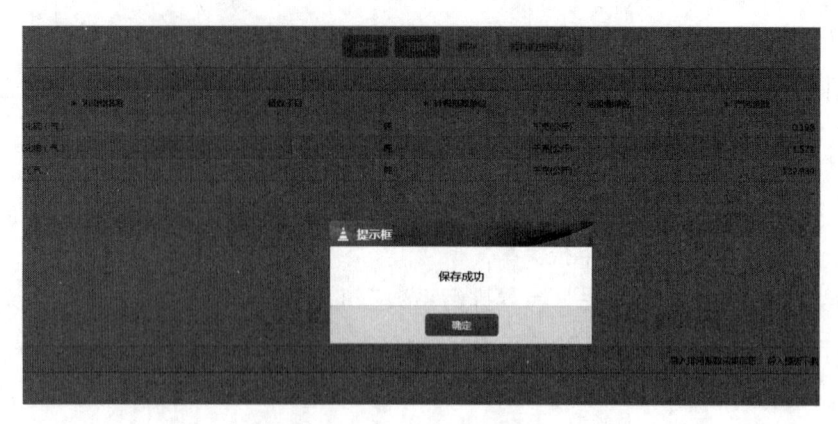

图 1-19　提示信息界面

③ "污染物排放量计算方法"为"物料衡算"的税源，无须采集税源信息附表，在"税源基础信息采集表"采集税源后可直接申报。

1.8.2　申报计算及减免信息申报、审核

纳税人在"财产和行为税纳税申报"模块申报环境保护税之前，需先在"财产和行为税税源明细报告"完成环境保护税税源信息采集。若已采集税源基础信息则可直接进入申报界面。

操作流程为：【功能菜单】→【申报征收】→【申报】→【财产和行为税纳税申报】，点击菜单进入财产和行为税纳税申报界面，录入纳税人识别号（统一社会信用代码），按"回车"键，系统自动带出纳税人信息。如图 1-20 所示。

图 1-20　财产和行为税纳税申报界面

点击"税源采集"，跳转至"环境保护税税源信息采集"页面。可在此界面对已采集税源进行修改或增加；如纳税人排放口未发生变化，无须更改，可直接点击"申报计算及减免信息采集"，进入申报界面。如图 1-21、图 1-22 所示。

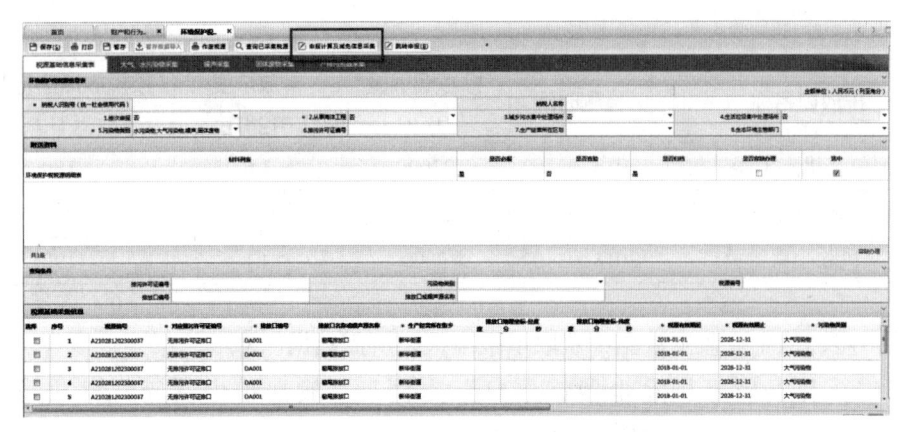

图 1-21　环境保护税税源信息采集界面

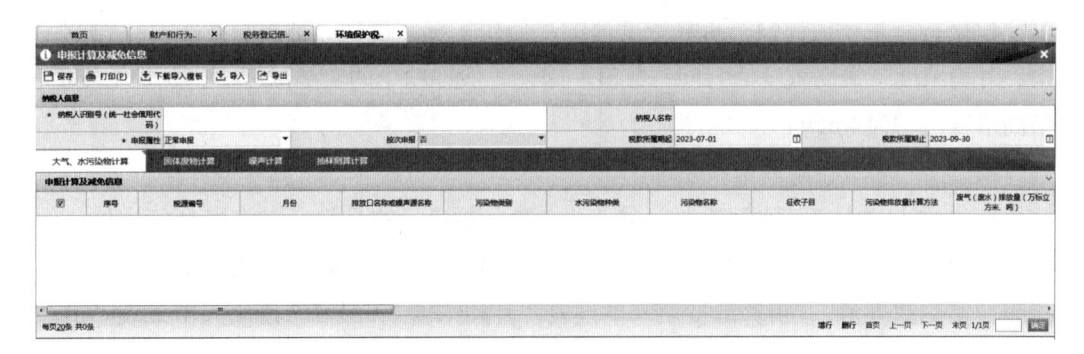

图 1-22　申报计算及减免信息采集界面

1.8.2.1　监测数据法申报及审核

监测数据既包括自动监测数据也包括监测机构监测数据。

1. 大气监测数据的申报及审核

（1）大气监测数据的申报。

引用本书实例4-6的数据，如表1-6所示。

表1-6　具体检测结果及排放口运行时间统计

排放口名称	检测时间	标态烟气量（m³/h）	排放浓度（mg/m³）	该排放口运行时间（h）
石灰石破碎机除尘器排放口	2018-03-02	21000	4	140
反击式破碎机除尘器排放口	2018-03-02	19000	3.9	150
煤磨除尘器排放口	2018-03-02	40000	4.3	600
1号水泥磨除尘器排放口	2018-03-02	41000	4.2	350
1号水泥包装机除尘器排放口	2018-03-02	23000	3.5	200

续表

排放口名称	检测时间	标态烟气量（m^3/h）	排放浓度（mg/m^3）	该排放口运行时间（h）
2号水泥包装机除尘器排放口	2018-03-02	22000	3.6	180
3号水泥包装机除尘器排放口	2018-03-02	20000	3.8	260
辅料破碎机除尘器排放口	2018-03-02	9000	4.1	190

第一步，从企业监测数据中获取填报申报表所需数据。

以“石灰石破碎机除尘器排放口”为例，一般性粉尘的废气排放总量为：$21000 \times 140=294 \times 10^4$（立方米）。

使用“监测机构监测”的计算方法申报时，有折算浓度值的，月均浓度、最高浓度值填报折算浓度值，没有折算浓度值的，使用实测浓度值；如果企业当月仅监测一次，月均浓度、最高浓度值为同一数值。因此一般性粉尘的实测浓度值、月均浓度值、最高浓度值均为4mg/m³。

第二步，将数据填入申报系统。

点击进入“大气、水污染物计算表”，选择要申报的月份，并将当月各排放口的废气排放总量填入申报表“废气（废水）排放量”一览，月均排放实测浓度值填入申报表“实测浓度值”，折算浓度填入申报表“月均浓度”，最高浓度填入申报表“最高浓度”。如图1-23所示。

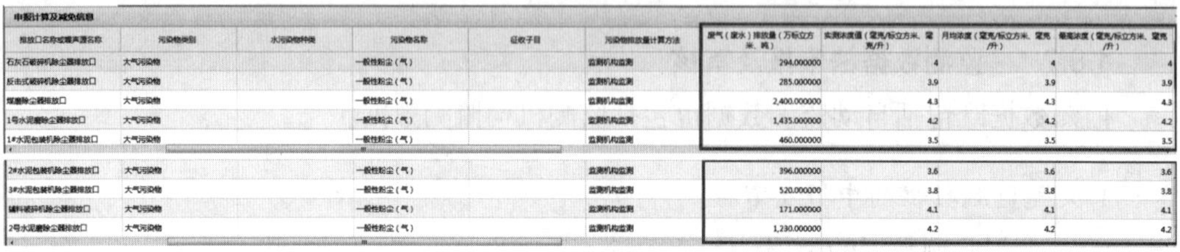

申报计算及减免信息

排放口名称或噪声源名称	污染物类别	水污染物种类	污染物名称	征收子目	污染物排放量计算方法	废气（废水）排放量（万标立方米、吨）	实测浓度值（毫克/标立方米、毫克/升）	月均浓度（毫克/标立方米、毫克/升）	最高浓度（毫克/标立方米、毫克/升）
石灰石破碎机除尘器排放口	大气污染物		一般性粉尘（气）		监测机构监测	294.000000	4	4	4
反击式破碎机除尘器排放口	大气污染物		一般性粉尘（气）		监测机构监测	285.000000	3.9	3.9	3.9
煤磨除尘器排放口	大气污染物		一般性粉尘（气）		监测机构监测	2,400.000000	4.3	4.3	4.3
1号水泥磨除尘器排放口	大气污染物		一般性粉尘（气）		监测机构监测	1,435.000000	4.2	4.2	4.2
1#水泥包装机除尘器排放口	大气污染物		一般性粉尘（气）		监测机构监测	460.000000	3.5	3.5	3.5
2#水泥包装机除尘器排放口	大气污染物		一般性粉尘（气）		监测机构监测	396.000000	3.6	3.6	3.6
3#水泥包装机除尘器排放口	大气污染物		一般性粉尘（气）		监测机构监测	520.000000	3.8	3.8	3.8
辅料破碎机除尘器排放口	大气污染物		一般性粉尘（气）		监测机构监测	171.000000	4.1	4.1	4.1
2号水泥磨除尘器排放口	大气污染物		一般性粉尘（气）		监测机构监测	1,230.000000	4.2	4.2	4.2

图1-23　填报的数据项

填入上述数据后，系统会自动计算当月相应污染物的排放量和应纳税额，并根据填写的“折算浓度”和“最高浓度”自动计算出纳税人可以享受的减免税额及当月最终应缴纳税额。对于系统自动带出减免税额但实际不能享受减免的，纳税人应手动将当月的“减免性质代码和项目名称”选为空，填写完毕点击“保存”。如图1-24所示。

污染物排放量(千克或吨)	污染当量值（特征值）（千克或吨）	污染当量数	减免性质代码和项目名称	单位税额	本期应纳税额	本期减免税额	本期已缴税额	本期应补（退）税额
11.760000000	4	2.940000	纳税人排放应税大气污染物或者...	1.200000	3.53	1.76	0.00	1.77
11.115000000	4	2.778750	纳税人排放应税大气污染物或者...	1.200000	3.33	1.67	0.00	1.66
103.200000000	4	25.800000	纳税人排放应税大气污染物或者...	1.200000	30.96	15.48	0.00	15.48
60.270000000	4	15.067500	纳税人排放应税大气污染物或者...	1.200000	18.08	9.04	0.00	9.04
16.100000000	4	4.025000	纳税人排放应税大气污染物或者...	1.200000	4.83	2.42	0.00	2.41
14.256000000	4	3.564000	纳税人排放应税大气污染物或者...	1.200000	4.28	2.14	0.00	2.14
19.760000000	4	4.940000	纳税人排放应税大气污染物或者...	1.200000	5.93	2.96	0.00	2.97
7.011000000	4	1.752750	纳税人排放应税大气污染物或者...	1.200000	2.10	1.05	0.00	1.05
51.660000000	4	12.915000		1.200000	15.50	0	0.00	15.50

图1-24 系统自动带出的数据项

（2）大气监测数据申报的审核。

①纳税人使用自动监测数据申报的，应与生态环境部门传递的自动监测数据保持一致，在审核中如发现不一致，应及时按照生态环境部门传递数据通知纳税人进行调整。

②在税源基础信息采集中，已采集应税污染物排放执行标准的，系统会将纳税人申报的月均浓度和最高浓度数据与应税污染物排放标准浓度进行比较，并自动带出符合浓度减免条件的减免额。

需要注意以下两点：

——纳税人任何一个排放口排放应税大气污染物、水污染物的浓度值，以及没有排放口排放应税大气污染物的浓度值，超过国家和地方规定的污染物排放标准的，依法不予减征环境保护税。

——使用“监测机构监测”计算方法申报的，如当月未取得监测报告，即使浓度符合减免标准，依据相关政策当月也不得享受环境保护税减征优惠，纳税人应手动将当月的“减免性质代码和项目名称”选为空。

2. 噪声监测数据的申报及审核

（1）噪声监测数据的申报。

举例说明。某水泥制造有限公司在厂区四周各有三个噪声监测点位，2023年6月噪声监测结果如下：该企业所在地区昼间噪声排放标准为55分贝，夜间排放标准为45分贝。该企业各噪声源当月白天工作18天，夜间工作5天。当月监测时，沿厂界100米以上有六处噪声超标。噪声检测结果汇总见表1–7。请计算当月超标噪声应纳税额。

表1–7 噪声检测结果汇总表

检测点位	区域类型	检测结果（分贝）	
		昼 间	夜 间
东（Z1）	1类	62	41
东（Z2）	1类	61	42

续表

检测点位	区域类型	检测结果（分贝） 昼间	检测结果（分贝） 夜间
东（Z3）	1类	52	41
南（Z4）	1类	45	57
南（Z5）	1类	50	50
南（Z6）	1类	48	53
西（Z7）	1类	57	38
西（Z8）	1类	45	36
西（Z9）	1类	49	37
北（Z10）	1类	42	37
北（Z11）	1类	42	39
北（Z12）	1类	41	33

第一步，确定昼间和夜间该企业排放最大噪声分贝值，通过噪声检测结果汇总表可得昼间最大值为62分贝，夜间最大值为57分贝。

第二步，将数据填入申报系统。

进入"噪声计算"表，将昼间最大值62填入"噪声时段"为"昼"的"监测分贝数"，将夜间最大值57填入"噪声时段"为"夜"的"监测分贝数"。由于当月白天工作18天，夜间工作5天，因此昼间"超标不足15天"选择"否"，夜间"超标不足15天"选择"是"。由于沿厂界100米以上有两处以上噪声超标，因此昼间和夜间"两处以上噪声超标"均选择"是"。填入上述数据后，系统会自动计算当月相应污染物的排放量和应纳税额。填写完毕点击"保存"。如图1-25所示。

图1-25 申报计算及减免噪声申报界面

（2）噪声监测数据申报的审核。

①噪声超标分贝数不是整数值的，按四舍五入取整。

②同一单位同一监测点当月有多个监测数据超标的，应以最高一次超标声级计算应纳税额。

③应区分昼夜分别进行计算。声源一个月内累计昼间超标不足15昼或者累计夜间超标不足15夜的，分别减半计算应纳税额。

1.8.2.2 产排污系数（物料衡算）法申报及审核

1.大气污染物产排污系数法申报及审核

（1）大气污染物产排污系数法申报。

引用本书实例4-8的数据如下：

第一步，确定填报系数。

产污系数为51.765kg/吨水泥，排污系数为0.088kg/吨水泥。

第二步，将系数填报到税源基础信息采集表。

按照产排污系数的采集方法，将产排污系数填报至"产排污系数基础信息采集表"，填写完毕点击"保存"。如图1-26所示。

图1-26 产排污系数基础信息采集界面

第三步，将数据填入申报系统。

进入"大气、水污染物计算表"，将当期水泥产量120000（吨）填入"计算基数"，并双击"排污系数"调出已采集的产排污系数表，选择水泥生产环节一般性粉尘的排污系数0.088。

填入上述数据后，系统会自动计算应税污染物的排放量及应缴纳税额。填写完毕点击"保存"。如图1-27所示。

图1-27 申报计算及减免大气、水污染物申报界面

（2）大气污染物产排污系数法申报的审核。

①产排污系数一经确定很少会发生变化，如发现纳税人产排污系数改变，应及时进行核实。

②使用产排污系数方法需要纳税人准确核算"计算基数"，在实际征管中，如发现纳税人"计算基数"发生较大变化，应及时核实变化原因，查看纳税人相应计税凭证。

2.大气污染物物料衡算法申报及审核

（1）大气污染物物料衡算法申报。

"污染物排放量计算方法"为"物料衡算"的税源，无须采集基础信息采集表的附表，直接点击"申报计算及减免信息采集"按钮，进行申报表填列。

《生态环境部关于发布〈排放源统计调查产排污核算方法和系数手册〉的公告》（生态环境部公告2021年第24号，以下简称24号公告）在系数法中引入"k"值，即末端治理设施的实际运行率，由于"k"值是一个与治理设施运行时间相关的变量指标，导致产排污系数也成了一个变量。因此，在使用产排污系数计算中涉及"k"值的，在税源采集基础信息时应选择物料衡算核算方法，这样应税污染物排放量的计算过程全部在表外完成，避免了"k"值变化导致的无法申报问题。

引用本书实例4-9的数据如下：

第一步，表外计算应税污染物的排放量。

一般性粉尘排放量为31804.8kg。

第二步，将数据填入申报系统。

将一般性粉尘的排放量直接填入系统中"污染物排放量"一栏。填入该数据后，系统会自动计算应税污染物的污染当量数及应缴纳税额。填写完毕点击"保存"。如图1-28所示。

图1-28 申报计算及减免大气、水污染物申报界面

（2）大气污染物物料衡算法申报的审核。

使用物料衡算法计算应税污染物排放量的过程，在申报表中无法查询。在审核中，对大额税款、变化较大情况，可要求纳税人提供计算过程进行进一步审核。

1.8.2.3 抽样测算法申报及审核

1. 大气污染物抽样测算法申报

举例说明。某水泥制造有限公司筹建一生产厂房，取得《建设工程规划许可证》，总建筑面积58440平方米，建筑工期为2023年9月1日至2024年6月30日；土方工程合同显示工程基底面积9800平方米，施工工期自2023年8月1日起，共计60天。经确认，建设工地采取的道路硬化措施达标，未设立边界围挡，地面裸露未开展覆盖措施，施工砂石土堆未进行苫盖，作业场地三天喷洒一次抑尘剂，进出车辆同时采用简易冲洗装置、机械冲洗装置进行冲洗。假设水泥制造有限公司为施工企业，无法准确核算该生产厂房各月具体施工面积，请计算该厂房第三季度一般性粉尘的产生量及应纳环境保护税税额。

第一步，确定月建筑面积。由于企业无法准确核算各月的施工面积，应当按照其《建设工程规划许可证》注明的施工总面积除以施工工期计算月建筑面积。

2023年8月，施工面积=9800 ÷ 2=4900（平方米）。

2023年9月，施工面积=土石方和桩基环节施工面积+结构和装修环节施工面积=9800 ÷ 2+58440 ÷ 10=4900+5844=10744（平方米）。

第二步，确定产生系数、削减系数。建筑施工施工扬尘产生系数为1.01千克/平方米·月；道路硬化措施完全符合条件，施工扬尘削减系数为0.071千克/平方米·月；边界围挡未达标，施工扬尘削减系数为0；裸露地面覆盖未达标，施工扬尘削减系数为0；易扬尘物料覆盖未达标，施工扬尘削减系数为0；定期喷洒抑制剂达标，施工扬尘削减系数为0.03千克/平方米·月；运输车辆简易冲洗装置、运输车辆机械冲洗装置属于二次扬尘控制措施，为选择计算，削减系数取0.31千克/平方米·月。综上，削减系数=0.071+0.03+0.31=0.411。

第三步，在税源基础信息采集界面，选择污染物类别“大气污染物”，污染物名称为“一般性粉尘（气）”，征收子目为“建筑工程”，污染物排放量计算方法为“抽样测算”。如图1–29所示。

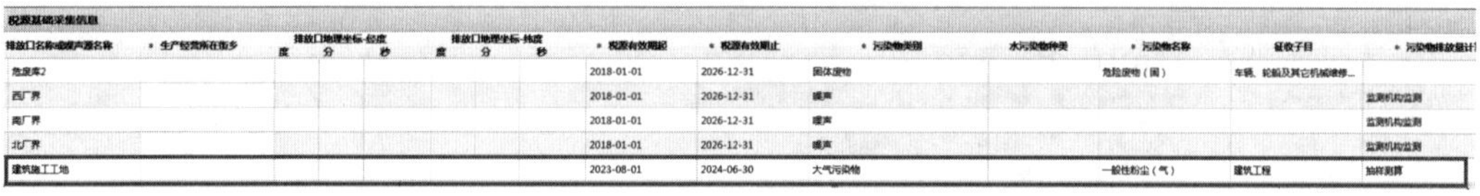
税源基础信息采集信息

排放口名称或噪声源名称	* 生产经营所在街乡	排放口地理坐标-经度 度	分	秒	排放口地理坐标-纬度 度	分	秒	* 税源有效期起	* 税源有效期止	* 污染物类别	水污染物种类	* 污染物名称	征收子目	* 污染物排放量计
危废库2								2018-01-01	2026-12-31	固体废物		危险废物（固）	车辆、轮船及其它机械维修…	
西厂界								2018-01-01	2026-12-31	噪声				监测机构监测
南厂界								2018-01-01	2026-12-31	噪声				监测机构监测
北厂界								2018-01-01	2026-12-31	噪声				监测机构监测
建筑施工工地								2023-08-01	2024-06-30	大气污染物		一般性粉尘（气）	建筑工程	抽样测算

图1–29　税源基础信息采集界面

第四步，将数据逐月填报到“申报计算及减免信息采集”界面。将月建筑面积填到“特征指标数量”，产生系数–削减系数的余额填到“特征系数”。填入上述数据后，系统会自动计算当月应税污染物的排放量和应纳税额。如图1–30所示。

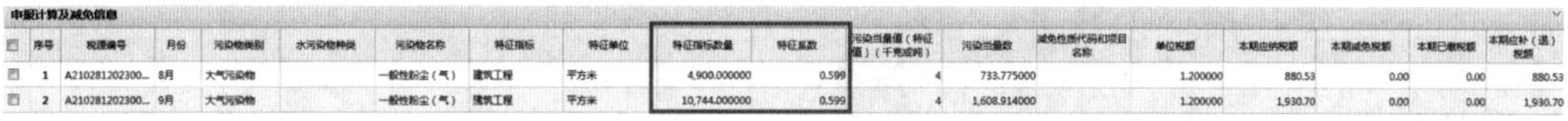
申报计算及减免信息

	序号	税源编号	月份	污染物类别	水污染物种类	污染物名称	特征指标	特征单位	特征指标数量	特征系数	污染当量值（特征值）（千克或吨）	污染当量数	减免性质代码和项目名称	单位税额	本期应纳税额	本期减免税额	本期已缴税额	本期应补（退）税额
	1	A210281202300...	8月	大气污染物		一般性粉尘（气）	建筑工程	平方米	4,900.000000	0.599	4	733.775000		1.200000	880.53	0.00	0.00	880.53
	2	A210281202300...	9月	大气污染物		一般性粉尘（气）	建筑工程	平方米	10,744.000000	0.599	4	1,608.914000		1.200000	1,930.70	0.00	0.00	1,930.70

图1–30　申报计算及减免信息抽样测算计算界面

2. 大气污染物抽样测算法申报的审核

建筑施工项目的纳税主体为施工企业，当水泥制造企业仅为建设方而非施工方时，应当通过其签订的建设施工合同查找施工方，征缴施工方建设施工应交的环境保护税。如施工方非施工所在地企业且在当地主管税务机关无税务登记，根据征管规范，生产经营地与排放口存在跨区（同省）情形的，应在施工所在地税务机关设立跨区税源登记。

纳税人有多个《建设工程规划许可证》的，应按照《建设工程规划许可证》信息逐个采集排放口，分别计算环境保护税。

纳税人实际开工日期、实际竣工日期与《建筑工程施工许可证》、施工合同等资料上载明的"合同开工日期"和"合同竣工日期"不一致的,以实际开工日期、实际竣工日期为准。

纳税人无法准确计算月建筑面积或施工面积时,可按规划许可或施工许可中注明的施工总面积除以施工工期(月)计算月建筑面积或施工面积,即:月建筑面积或施工面积=建筑或施工总面积÷施工工期(月)。

1.8.2.4 申报缴税

以上申报计算信息填列完成后,选择税款所属期,勾选"环境保护税"。如图1-31所示。

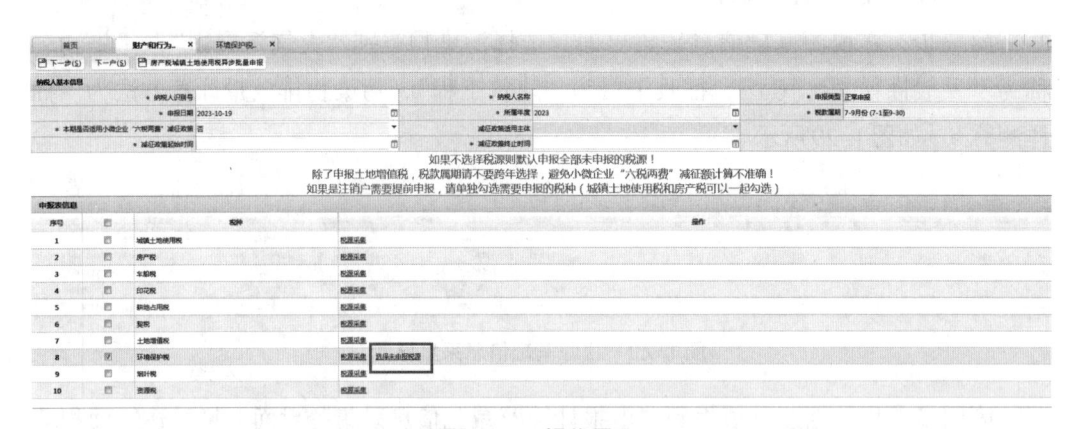

图1-31 操作界面

点击"选择未申报税源",弹出税源选择列表,进入申报流程。如图1-32所示。

图1-32 申报税源选择界面

选择全部税源,返回统一受理界面,或者不点击"选择未申报税源",直接点击"下一步",进入纳税申报界面,点击"保存"。如图1-33所示。

第1部分 环境保护税概述 | 027

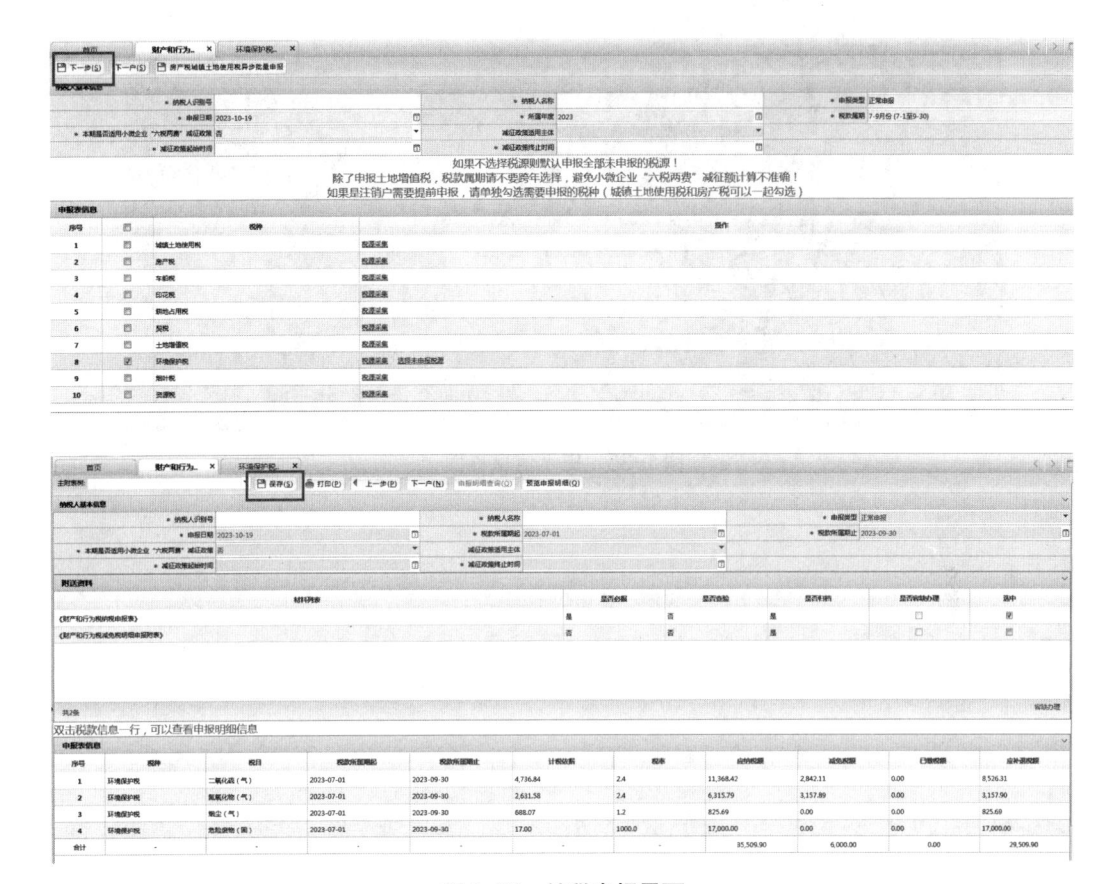

图1-33 纳税申报界面

界面提示"保存成功,是否需要调用一般征收开票?",点击"是",跳转一般征收开票进行缴税;点击"否",申报结束。如图1-34所示。

图1-34 保存成功界面

需要注意的是,纳税人需正确填列财产和行为税纳税申报界面中申报日期、所属年度、税款所属期等信息,系统会自动判断当前日期是否可以申报。若信息填报错误,系统将不可进行申报,并出现监控提示:"所选申报表当前属期无可申报的税源信息!"。如图1-35所示。

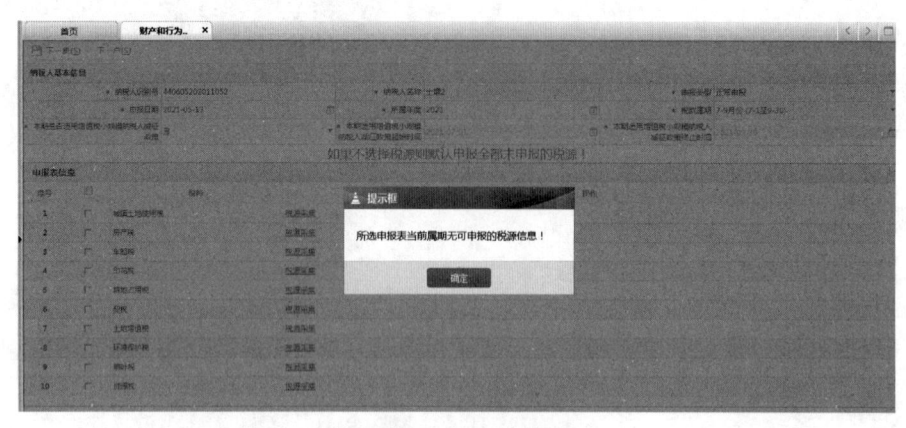

图 1-35 提示信息界面

第 2 部分
水泥工业环境保护税征收管理操作指南

第2章　水泥工业总体概述

2.1　水泥工业企业概况

水泥工业企业指水泥（熟料）制造和独立粉磨站排污单位。其中，水泥（熟料）制造包括熟料生产及其配套的原料矿山开采、散装水泥（熟料）转运等，以及在进行熟料生产的同时利用水泥窑对固体废物进行无害化处置过程。

2.2　水泥工业企业污染物排放特点及生产工艺流程

水泥工业企业产生应税污染物涉及四类污染物种类，即大气污染物、水污染物、固体废物和噪声。各环节产生的主要应税大气污染物包括矿山开采产生的一般性粉尘，水泥窑及窑尾余热利用系统产生的烟尘、二氧化硫、氮氧化物、氟化物、汞及其化合物、一般性粉尘、氨、一氧化碳等，破碎、生料磨、煤磨、包装、水泥磨等工段排放的一般性粉尘等，污水处理站产生的硫化氢和氨等，还包括水泥窑协同处置危废和生活垃圾产生的硫化氢、氨、铅、镉、铍、镍、锡及其化合物等应税污染物。目前水泥行业窑尾废气除尘主要采用静电除尘、袋式除尘或电袋复合除尘，脱硝主要采取低氮燃烧+SNCR工艺，脱硫主要采用干法、半干法或湿法脱硫工艺，窑头废气除尘主要采用静电除尘、袋式除尘或电袋复合除尘，其余一般排放口主要采用袋式除尘工艺；矿山开采及物料堆存主要采用喷淋、苫盖、全密闭等方式降尘。

水泥生产的主要工艺流程为：矿山开采→破碎→预均化→配料→生料粉末→生料均化→悬浮预热、预分解→回转窑煅烧→配料→水泥粉磨→水泥均化→水泥包装、散装出厂。

2.2.1　石灰石原料开采

石灰石是制造水泥的重要原料，石灰石开采生产过程主要包括：潜孔爆破、汽车运输、石灰石破碎、皮带输送等。矿山开采工艺流程见图2-1。

2.2.2　破碎及预均化

（1）破碎：大部分原料如石灰石、砂岩和页岩等首先要通过破碎设备进行破碎、粉磨，使其粒度均匀。

（2）原料预均化：实现原料的初步均化，形成相互平行、上下重叠和相同厚度的料层。

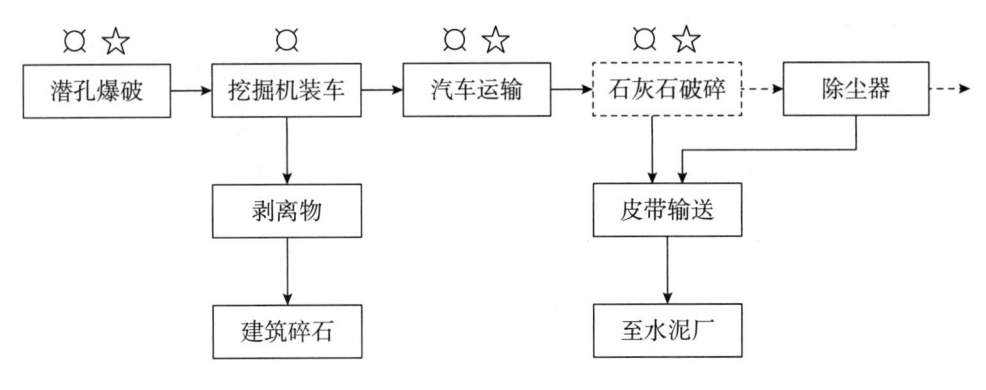

图例：
物流方向：——→
气流方向：----→
✡粉尘 ☆噪声 ●振动

图2-1　矿山开采工艺流程

2.2.3　生料制备

（1）配料：预均化后的石灰质原料（石灰石）、硅质原料（沙土）、铁质原料（铁矿石）、铝质原料（湿煤渣）通过皮带秤称量按一定比例配合后，输送到生料磨粉系统进行生料的制备。

（2）生料制备：物料通过磨盘被研磨成成分合适、质量均匀的粉状生料粉。

2.2.4　生料均化

粉末后的生料用气力提升泵送入空气均化库，采用空气搅拌，在重力作用下使生料粉在向下卸落时，进行径向混合均化、切割，尽量多层料面予以混合。

生料系统工艺流程见图2-2。

2.2.5　预热分解

（1）预热：均化库的生料经过卸料、计量、提升、定量喂料后送至窑尾悬浮预热器中，充分利用回转窑和分解炉排出的废气余热加热生料，使生料预热及部分碳酸盐分解。

（2）预分解：生料中的碳酸盐组分在分解炉内可完成90%以上的分解，再进入回转窑进行最后的烧结，使窑系统的煅烧效率大幅度提升。

2.2.6　水泥熟料的烧成

生料在旋风预热器中完成预热和预分解后，在回转窑中进行熟料的烧成。在回转窑内碳酸盐迅速分解并发生一系列的固相反应，生成水泥熟料中的矿物。

图2-2 生料系统工艺流程

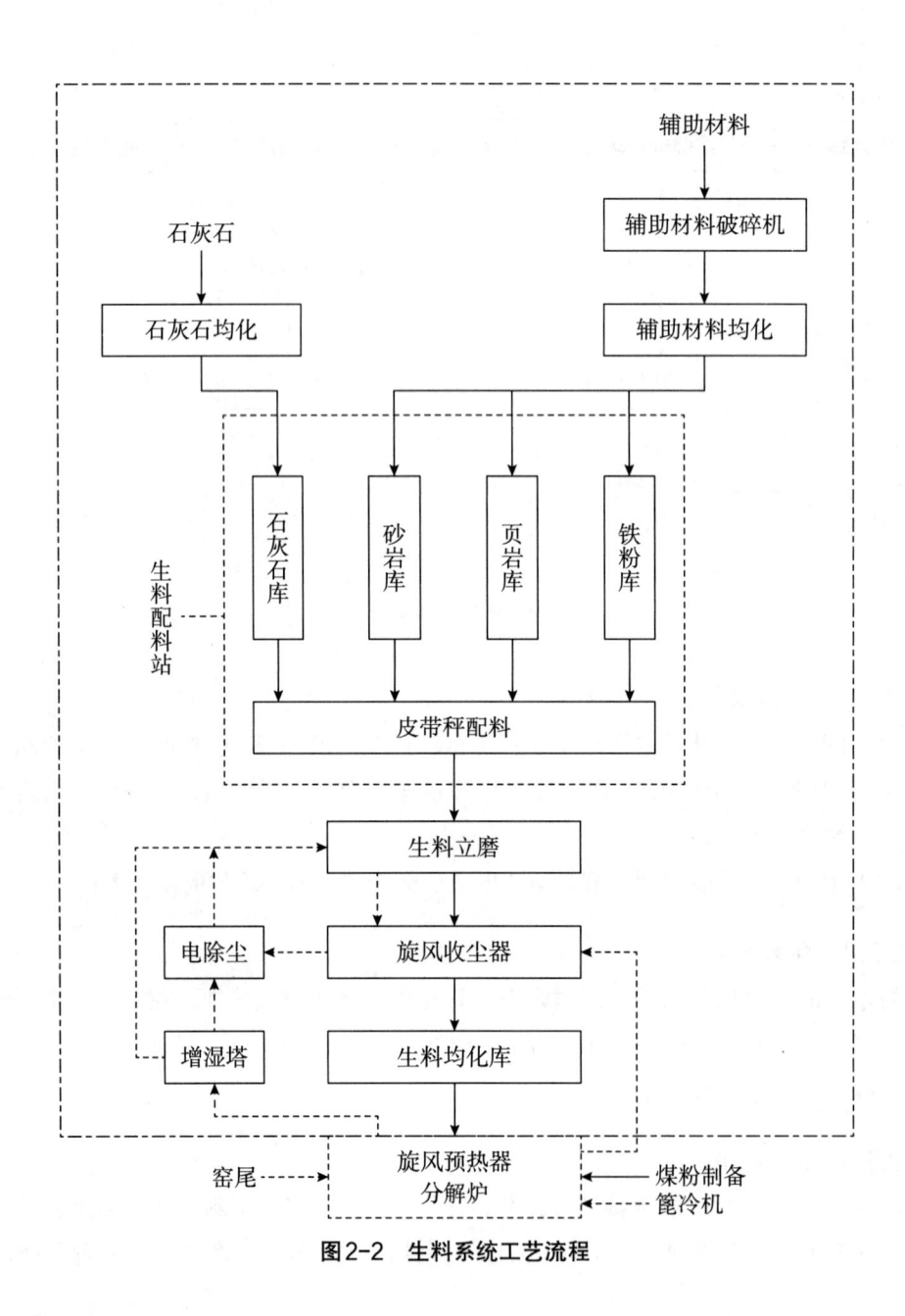

延伸阅读

关于固相反应。当水泥窑中物料温度升高到600℃时，石灰石中的碳酸钙和原料中夹杂的碳酸镁进行分解，生成氧化钙、氧化镁，同时分解过程中产生大量的二氧化碳气体，使氧化钙疏松多孔，强化固相反应。

分解反应方程式：$CaCO_3 = CaO + CO_2$

$$MgCO_3 = MgO + CO_2$$

从原料分解开始,原料中出现了性质活泼的游离氧化钙,它与生料中的SiO_2、Al_2O_3、Fe_2O_3等发生固相反应,形成熟料矿物。

2.2.7 熟料冷却

熟料经过篦式冷却机急冷后,经过输送机、计量秤、提升机送入熟料库内储存。水泥烧成系统工艺流程见图2-3。

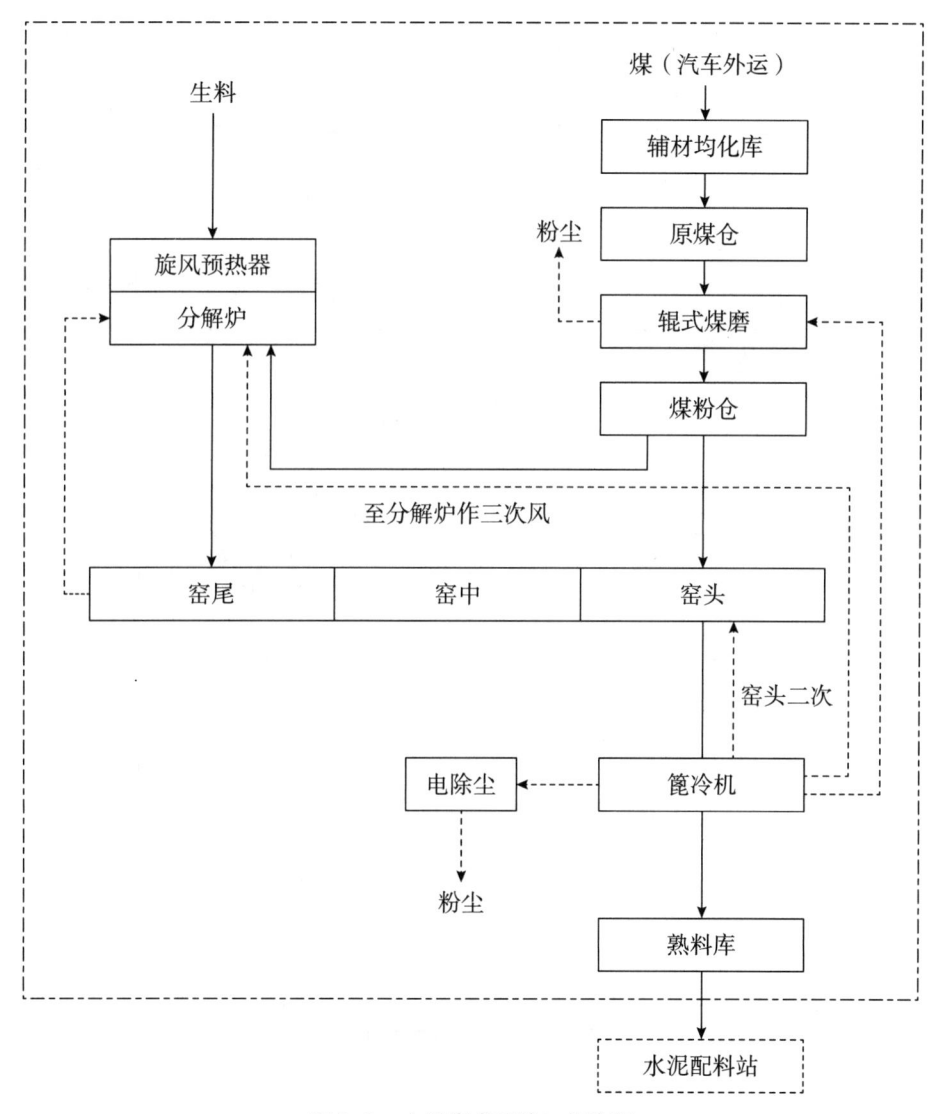

图2-3 水泥烧成系统工艺流程

2.2.8 水泥粉磨

矿渣、熟料及石膏经皮带秤计量后送入辊压机碾压,经打散机后进入水泥磨磨制水泥。粉磨至一定细度的水泥成品,经过空气输送泵输送至水泥库储存。散装水泥通过空气输送斜槽送至散装水泥库，袋装水泥从水泥库调配下料后，经包装机包装送入成品库。

水泥系统工艺流程见图2-4。

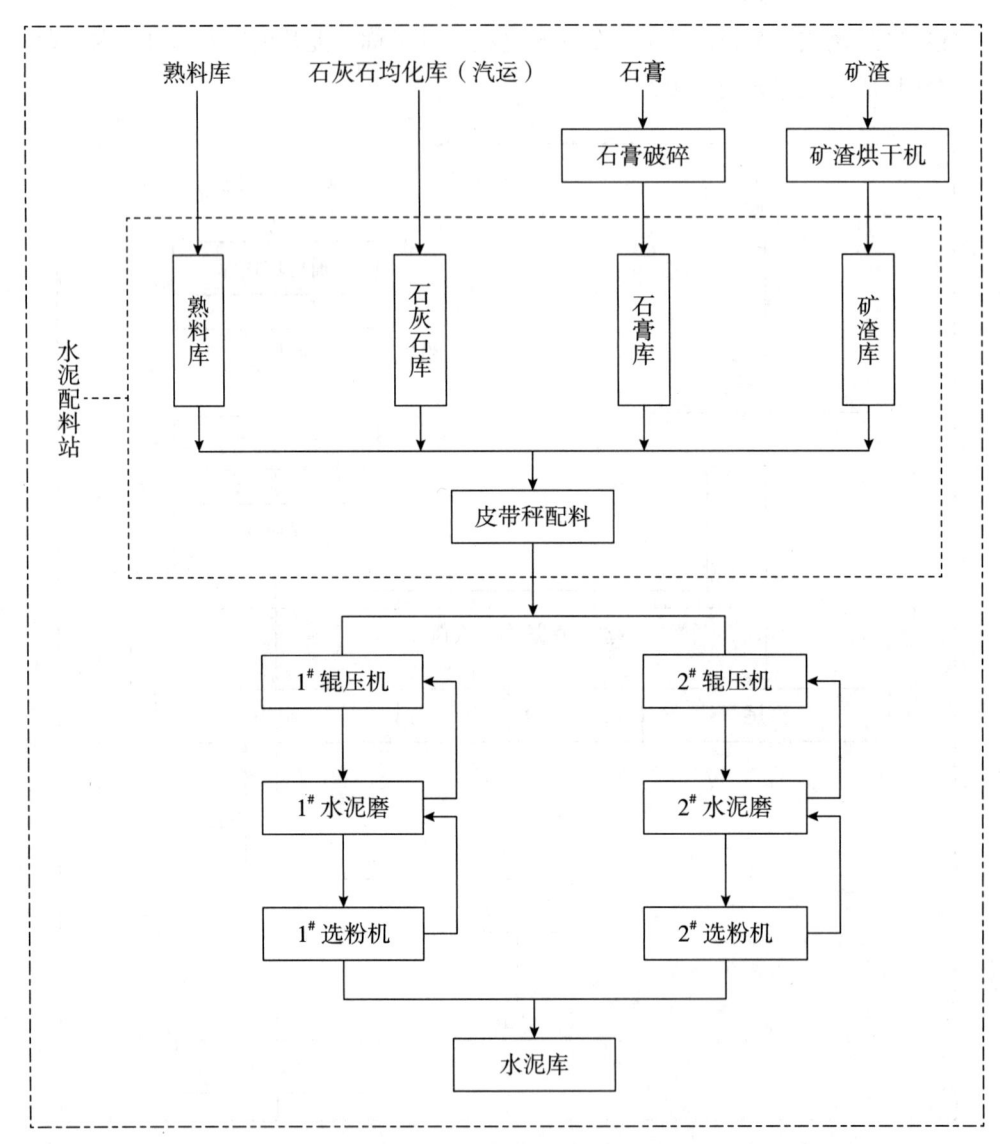

图2-4 水泥系统工艺流程

第3章 水泥工业企业环境保护税税源、税目的确定

3.1 税源、税目确定依据

3.1.1 税源的确定依据

《环境保护税法实施条例》第八条规定:"从两个以上排放口排放应税污染物的,对每一排放口排放的应税污染物分别计算征收环境保护税;纳税人持有排污许可证的,其污染物排放口按照排污许可证载明的污染物排放口确定。"

3.1.2 应税大气污染物、水污染物税目的确定依据

每一排放口或者没有排放口的应税大气污染物,按照污染当量数从大到小排序,对前三项污染物征收环境保护税。

每一排放口的应税水污染物,按照《环境保护税法》所附《应税污染物和当量值表》,区分第一类水污染物和其他类水污染物,按照污染当量数从大到小排序,对第一类水污染物按照前五项征收环境保护税,对其他类水污染物按照前三项征收环境保护税。

3.2 按次申报税源、税目的确定

3.2.1 项目建设期

项目建设期,设备及钢结构、管道等防腐施工以及钢结构切割、焊接施工,会产生施工扬尘(一般性粉尘)、三苯(苯、甲苯和二甲苯)、甲醛及焊尘(一般性粉尘)等应税大气污染物;并且在项目建设期,由于污水管网尚未铺设完成,生活污水通常直接向环境排放(用于绿化、降尘等)。上述行为都属于直接向环境排放应税污染物的行为,应当依法缴纳环境保护税。建设期的危废库一般尚未建成,在防腐施工过程中产生的大量废油漆桶等应税固体废物,"贮存在不符合国家和地方环境保护标准的设施"内,应重点关注贮存及处置环节是否应该缴纳环境保护税。

3.2.2 正常运营期的日常维护阶段

生产经营过程中,水泥工业企业定期或不定期对厂区生产设施进行维护和技改施工,施工过程中有直接向环境排放应税污染物的行为的,应当依法按次申报环境保护税。如涉及土建施工,则产生施工扬尘,税目为一般性粉尘;如涉及油漆防腐施工,则产生苯、甲苯、二甲苯和甲醛等应税大气污染物;如涉及设备安装、钢结构表面处

理、切割、焊接工程，则会产生焊尘等，税目为一般性粉尘。

3.3 按固定期限申报税源、税目的确定

3.3.1 通过排污许可证获取税源、税目信息

3.3.1.1 排污许可证概述及查询方式

排污许可制度，是以许可证为载体，对排污单位的排污权利进行约束的一种制度。《排污许可管理条例》明确："实行排污许可管理的企业事业单位和其他生产经营者，应当依照本条例规定申请取得排污许可证；未取得排污许可证的，不得排放污染物。"

企业排污许可证信息可通过全国排污许可证管理信息平台进行查询。排污许可证记载信息包括：有组织和无组织排放信息、污染物种类、排放标准、监测频次要求等。可通过排污许可证副本进行查询。登录查询网址（http://permit.mee.gov.cn/permitExt/defaults/default-index!getInformation.action），点击"许可信息公开"，选择省市后输入单位名称即可进行排污许可证信息查询。

3.3.1.2 税源、税目信息查询

1. 应税大气污染物税源、税目信息查询

（1）有排放口排放税源信息查询。通过查询排污许可证副本中的《大气排放口基本情况表》（见表3-1），可以获取有排放口排放的应税大气污染物税源信息以及排放的大气污染物种类。在企业进行环境保护税大气污染物基础信息采集时，应按照该表中载明的排放口编号、排放口名称、应税污染物种类、排放口地理坐标等进行全量采集。例如，从表3-1中可以看到，某水泥厂排污许可证中载明该企业有49个废气排放口，并可以查询到每个排放口排放的应税污染物。故该企业至少有49个有排放口排放的税源，其中DA017 2号窑头是主要排放口，主要污染物为颗粒物，DA016 2号窑尾是主要排放口，主要污染物有颗粒物、二氧化硫、氮氧化物、汞及其化合物、氟化物和氨。其他废气排放口均为除尘装置废气排放口，主要污染物为颗粒物。

表3-1 大气排放口基本情况表

序号	排放口编号	排放口名称	污染物种类	排放口地理坐标（1）经度	排放口地理坐标（1）纬度	排气筒高度（m）	排气筒出口内径（m）	排气温度（℃）	其他信息
1	DA001	石灰石破碎收尘器排放口	颗粒物	**°**'**.**"	**°**'**.**"	15	0.6	常温	
2	DA002	石灰石破碎2号皮带头轮排放口	颗粒物	**°**'**.**"	**°**'**.**"	15	0.45	常温	

续表

序号	排放口编号	排放口名称	污染物种类	排放口地理坐标（1）经度	排放口地理坐标（1）纬度	排气筒高度（m）	排气筒出口内径（m）	排气温度（℃）	其他信息
3	DA003	石灰石一级分离收尘排放口	颗粒物	**°**′**.**″	**°**′**.**″	15	0.55	常温	
4	DA004	石灰石二级分离收尘器排放口	颗粒物	**°**′**.**″	**°**′**.**″	15	0.55	常温	
5	DA005	入石灰石库皮带尾轮排放口	颗粒物	**°**′**.**″	**°**′**.**″	16	0.45	常温	
6	DA006	入石灰石库顶收尘器排放口	颗粒物	**°**′**.**″	**°**′**.**″	16	0.45	常温	
……									
16	DA016	2号窑尾废气排放口	氨、二氧化硫、汞及其化合物、氮氧化物、颗粒物、氟化物	**°**′**.**″	**°**′**.**″	96.5	3	135	
17	DA017	2号窑头废气排放口	颗粒物	**°**′**.**″	**°**′**.**″	36.5	3	89	
……									
44	DA044	1号装车机收尘器排放口	颗粒物	**°**′**.**″	**°**′**.**″	15	0.8	常温	
45	DA045	2号装车机收尘器排放口	颗粒物	**°**′**.**″	**°**′**.**″	15	0.8	常温	
46	DA046	包装机三联体收尘器排放口	颗粒物	**°**′**.**″	**°**′**.**″	15	0.3	常温	
47	DA047	水泥散装库顶收尘器排放口	颗粒物	**°**′**.**″	**°**′**.**″	18	0.5	常温	
48	DA048	180线搅拌机排放口	颗粒物	**°**′**.**″	**°**′**.**″	18	0.5	常温	
49	DA049	120线搅拌机排放口	颗粒物	**°**′**.**″	**°**′**.**″	18	0.5	常温	

（2）没有排放口排放税源信息查询。大气污染物的无组织排放是指大气污染物不经过排气筒的无规则排放，无组织排放是一种没有排放口的排放形式，是没有排放口排放的税源。例如，石灰石在露天堆场装卸和贮存过程中向周边环境排放颗粒物就属于无组织排放。目前大部分水泥工业企业的排污许可证中无组织排放仅登记了厂界无组织排放信息，因此不能查询到无组织排放的税源信息，可以结合《排污许可证申请

与核发技术规范 水泥工业》（HJ 847—2017）"5.2.4无组织排放控制要求"中表4的具体要求，通过现场勘查的方式来确认没有排放口排放的税源。一般主要从燃煤、原料、辅料的料棚、堆场建设的实际情况以及石灰石开采、脱硝还原剂贮存情况来确认没有排放口排放的税源。水泥工业企业大气无组织排放控制要求详见表3-2。

表3-2 大气无组织排放控制要求

序号	主要生产单元		无组织排放控制要求	
			重点地区	一般地区
1	矿山开采		（1）矿山机械钻孔机应配置除尘器或其他有效除尘设施。 （2）矿山爆破采用微差爆破等扬尘较低的爆破技术，爆堆应喷水。 （3）运矿道路应进行适当硬化并定期洒水，道路两旁进行绿化。 （4）运输皮带封闭，矿石厂外汽运车辆应采用封闭或覆盖等抑尘措施。	
			（5）石灰石转载、下料口等产尘点应设置集气罩并配备高效袋式除尘器。	（5）石灰石转载、下料口等产尘点应设置集气罩并配备袋式除尘器。
2	熟料生产	原辅料堆存	（1）粉状物料全部密闭储存，其他物料全部封闭储存。	（1）粉状物料密闭储存，其他块石、粘湿物料、浆料等辅材设置不低于堆放物高度的严密围挡，并采取有效覆盖等措施防治扬尘污染。
		原辅料转运	（2）运输皮带、斗提、斜槽等应全封闭，各转载、下料口等产尘点应设置集气罩并配置高效袋式除尘器。	（2）运输皮带、斗提、斜槽等应封闭，对块石、粘湿物料、浆料等装卸过程也可采取其他有抑尘措施的运输方式，各转载、下料口等产尘点应设置集气罩并配备袋式除尘器。
		原煤储存	（3）原煤采用封闭储库，或设置不低于堆放物高度的严密围挡并配套洒水抑尘装置。	
		煤粉制备及转运	（4）煤粉采用密闭储仓。	
			（5）运输皮带、绞刀、斜槽等应封闭，各转载、破碎、下料口等产尘点应设置集尘罩并配备高效袋式除尘器。	（5）运输皮带、绞刀、斜槽等应封闭，各转载、破碎、下料口等产尘点应设置集尘罩并配备除尘器。
		熟料储存	（6）熟料全部封闭储存。	（6）熟料封闭储存，或者设置不低于堆放物高度的严密围挡存储，并采取有效覆盖等措施防治扬尘污染。
		熟料输送及转运	（7）运输皮带、斗提等应封闭，各转载、下料口等产尘点应设置集尘罩并配置高效袋式除尘器，库顶等泄压口配备高效袋式除尘器。	（7）运输皮带、斗提等应封闭，各转载、下料口等产尘点应设置集尘罩并配置袋式除尘器，库顶等泄压口应配备袋式除尘器。
			（8）熟料散装车辆应采取封闭或苫盖等抑尘设施。	
		脱硝	（9）氨水用全封闭罐车运输、配氨气回收或吸收回用装置、氨罐区设氨气泄漏检测设施。	

续表

序号	主要生产单元	无组织排放控制要求	
		重点地区	一般地区
3	协同处置	（1）固体废物密闭贮存、转载、预处理处于微负压状态并将废气引入水泥窑高温区焚烧。 （2）贮存、预处理排气筒设活性炭吸附、生物除臭等装置。 （3）筛余、飞灰等密闭储存。	
4	水泥粉磨	物料堆存：（1）粉状物料全部密闭储存，其他物料全部封闭储存。 （2）封闭式皮带、斗提、斜槽运输，各物料破碎、转载、下料口应设置集尘罩并配置高效袋式除尘器，库顶等泄压口配备高效袋式除尘器。 （3）粉煤灰采用密闭罐车运输。	（1）粉状物料全部密闭储存，其他块石、粘湿物料、浆料等辅材设置不低于堆放物高度的严密围挡，并采取有效覆盖等措施防治扬尘污染。 （2）封闭式皮带、斗提、斜槽运输，对块石、粘湿物料、浆料等装卸过程也可采取其他有抑尘措施的运输方式，各转载、下料口等产尘点应设置集尘罩并配备袋式除尘器，库顶等泄压口配备袋式除尘器。
	水泥散装	（4）水泥散装采用密闭罐车，散装应采用带抽风口的散装卸料装置，物料装车与除尘同步进行。	
	包装运输	（5）包装车间全封闭。 （6）袋装水泥装车点位采用集中通风除尘系统。	
5	公共单元	码头发运：（1）物料采用封闭式皮带、斗提、斜槽运输，各转载、下料口等产尘点应设置集尘罩并配备高效袋式除尘器，库顶等泄压口配备高效袋式除尘器。 （2）水泥及熟料等物料采用密闭库存储。 （3）装卸船机配备高效袋式收尘器。	（1）物料采用封闭式皮带、斗提、斜槽运输，各转载、下料口等产尘点应设置集尘罩并配备袋式除尘器；库顶等泄压口配备袋式除尘器。 （2）水泥及熟料等物料采用密闭库存储，其他块石、粘湿物料、浆料等辅材设置不低于堆放物高度的严密围挡，并采取有效覆盖等措施防治扬尘污染。 （3）装卸船机配备袋式收尘器。
	其他	（4）厂区运输道路全硬化，定期洒水，及时清扫。 （5）各收尘器、管道等设备应完好运行，无粉尘外溢。 （6）厂区设置车轮清洗、清扫装置。	

2. 应税水污染物税源、税目信息查询

通过《废水排放口基本情况表》（见表3-3），可以全面了解水泥工业企业污水排放口情况。该表中载明了污水排放口编号、名称、排放去向等，在企业进行环境保护税水污染物基础信息采集时，应按照该表中载明的全部排放口编号、排放口名称及排放口地理坐标进行全量采集。

表3-3 废水排放口基本情况表

序号	排放口编号	排放口名称	排放口地理坐标（1）		排放去向	排放规律	间歇排放时段	受纳自然水体信息		汇入受纳自然水体处地理坐标（4）		其他信息
			经度	纬度				名称（2）	受纳水体功能目标（3）	经度	纬度	
1	DW001	废水排放口			城市污水处理厂	间接排放	使用期间					
2	DW002	雨水排放口			渤海							

需要注意的是，当表中"排放去向"为直接进入自然水体时，此排放口才需要进行环境保护税基础信息采集；当表中"排放去向"为"不外排"或"城市污水处理厂"时，此排放口不属于直接向环境排放，不需要进行信息采集。雨水排放口不需进行采集，雨水排放口编号也可以为YS-***。

3.应税噪声税源、税目信息查询

通过《噪声排放信息表》（见表3-4），可以查询企业噪声排放标准的名称和噪声排放标准。按照环境保护税法相关规定，噪声排放分为昼间噪声排放和夜间噪声排放，相应地，在采集环境保护税基础信息时需要对排污许可证载明的昼间噪声排放标准和夜间噪声排放标准分别进行采集。

表3-4 噪声排放信息表

噪声类别	生产时段		执行排放标准名称	厂界噪声排放限值		备注
	昼间	夜间		昼间，dB（A）	夜间，dB（A）	
稳态噪声	06至22	22至06	《工业企业厂界环境噪声排放标准》（GB 12348—2008）	60	50	正常生产期间全天24小时开机运行，为稳态噪声，停产期间无噪声。
频发噪声	否	否				
偶发噪声	否	否				

4.应税固体废物税源、税目信息查询

通过《固体废物排放信息表》(见表3-5),可以查询到企业产生的固体废物类别、名称、处理方式及危险废物代码和委托利用处置单位等信息。一般情况下,水泥工业企业不涉及应税一般固体废物,应税固体废物为危险废物。

表3-5 固体废物排放信息表

固体废物排放信息												
序号	固体废物来源	固体废物名称	固体废物种类	固体废物类别	固体废物描述	固体废物产生量(t/a)	处理方式	处理去向					其他信息
								自行贮存量(t/a)	自行利用(t/a)	自行处置(t/a)	转移量(t/a) || 排放量(t/a)	
											委托利用量	委托处置量		
1	公用单元	废油漆桶	危险废物	危险废物	油漆使用后的废油漆桶	0.5	委托处置	0	0	0	0	0.5	0	/
2	公用单元	废机油桶	危险废物	危险废物	机油使用过的废机油桶	0.5	委托处置	0	0	0	0	0.5	0	/

委托利用、委托处置				
序号	固体废物来源	固体废物名称	固体废物类别	委托单位名称	危险废物利用和处置单位危险废物经营许可证编号
1	公用单元	实验室废液	危险废物	×××有限公司	××危许×××号
2	公用单元	生活垃圾	一般工业固体废物	当地环卫部门	/
3	矿山开采	废石	一般工业固体废物	/	/
4	公用单元	废机油桶	危险废物	×××有限公司	××危许×××号
5	公用单元	废油	危险废物	×××有限公司	××危许×××号
6	公用单元	废油漆桶	危险废物	×××有限公司	××危许×××号

自行处置			
序号	固体废物来源	固体废物名称	固体废物类别	自行处置描述
1	矿山开采	弃渣	一般工业固体废物	弃渣集中堆放于矿山弃渣场,堆存的弃渣用于回填开采过的区域,然后植树种草恢复植被。

3.3.2 通过生产工艺环节获取税源、税目信息

通过《排污许可证申请与核发技术规范 水泥工业》(HJ 847—2017)和生产工艺环节确认税源信息是使用《排污许可证》确认税源的重要补充。

3.3.2.1 应税污染物税源的确定

1. 应税大气污染物税源的确定

水泥工业企业应税大气污染物的税源包括有排放口排放的税源和无排放口排放的税源两部分。有排放口排放的税源包括窑头、窑尾主要排放口，其他除尘装置一般排放口，协同处置固体废物贮存、预处理环节的一般排放口以及污水处理站臭气排放口。一般排放口包括破碎机、煤磨、水泥磨和包装四个环节除尘器排放口，输送设备及通风生产设备的除尘器排放口，协同处置固体废物贮存、预处理环节的排放口以及污水处理站臭气排放口等。无排放口排放的税源包括炸药爆破、石灰石开采装卸堆存、辅料装卸堆存、原煤装卸堆存、熟料大棚装卸堆存、协同处置固废装卸堆存、氨水（液氨、尿素水解）等。

（1）石灰石原料开采环节。矿山开采生产过程包括潜孔爆破、矿石挖掘、铲装、矿石卸料口卸车、矿石堆存以及废渣在排土场堆存等。在炸药爆破、石灰石挖掘、铲装、卸车、堆存以及废渣在排土场装卸堆存过程中均直接向环境排放应税大气污染物。该环节涉及的税源为没有排放口排放的税源，分别为炸药爆破无组织排放、石灰石挖掘无组织排放、铲装无组织排放、石灰石卸车无组织排放、石灰石堆存无组织排放、排土场无组织排放等。

（2）原料、辅料和燃料破碎环节。水泥生产过程中要将大部分原（燃）料，如石灰石、砂岩、页岩、石膏、燃煤等，通过破碎机进行破碎、粉磨，使其粒度均匀，破碎机配套安装布袋除尘装置，对应的排放口是主要一般排放口，属于有排放口排放的税源。

（3）熟料烧成环节。熟料煅烧环节排放口是水泥工业企业的主要排放口，一般一条生产线对应两个主要排放口，分别为水泥窑窑头和窑尾，均为有排放口排放的税源。

（4）煤磨、水泥磨、水泥包装环节。企业在煤粉制备过程中一般采用辊盘式磨煤机，煤粉制备产生的废气经过袋式除尘器收集后通过排气筒排放。熟料、石膏以及其他混合辅料经计量秤按比例一起进入水泥球磨机研磨，水泥磨产生的废气经过袋式除尘器处理后通过排气筒排放。出库水泥分别送至包装车间和码头、汽车散装系统，水泥包装、码头和汽车散装系统产生的废气经过袋式除尘器处理后通过排气筒排放。煤磨、水泥磨、水泥包装、码头和汽车散装系统除尘器废气排放口均是有排放口排放的税源。

（5）其他输送设备及通风生产设备等环节。水泥工业企业几乎每个生产工艺环节都伴随着颗粒物的产生，企业一般会在原料预均化，生料的制备、均化，原辅料、燃料、生料的输送过程，熟料、水泥、混合材、石膏等输送过程中及料仓和储库等配套安装除尘装置，对应的排放口属于有排放口排放的税源。上述生产环节除尘器排放口

较多，需要根据每个生产环节逐一核对除尘器以及对应排放口的实际安装情况，确定每一个环节有排放口排放的税源。

（6）协同处置固体废物贮存、预处理环节。如果企业水泥窑协同处置一般固体废物或者危险废物，一般会在固体废物贮存场所及预处理单元设置活性炭吸附处理装置（或者其他处理装置）及对应的排放口，上述排放口属于有排放口排放的税源。

（7）原料、燃料、辅料、脱硝剂等装卸贮存环节。水泥行业脱硝工艺主要有低氮燃烧、SCR、SNCR等。脱硝使用尿素、氨水或者液氨作为还原剂。氨水储罐、尿素溶液储罐、液氨储罐等设施在原料使用、贮存过程中会向环境直接排放应税大气污染物。涉及的税源属于没有排放口排放的税源。

水泥工业企业一般建有储煤棚、原料、辅料大棚等，燃煤、原料、辅料等在装卸和贮存过程中会直接向环境排放应税污染物，涉及的税源属于没有排放口排放的税源。

有些企业燃煤、原料、辅料等堆存场所为露天堆场，燃煤、原料、辅料等在装卸和贮存过程中会直接向环境排放应税污染物，涉及的税源属于没有排放口排放的税源。

（8）污水处理站废气处理环节。污水处理站一般要求安装除臭装置，其对应的排放口属于有排放口排放的税源。

2. 应税水污染物税源的确定

水泥工业企业的废水包括生产废水和生活污水，其中生产废水按照主要生产单元分为设备冷却排污水、余热发电锅炉循环冷却排污水、机修等辅助生产废水、垃圾渗滤液或其他生产废水［协同处置生活垃圾的水泥（熟料）制造排污单位］。

企业应根据各类废水排放去向和废水的实际回用方式，确定哪些废水是直接向环境排放。例如，如果生活污水经处理后回用于灌溉农田、绿化、地面降尘，属于直接向环境排放应税水污染物，是应税水污染物的税源。

3. 应税固体废物税源的确定

水泥工业企业的应税固体废物主要为危险废物。

危险废物的税源为贮存和处置两个环节。危险废物合规贮存不属于向环境排放，不需要缴纳环境保护税；将危险废物转移给有资质的第三方进行处理属于处置行为，也不属于向环境排放，不需要缴纳环境保护税。

危险废物贮存应满足《危险废物贮存污染控制标准》（GB 18597—2001/GB 18597—2023）的相关要求。

4. 应税噪声税源的确定

水泥工业企业噪声税源为每个作业场所的东、西、南、北四个厂界，不同作业场所应该分别采集。

3.3.2.2 应税污染物税目的确定

1. 应税大气污染物税目的确定

（1）窑头、窑尾主要排放口税目的确定。依据《排污许可证申请与核发技术规范 水泥工业》（HJ 847—2017）以及《排污单位自行监测技术指南 水泥工业》（HJ 848—2017）的要求，窑尾和窑头主要排放口必须安装自动监测设备，窑尾安装在线监测的项目是颗粒物（烟尘）、二氧化硫、氮氧化物，同时要求每个季度监测一次氨（使用液氨等含氨物质作为还原剂，去除烟气中氮氧化物的，可以选测氨）。汞及其化合物和氟化物的监测频次按照《排污许可证申请与核发技术规范 水泥工业》（HJ 847—2017）的要求为每季度监测一次，按照《排污单位自行监测技术指南 水泥工业》（HJ 848—2017）的要求为半年监测一次。协同处置固体废物的还应监测氯化氢、镉、铅、铍、锡、镍及其化合物。据此该排放口至少涉及6个应税大气污染物税目，分别是烟尘（颗粒物）、二氧化硫、氮氧化物、氨、汞及其化合物和氟化物。

窑头安装在线监测的项目是颗粒物（一般性粉尘），应税大气污染物税目是一般性粉尘（颗粒物）。

详见表3-6、表3-7。

表3-6 水泥工业企业主要排放口应税大气污染物最低监测频次

监测点位	监测指标	监测频次
水泥窑及窑尾余热利用系统排气筒	颗粒物（烟尘）、氮氧化物、二氧化硫	自动监测
	氨（用氨水、尿素等作为还原剂脱硝）	季度
	氟化物（以总F计）、汞及其化合物	半年*
水泥窑窑头（冷却机）排气筒	颗粒物（一般性粉尘）	自动监测

注：*汞及其化合物和氟化物的监测频次按照《排污许可证申请与核发技术规范 水泥工业》（HJ 847—2017）的要求为每季度监测一次，按照《排污单位自行监测技术指南 水泥工业》（HJ 848—2017）的要求为半年监测一次。

表3-7 协同处置固体废物水泥窑窑尾应税大气污染物最低监测频次

监测点位	监测指标	监测频次 协同处置非危险废物	监测频次 协同处置危险废物
水泥窑及窑尾余热利用系统排气筒	颗粒物（烟尘）、氮氧化物、二氧化硫	自动监测	自动监测
	氨（用氨水、尿素等作为还原剂脱硝）	季度	季度
	汞及其化合物	半年*	半年*
	氯化氢、氟化氢、镉、铅、铍、锡、镍及其化合物	半年	季度

注：*同表3-6。

（2）其他除尘装置废气排放口税目的确定。水泥工业企业的破碎机、煤磨、水泥磨、水泥包装生产环节的袋式除尘器主要一般排放口，以及原料预均化、生料的制备与均化，原辅料、燃料、生料、熟料、水泥、混合材、石膏等输送过程，料仓和储库等除尘器一般排放口，运行过程中均直接向环境排放一般性粉尘，税目为一般性粉尘。详见表3-8。

表3-8 水泥工业企业除尘装置废气排放口应税大气污染物最低监测频次

生产过程	监测点位	监测指标	监测频次
水泥制造	烘干机、烘干磨、煤磨排气筒	颗粒物（一般性粉尘）、二氧化硫[c]、氮氧化物[c]	半年[d]
	破碎机、磨机、包装机	颗粒物（一般性粉尘）	半年[d]
	输送设备及其他通风生产设备排气筒	颗粒物（一般性粉尘）	两年
矿山开采	破碎机排气筒	颗粒物（一般性粉尘）	半年[d]
	输送设备及其他通风生产设备排气筒	颗粒物（一般性粉尘）	两年
散装水泥中转站及水泥制品生产	水泥仓及其他通风生产设备排气筒	颗粒物（一般性粉尘）	两年

注：c 适用于采用独立热源的烘干设备或利用窑尾余热烘干经独立排气筒排放的工艺。
　　d 排污单位应合理安排监测计划，保证每个季度相同种类治理设施的监测点位数量基本平均分布。

（3）协同处置固体废物环节废气排放口税目的确定。企业协同处置的固体废物贮存场所及预处理单元的废气经活性炭吸附处理后通过排气筒排放，会直接向环境排放一般性粉尘、硫化氢和氨等应税污染物，税目为一般性粉尘、硫化氢和氨。详见表3-9。

表3-9 协同处置固体废物单元大气污染物最低监测频次

监测点位	监测指标	协同处置非危险废物	协同处置危险废物
固体废物储存、预处理单元排气筒[e]	硫化氢、氨、颗粒物	半年	—
	硫化氢、氨、颗粒物	—	季度
水泥窑旁路放风排气筒	颗粒物、二氧化硫、氮氧化物、氨、汞及其化合物（以Hg计）、氯化氢（HCl）、氟化氢（HF）、[镉、铅（以Cd+Pb计）]、[铍、锡、镍及其化合物（以Be+Sn+Ni计）]	半年	季度

注：e 2015年1月1日（含）后取得环境影响评价批复的排污单位还应根据环境影响评价文件及其批复或其他环境管理要求确定其监测项目。

（4）没有排放口税源税目的确定。燃煤、原辅材料在装卸及贮存过程，矿山开采环节中矿石挖掘、铲装、矿石卸料口卸车、矿石堆存以及废渣在排土场堆存的过程中都会直接向环境排放一般性粉尘，税目为一般性粉尘。矿山开采炸药爆破过程中会直接向环境排放一氧化碳、氮氧化物、硫化氢、二氧化硫及氨等，税目分别为一氧化碳、氮氧化物、硫化氢、二氧化硫和氨，不同的炸药类型污染物排放也不相同，要根据炸药的具体种类、成分确定应税税目。详见表3-10。

尿素溶液、液氨、氨水在贮存过程中会有氨排放到周边空气环境中，税目为氨。

表3-10 无组织废气污染物监测点位、指标及频次

监测点位	监测指标	监测频次	适用条件
厂界	氨、颗粒物	季度	适用于水泥工业排污单位不协同处置固体废物，其中，氨适用于使用氨水、尿素等含氨物质作为还原剂，去除烟气中的氮氧化物。
	硫化氢、氨、颗粒物	季度	适用于协同处置非危险废物的水泥（熟料）制造排污单位。
	硫化氢、氨、颗粒物	季度	适用于协同处置危险废物的水泥（熟料）制造排污单位。

2. 应税水污染物税目的确定

应税水污染物税目可以通过监测等手段确定。企业应该按照《排污许可证申请与核发技术规范 水泥工业》（HJ 847—2017）及《排污单位自行监测技术指南 水泥工业》（HJ 848—2017）的相关要求开展相关监测工作。根据在线监测数据和委托监测数据，确定其应税水污染物的税目。其最低监测频次见表3-11。

表3-11 水泥工业废水污染物最低监测频次

监测点位	监测指标	监测频次	适用条件
废水总排放口	pH值、悬浮物、化学需氧量、五日生化需氧量、石油类、氟化物、氨氮、总磷	半年	适用于废水外排的所有水泥工业排污单位。
车间或车间处理设施排放口	总汞、总镉、总铬、六价铬、总砷、总铅	半年	适用于废水外排的协同处置固体废物的水泥工业排污单位。

3. 应税固体废物税目的确定

水泥工业企业应税固体废物主要是危险废物，包括废润滑油、废油漆桶、实验室废液、废日光灯管等。具体税目参见《国家危险废物名录》（2021版）。

4. 应税噪声税目的确定

应税噪声的税目为超过标准的声音，区分昼间和夜间。水泥工业企业的厂界噪声每个季度至少开展一次昼夜委托监测，需要注意的是，夜间监测还需要监测频发噪声、偶发噪声以及峰值。

综上，水泥工业企业应税大气污染物、应税水污染物税源、税目情况见图3-1、图3-2。

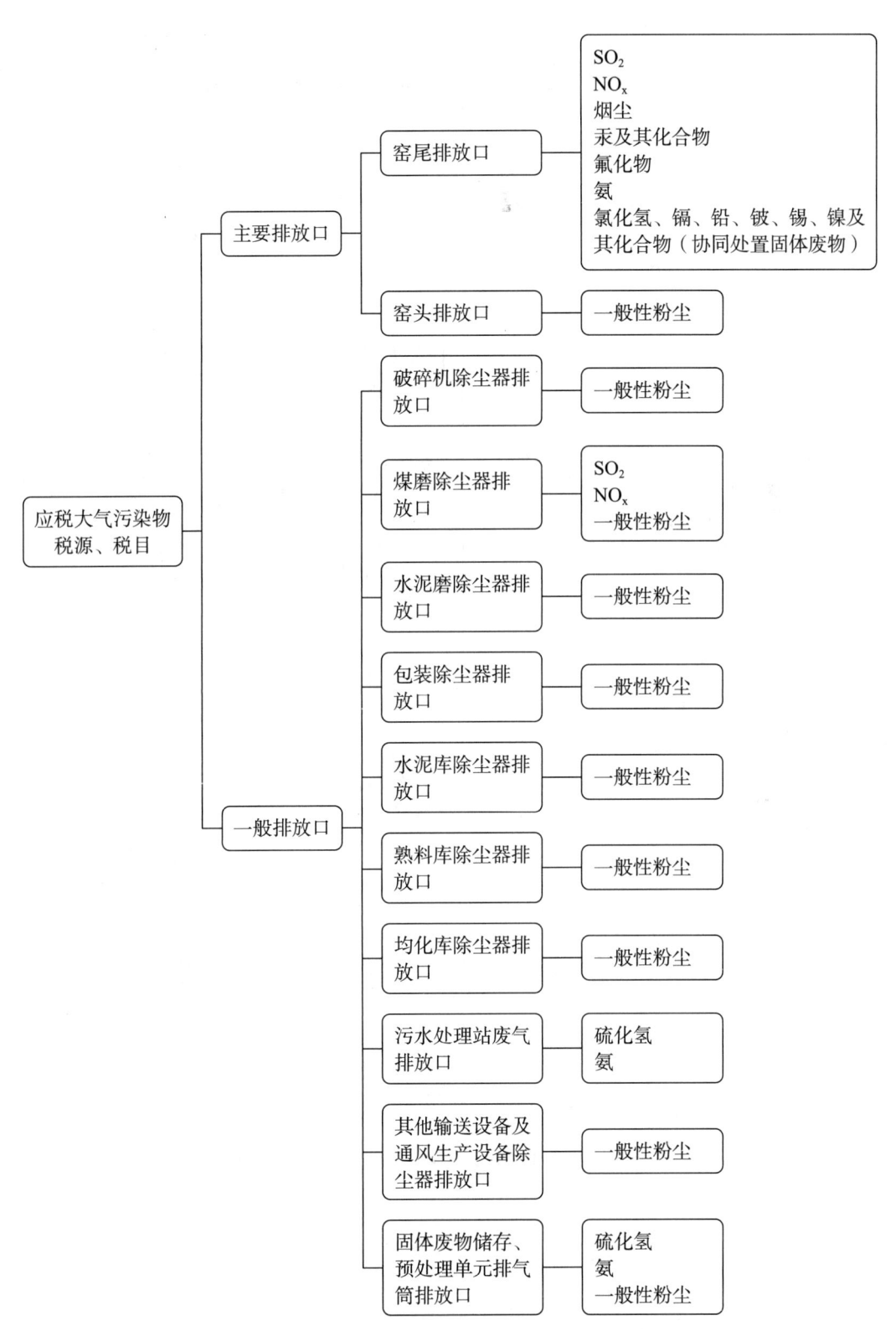

```
应税大气污染物税源、税目
├── 主要排放口
│   ├── 窑尾排放口 ── SO₂ / NOₓ / 烟尘 / 汞及其化合物 / 氟化物 / 氨 / 氯化氢、镉、铅、铍、锡、镍及其化合物（协同处置固体废物）
│   └── 窑头排放口 ── 一般性粉尘
└── 一般排放口
    ├── 破碎机除尘器排放口 ── 一般性粉尘
    ├── 煤磨除尘器排放口 ── SO₂ / NOₓ / 一般性粉尘
    ├── 水泥磨除尘器排放口 ── 一般性粉尘
    ├── 包装除尘器排放口 ── 一般性粉尘
    ├── 水泥库除尘器排放口 ── 一般性粉尘
    ├── 熟料库除尘器排放口 ── 一般性粉尘
    ├── 均化库除尘器排放口 ── 一般性粉尘
    ├── 污水处理站废气排放口 ── 硫化氢 / 氨
    ├── 其他输送设备及通风生产设备除尘器排放口 ── 一般性粉尘
    └── 固体废物储存、预处理单元排气筒排放口 ── 硫化氢 / 氨 / 一般性粉尘
```

图3-1　水泥工业企业应税大气污染物税源、税目示意图（a）

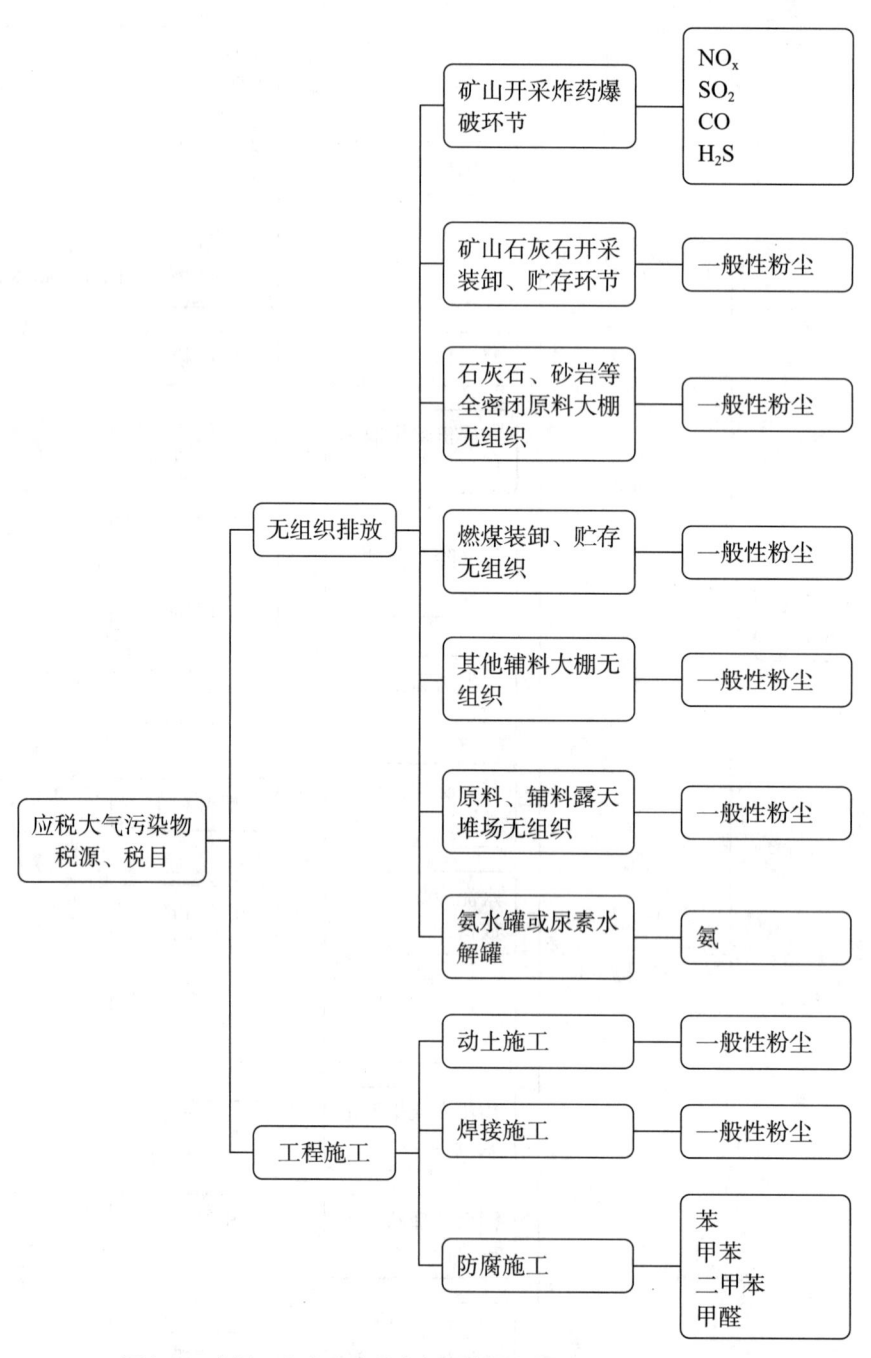

```
应税大气污染物税源、税目
├── 无组织排放
│   ├── 矿山开采炸药爆破环节 → NOₓ, SO₂, CO, H₂S
│   ├── 矿山石灰石开采装卸、贮存环节 → 一般性粉尘
│   ├── 石灰石、砂岩等全密闭原料大棚无组织 → 一般性粉尘
│   ├── 燃煤装卸、贮存无组织 → 一般性粉尘
│   ├── 其他辅料大棚无组织 → 一般性粉尘
│   ├── 原料、辅料露天堆场无组织 → 一般性粉尘
│   └── 氨水罐或尿素水解罐 → 氨
└── 工程施工
    ├── 动土施工 → 一般性粉尘
    ├── 焊接施工 → 一般性粉尘
    └── 防腐施工 → 苯、甲苯、二甲苯、甲醛
```

图3-1 水泥工业企业应税大气污染物税源、税目示意图（b）

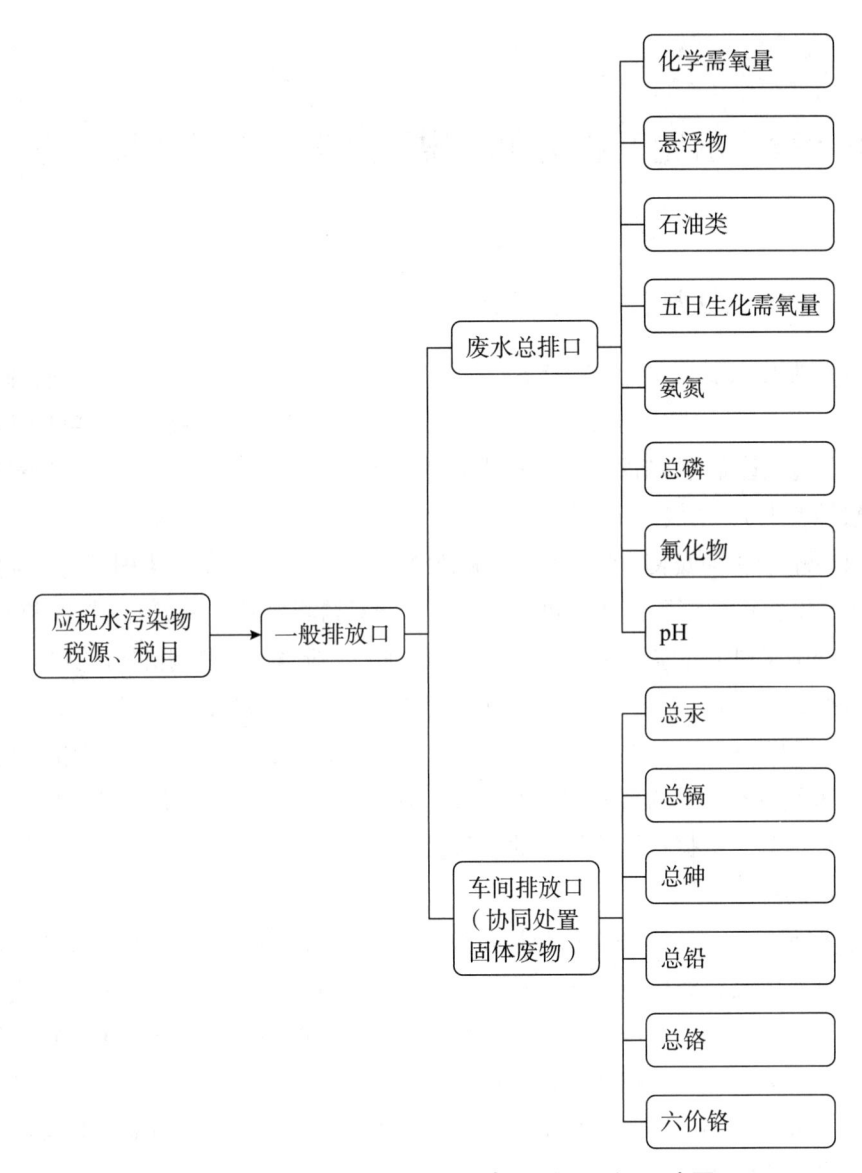

```
应税水污染物税源、税目 ─┬─ 一般排放口 ─── 废水总排口 ─┬─ 化学需氧量
                        │                              ├─ 悬浮物
                        │                              ├─ 石油类
                        │                              ├─ 五日生化需氧量
                        │                              ├─ 氨氮
                        │                              ├─ 总磷
                        │                              ├─ 氟化物
                        │                              └─ pH
                        │
                        └─ 车间排放口 ─┬─ 总汞
                          （协同处置   ├─ 总镉
                          固体废物）   ├─ 总砷
                                      ├─ 总铅
                                      ├─ 总铬
                                      └─ 六价铬
```

图3-2　水泥工业企业应税水污染物税源、税目示意图

第4章 水泥工业企业应税污染物排放量的核算方法

4.1 核算方法判定的基本原则

（1）强制要求安装在线监测设备的排放口，在通过验收及与生态环境主管部门联网的情况下，每季度通过比对监测，数据修约，应该使用在线监测数据计算申报环境保护税。生态环境主管部门强制要求安装在线监测的应税污染物是大气排放口中的颗粒物（烟尘、一般性粉尘）、二氧化硫和氮氧化物等，污水排放口中的化学需氧量、氨氮、总磷、pH等。如果企业主动安装符合国家规定和监测规范的一氧化碳等污染因子的自动监测设备，但未与生态环境主管部门联网的，可以按照自动监测数据计算应税污染物排放量；不能提供符合国家规定和监测规范的自动监测数据的，应当按照监测机构出具的符合监测规范的监测数据、排污系数、物料衡算方法或者抽样测算的方法计算应税污染物排放量。

（2）强制要求安装在线监测设备的大气或者污水排放口，如果在线监测设备未通过验收、未经过有资质的第三方监测机构比对，或者数据没有进行修约，则在线监测数据不能作为计税依据核算污染物的排放量，应直接按照排污系数、物料衡算法计算应税污染物的排放量。

（3）按照《排污许可证申请与核发技术规范 水泥工业》（HJ 847—2017）相关要求，强制要求安装在线监测设备的排放口，如果没有安装使用在线监测设备或没有跟生态环境主管部门联网，或者自动监测数据季度缺失时段超过25%，采用物料衡算法核算该季度每月二氧化硫排放量，核算时根据原辅燃料消耗量、含硫率，并可考虑水泥窑本身的脱硫效率；采用产污系数法核算该季度每月颗粒物、氮氧化物排放量，根据单位产品污染物的产生量，按直排进行核算。

【注意】《固定污染源烟气（SO_2、NO_x、颗粒物）排放连续监测技术规范》（HJ 75—2017）中"12.1 CEMS数据审核"明确：排污单位应在每个季度前五个工作日对上个季度的CEMS数据进行审核，确认上季度所有分钟、小时数据均按照《固定污染源烟气（SO_2、NO_x、颗粒物）排放连续监测技术规范》（HJ 75—2017）的要求正确标记，计算本季度的污染源CEMS有效数据捕集率，上传监控平台的污染源CEMS季度有效数据捕集率应达到75%。

季度有效捕集率（%）=（季度小时数−数据无效时段小时数−污染源停运时段小时数）/（季度小时数−污染源停运时段小时数）

（4）开展委托第三方监测机构进行监测的排放口，应使用监测机构出具的监测报告的数据进行计算。如果未委托第三方进行手工监测，则需要按照排污系数、物料衡算法计算污染物的排放量。

（5）对于未按照排污许可证要求的监测频次及方法开展手工监测的，2018年1月至2021年4月应采用产污系数法核算全厂一般排放口一般性粉尘实际排放量。

【注意】依据《环境保护部关于发布计算污染物排放量的排污系数和物料衡算方法的公告》（环境保护部公告2017年第81号，以下简称81号公告）附件1之"（四）污染物实际排放量核算方法 水泥工业"之"2.1.3 一般排放口"，对于未按照排污许可证要求的监测频次及方法开展手工监测的，若是水泥（熟料）制造排污单位应采用产污系数法核算全厂一般排放口颗粒物实际排放量。对于独立粉磨站，视情形采用产污系数法或排污系数法核算全厂一般排放口颗粒物实际排放量，对采取技术规范中的可行技术且保持正常运行或证明具备同等污染防治能力的，按排污系数核算，否则按产污系数核算。《生态环境部 财政部 税务总局关于发布计算环境保护税应税污染物排放量的排污系数和物料衡算方法的公告》（生态环境部 财政部 税务总局公告2021年第16号）取消了该要求。

（6）委托监测机构对应税大气污染物排放量进行监测时，其当月同一个排放口排放的同一种污染物有多个监测数据的，2018年1月至2021年4月按照监测数据的平均值计算应税污染物的排放量，2021年5月开始按照以烟气量为权的加权平均值计算应税污染物的排放量。

【注意】《财政部 税务总局 生态环境部关于环境保护税有关问题的通知》（财税〔2018〕23号）第一条规定，纳税人委托监测机构对应税大气污染物和水污染物排放量进行监测时，其当月同一个排放口排放的同一种污染物有多个监测数据的，应税大气污染物按照监测数据的平均值计算应税污染物的排放量；应税水污染物按照监测数据以流量为权的加权平均值计算应税污染物的排放量。《生态环境部 财政部 税务总局关于发布计算环境保护税应税污染物排放量的排污系数和物料衡算方法的公告》（生态环境部 财政部 税务总局公告2021年第16号，以下简称16号公告）附件1中的《排污许可证申请与核发技术规范 总则》（HJ 942）之"9 实际排放量计算方法"明确，采用手工监测数据核算，监测时段内有多组监测数据时，应加权平均。

（7）没有排放口应税污染物的计算应按照物料衡算、系数法、抽样测算法顺序计算申报。

（8）自行对污染物进行监测所获取的监测数据，符合国家有关规定和监测规范的，也可以用来计算应税污染物的排放量。

（9）噪声只能使用监测法计算。

4.2 应税大气污染物排放量的核算方法

4.2.1 主要排放口的核算方法

水泥工业企业窑头、窑尾主要排放口均须安装在线监测设备，监测的应税污染物有颗粒物（烟尘、一般性粉尘）、二氧化硫和氮氧化物等。如果在线监测设备已经验收、备案及联网，每个季度均通过比对监测及数据修约，则上述三种应税污染物必须使用自动监测法核算排放量。

1. 自动监测法

计算公式为：

$$M_{j\text{主要排放口}} = \sum_{i=1}^{m} \sum_{k=1}^{n} C_{ijk} \times Q_{ik} \times 10^{-9}$$

式中：C_{ijk}——第 i 个主要排放口第 j 项污染物在第 k 小时的实测平均排放浓度，mg/m³；

Q_{ik}——第 i 个主要排放口在第 k 小时的标准状态下干排气量，m³/h；

m——主要排放口数量；

n——核算时段内的污染物排放时间，h。

2. 手工监测法

窑尾排放口的其他应税污染物，例如汞及其化合物、氟化物、氨等，依据手工监测法核算。其中氨的监测频次按照《排污许可证申请与核发技术规范 水泥工业》（HJ 847—2017）和《排污单位自行监测技术指南 水泥工业》（HJ 848—2017）的要求为每个季度监测一次，汞及其化合物和氟化物的监测频次按照《排污许可证申请与核发技术规范 水泥工业》（HJ 847—2017）的要求为每季度监测一次，按照《排污单位自行监测技术指南 水泥工业》（HJ 848—2017）的要求为半年监测一次，并且排污单位应将手工监测时段内生产负荷与核算时段内的平均生产负荷进行对比，并给出对比结果。其计算公式为：

窑尾主要排放口其他应税污染物排放量（kg）＝手工监测的平均浓度值 × 烟气月排放量（窑尾在线监测的烟气量）（万 Nm³）/100

【注意】采用有 CMA 资质的监测机构出具的监测数据申报环保税时，监测数据应满足《财政部 税务总局 生态环境部关于环境保护税有关问题的通知》（财税〔2018〕23 号）的相关要求，即监测数据可以跨月沿用，但不得跨季度沿用。

【实例4-1】某水泥厂2022年10月委托有资质的第三方检测机构对本单位1号窑尾排放口的汞及其化合物进行检测，检测结果如下：实测浓度值为0.005mg/m³，折算浓度值为0.006mg/m³，标态烟气量为230000Nm³/h，1号水泥窑本月全月运行。窑尾排放口2022年10月在线监测总烟气量为19000万Nm³。2022年第四季度在线监测设备符合国家规定和监测规范。请核算2022年10月1号窑尾排放口汞及其化合物的污染当量数。

【解析】汞及其化合物排放量=19000×0.005/100=0.95kg

污染当量数=0.95/0.0001=9500

【注意】烟气量按照在线监测的烟气量核算，计算排放量用实测浓度值，污染物排放浓度是否超标看折算浓度。

【实例4-2】某水泥厂1号窑尾排放口安装污染物自动监测设备，在线通过验收并完成备案，在线监测的污染因子分别为烟尘、二氧化硫和氮氧化物。该企业2021年第三季度对在线监测设备进行比对监测且比对合格。在线监测数据显示，9月份1号窑尾排放口烟尘、二氧化硫、氮氧化物的排放量分别为2000kg、15000kg、57000kg。该排放口9月份在线烟气量为28000万Nm³。该企业7月份外委有CMA资质的第三方检测机构对该排放口的氟化物、汞及其化合物进行委托监测，浓度检测结果分别为0.45mg/m³和0.008mg/m³，标杆流量为420000m³/h，9月份水泥窑全月运行（汞及其化合物的排放标准为0.05mg/m³，氟化物的排放标准为5mg/m³）。9月份该水泥厂所有污染物都达标排放，且二氧化硫、氮氧化物、烟尘的排放浓度均低于排放标准50%以上。请核算9月份该排放口环境保护税应缴税额。

【解析】（1）确定核算方法。该企业在线比对合格，烟尘、二氧化硫、氮氧化物采用自动监测法，汞及其化合物和氟化物采用手工监测法核算。

（2）核算该排放口所有应税污染物污染当量数。

二氧化硫污染当量数：15000/0.95=15789.4737

氮氧化物污染当量数：57000/0.95=60000

烟尘污染当量数：2000/2.18=917.4312

汞及其化合物污染当量数：0.008×28000/100/0.0001=22400

氟化物污染当量数：0.45×28000/100/0.87=144.8276

（3）确定税目。依照排序，污染当量数排在前三的污染物分别为氮氧化物、汞及其化合物和二氧化硫。

（4）核算应纳税额：（15789.4737+60000）×2.4+22400×1.2=208774.74（元）

（5）核算减免税额。因为汞及其化合物是7月监测，依据《财政部 税务总局 生态环境部关于明确环境保护税应税污染物适用等有关问题的通知》（财税〔2018〕117

号），纳税人采用监测机构出具的监测数据申报减免环境保护税的，应当取得申报当月的监测数据；当月无监测数据的，不予减免环境保护税。二氧化硫和氮氧化物小时均值低于排放标准的50%，减按50%征收环境保护税。

减免税额：（15789.4737+60000）×2.4×0.5=90947.37（元）

实际应缴税：208774.74-90947.37=117827.37（元）

3. 排（产）污系数、物料衡算法

若窑头、窑尾主要排放口在线监测设备未验收、未进行比对监测或在线监测数据未进行修约，则在线监测数据不能作为计税依据核算环境保护税，应使用排污系数法核算颗粒物（一般性粉尘、烟尘）和氮氧化物的排放量，2021年5月之前使用物料衡算方法核算二氧化硫排放量。二氧化硫物料衡算方法的计算公式如下。

按照原料中有机硫和硫化物中硫含量的不同，二氧化硫实际排放量核算方法分为以下两种。

（1）原料中有机硫和硫化物中硫含量不高于0.15%时，采用下述公式核算窑尾二氧化硫实际排放量：

$$D_{SO_2}=2\left(G_0 \cdot \frac{\alpha_0}{100}+\sum_{i=1}^{n} G_i \cdot \frac{\alpha_i}{100}\right) \cdot \frac{\eta_1}{100} \cdot \frac{\eta_2}{100}$$

式中：D_{SO_2}——核算时段内二氧化硫排放量，t；

G_0——核算时段内耗煤量，t；

G_i——核算时段内第i种原料耗量，t；

α_0——煤的含硫率（以单质硫计），为各批次煤的含硫率的加权平均值，%；

α_i——第i种原料含硫率（以单质硫计），为各批次i原料的含硫率的加权平均值，%；

η_1——硫生成二氧化硫的系数，%，根据各区域或各项目特点取值，一般可取95；

η_2——二氧化硫排入大气系数，%，根据各区域或各项目特点取值，新型干法回转窑一般可取2。

（2）原料中有机硫和硫化物中硫含量高于0.15%时，由于此类硫易于在预热器挥发或分解，应实测其全硫、硫酸盐硫，用差减法计算出有机硫和硫化物硫含量，采用下述公式核算二氧化硫窑尾实际排放量：

$$D_{SO_2}=2\left[\left(G_0 \cdot \frac{\alpha_0}{100}+\sum_{i=1}^{n} G_i \cdot \frac{\alpha'_i}{100}\right) \cdot \frac{\eta_1}{100} \cdot \frac{\eta_2}{100}+\sum_{i=1}^{n} G_i \cdot \frac{\alpha''_i}{100} \cdot \frac{\eta_1}{100}\right]$$

式中：D_{SO_2}——核算时段内二氧化硫排放量，t；

G_0——核算时段内耗煤量，t；

G_i——核算时段内第i种原料耗量，t；

α_0——煤的含硫率（以单质硫计），为各批次煤的含硫率的加权平均值，%；

α'_i——第 i 种原料的硫酸盐含硫率（以单质硫计），为各批次 i 原料的硫酸盐含硫率的加权平均值，%；

η_1——硫生成二氧化硫的系数，%，根据各区域或各项目特点取值，一般可取95；

η_2——二氧化硫排入大气系数，%，根据各区域或各项目特点取值，新型干法回转窑一般可取2；

α''_i——第 i 种原料中有机硫及硫化物硫的含量（以单质硫计），为各批次 i 原料中有机硫及硫化物含硫率的加权平均值，%；

新型干法工艺的水泥窑头、窑尾主要排放口中一般性粉尘、烟尘、氟化物、氮氧化物和二氧化硫的产（排）污系数节选表详见表4-1至表4-5。立窑工艺的水泥工业企业属于国家产业调整目录中的淘汰类，本方法不予列出。

2021年5月1日以前的烟尘和氮氧化物系数表见表4-1。

表4-1 水泥熟料制造排污单位主要排放口产污系数表（81号公告附件1）

产品名称	原料名称	工艺名称	产能规模	污染物指标	单位	产污系数
熟料	钙、硅铝铁质原料	新型干法	≥4000（吨-熟料/日）	烟尘	千克/吨-熟料	147.765
				氮氧化物		1.584
			<4000（吨-熟料/日）	烟尘		147.765
				氮氧化物		1.746
		JT窑（参考立窑）	≥10（万吨水泥/年）	烟尘		31.73
				氮氧化物		0.243

2021年5—6月，二氧化硫、氮氧化物、烟尘、粉尘、氟化物的系数表见表4-2和表4-3。

表4-2 水泥制造业产污系数表（16号公告附件2节选1）

产品名称	原料名称	工艺名称	规模等级	污染物指标	单位	产污系数	末端治理技术名称	排污系数
水泥	钙、硅铝铁质原料[①]	新型干法	≥4000（吨-熟料/日）	工业废气量 窑炉	立方米/吨-熟料	3964[②]	直排	3964[②]
				工艺	立方米/吨-产品	1286	直排	1286
				烟尘	千克/吨-熟料	147.765	过滤式除尘法（复膜）[③]	0.126
							过滤式除尘法（普通）[③]	0.189
							静电除尘法	0.252

续表

产品名称	原料名称	工艺名称	规模等级	污染物指标		单位	产污系数	末端治理技术名称	排污系数
水泥	钙、硅铝铁质原料①	新型干法	≥4000（吨-熟料/日）	二氧化硫		千克/吨-熟料	0.132④	直排	0.132④
							0.198⑤	直排	0.198⑤
							0.385⑥	直排	0.385⑥
				氮氧化物		千克/吨-熟料	1.584	直排	1.584
				氟化物		克/吨-熟料	2.551	直排	2.551
			2000~4000（不含）（吨-熟料/日）	工业废气量	窑炉	立方米/吨-熟料	4069②	直排	4069②
					工艺	立方米/吨-产品	1286	直排	1286
				烟尘		千克/吨-熟料	147.765	过滤式除尘法（复膜）③	0.126
								过滤式除尘法（普通）③	0.189
								静电除尘法	0.252
				二氧化硫		千克/吨-熟料	0.146④	直排	0.146④
							0.218⑤	直排	0.218⑤
							0.436⑥	直排	0.436⑥
				氮氧化物		千克/吨-熟料	1.746	直排	1.746
				氟化物		克/吨-熟料	3.595	直排	3.595
			<2000（吨-熟料/日）	工业废气量	窑炉	立方米/吨-熟料	4069②	直排	4069②
					工艺	立方米/吨-产品	2427	直排	2427
				烟尘		千克/吨-熟料	258.471	过滤式除尘法（普通）③	0.220
								静电除尘法	0.330
				二氧化硫		千克/吨-熟料	0.158④	直排	0.158④
							0.238⑤	直排	0.238⑤
							0.517⑥	直排	0.517⑥
				氮氧化物		千克/吨-熟料	1.746	直排	1.746
				氟化物		克/吨-熟料	3.595	直排	3.595

注：①见"使用说明"中的4.2；②窑炉系统带余热发电时，系数放大1.1倍；③见"使用说明"中的4.3；④⑤⑥取值见"使用说明"中的4.4；⑦取值见"使用说明"中的4.5。

表4-3 水泥制造业产污系数表（16号公告附件2节选2）

产品名称	原料名称	工艺名称	规模等级	污染物指标		单位	产污系数	末端治理技术名称	排污系数
熟料	钙、硅铝铁质原料[①]	新型干法	≥4000（吨-熟料/日）	工业废气量	窑炉	立方米/吨-熟料	3964[②]	直排	3964[②]
					工艺	立方米/吨-产品	857	直排	857
				烟尘		千克/吨-熟料	147.765	过滤式除尘法（复膜）[③]	0.126
								过滤式除尘法（普通）[③]	0.189
								静电除尘法	0.252
				工业粉尘		千克/吨-产品	34.706	各种除尘法	0.059
				二氧化硫		千克/吨-熟料	0.132[④]	直排	0.132[④]
							0.198[⑤]	直排	0.198[⑤]
							0.385[⑥]	直排	0.385[⑥]
				氮氧化物		千克/吨-熟料	1.584	直排	1.584
				氟化物		克/吨-熟料	2.551	直排	2.551
			<4000（吨-熟料/日）	工业废气量	窑炉	立方米/吨-熟料	4069[②]	直排	4069[②]
					工艺	立方米/吨-产品	857	直排	857
				烟尘		千克/吨-熟料	147.765	过滤式除尘法（复膜）[③]	0.126
								过滤式除尘法（普通）[③]	0.189
								静电除尘法	0.252
				工业粉尘		千克/吨-产品	38.235	各种除尘法	0.065
				二氧化硫		千克/吨-熟料	0.146[④]	直排	0.146[④]
							0.218[⑤]	直排	0.218[⑤]
							0.436[⑥]	直排	0.436[⑥]
				氮氧化物		千克/吨-熟料	1.746	直排	1.746
				氟化物		克/吨-熟料	3.595	直排	3.595

说明：二氧化硫产排污系数用区间表达，具体选用时依据燃烧用煤中的全硫含量取值，当全硫含量小于1%时，取④值；当全硫含量大于1%、小于2%时，取⑤值；当全硫含量大于2%时，取⑥值。

2021年7月以后的二氧化硫、氮氧化物、烟尘、粉尘的系数表见表4-4和表4-5。

表4-4 水泥制造业产污系数表（24号公告节选1）

产品名称	原料名称	工艺名称	规模等级	污染物指标	系数单位	产污系数	末端治理技术名称	末端治理技术平均去除效率（%）	参考k值计算公式
水泥	钙、硅铝铁质原料	新型干法（窑尾）	≥4000（吨-熟料/日）	烟尘	千克/吨-产品	94.570	袋式除尘	99.95	k=除尘设施运行时间/生产装置生产时间
							电袋组合	99.9	k=除尘设施运行时间/生产装置生产时间
							静电除尘	99	k=除尘设施运行时间/生产装置生产时间
				工业废气量	立方米/吨-产品	2500			
				二氧化硫	千克/吨-产品	0.158	直排	/	
							其他	30	k=脱硫设施运行时间/生产装置生产时间
				氮氧化物	千克/吨-产品	1.014	SCR	80	k=脱硝设施运行时间/生产装置生产时间
							SNCR	60	k=脱硝设施运行时间/生产装置生产时间
							其他	15	k=脱硝设施运行时间/生产装置生产时间
		新型干法（窑头）	≥4000（吨-熟料/日）	一般性粉尘	千克/吨-产品	14.980	袋式除尘	99.9	k=除尘设施运行时间/生产装置生产时间
							静电除尘	98	k=除尘设施运行时间/生产装置生产时间
		新型干法（窑尾）	2000-4000（不含）（吨-熟料/日）	烟尘	千克/吨-产品	106.391	袋式除尘	99.95	k=除尘设施运行时间/生产装置生产时间
							电袋组合	99.9	k=除尘设施运行时间/生产装置生产时间
							静电除尘	99	k=除尘设施运行时间/生产装置生产时间
				工业废气量	立方米/吨-产品	2500			
				二氧化硫	千克/吨-产品	0.158	直排	/	
							其他	30	k=脱硫设施运行时间/生产装置生产时间

续表

产品名称	原料名称	工艺名称	规模等级	污染物指标	系数单位	产污系数	末端治理技术名称	末端治理技术平均去除效率(%)	参考k值计算公式
水泥	钙、硅铝铁质原料	新型干法（窑尾）	2000-4000（不含）（吨-熟料/日）	氮氧化物	千克/吨-产品	1.257	SCR	80	k=脱硝设施运行时间/生产装置生产时间
							SNCR	60	
							其他	15	
		新型干法（窑头）	2000-4000（不含）（吨-熟料/日）	一般性粉尘	千克/吨-产品	18.487	袋式除尘	99.9	k=除尘设施运行时间/生产装置生产时间
							静电除尘	98	
				烟尘	千克/吨-产品	186.099	袋式除尘	99.95	k=除尘设施运行时间/生产装置生产时间
							电袋组合	99.9	
							静电除尘	99	
				工业废气量	立方米/吨-产品	2500	直排	/	
		新型干法（窑尾）	<2000（吨-熟料/日）	二氧化硫	千克/吨-产品	0.158	其他	30	k=脱硫设施运行时间/生产装置生产时间
				氮氧化物	千克/吨-产品	1.257	SCR	80	k=脱硝设施运行时间/生产装置生产时间
							SNCR	60	
							其他	15	
		新型干法（窑头）	<2000（吨-熟料/日）	一般性粉尘	千克/吨-产品	40.214	袋式除尘	99.9	k=除尘设施运行时间/生产装置生产时间
							静电除尘	98	

表 4-5 水泥制造业产污系数表（24号公告节选2）

产品名称	原料名称	工艺名称	规模等级	污染物指标	系数单位	产污系数	末端治理技术名称	末端治理技术平均去除效率（%）	参考k值计算公式
熟料	钙、硅铝铁质原料	新型干法（窑尾）	≥4000（吨-熟料/日）	烟尘	千克/吨-产品	118.212	袋式除尘	99.95	k=除尘设施运行时间/生产装置生产时间
							电袋组合	99.9	
							静电除尘	99	
				工业废气量	立方米/吨-产品	2500		/	
				二氧化硫	千克/吨-产品	0.198	直排	—	
							其他	40	k=脱硫设施运行时间/生产装置生产时间
				氮氧化物	千克/吨-产品	1.267	SCR	80	
							SNCR	60	k=脱硝设施运行时间/生产装置生产时间
							其他	15	
		新型干法（窑头）	≥4000（吨-熟料/日）	一般性粉尘	千克/吨-产品	17.49	袋式除尘	99.9	k=除尘设施运行时间/生产装置生产时间
							静电除尘	98	
		新型干法（窑尾）	<4000（吨-熟料/日）	烟尘	千克/吨-产品	132.989	袋式除尘	99.95	k=除尘设施运行时间/生产装置生产时间
							电袋组合	99.9	
							静电除尘	99	
				工业废气量	立方米/吨-产品	2500			

续表

产品名称	原料名称	工艺名称	规模等级	污染物指标	系数单位	产污系数	末端治理技术名称	末端治理技术平均去除效率（%）	参考k值计算公式
熟料	钙、硅铝铁质原料	新型干法（窑尾）	<4000（吨-熟料/日）	二氧化硫	千克/吨-产品	0.198	直排	/	
							其他	40	k=脱硫设施运行时间/生产装置生产时间
				氮氧化物	千克/吨-产品	1.571	SCR	80	k=脱硝设施运行时间/生产装置生产时间
							SNCR	60	
							其他	15	
		新型干法（窑头）	<4000（吨-熟料/日）	一般性粉尘	千克/吨-产品	21.678	袋式除尘	99.9	k=除尘设施运行时间/生产装置生产时间
							静电除尘	98	

需要重点关注的是，用物料衡算、排（产）系数法核算窑头、窑尾排放口颗粒物（一般性粉尘、烟尘）、二氧化硫和氮氧化物的排放量，不同时间段核算方法和系数不同。具体时间段选用依据如下：

①2018年1月至2021年4月30日：颗粒物（烟尘、一般性粉尘）、二氧化硫和氮氧化物的排放量依据81号公告之"（四）污染物实际排放量核算方法 水泥工业"的相关系数核算，其中二氧化硫的排放量按照物料衡算的方法核算。

②2021年5月1日至2021年6月30日：颗粒物（烟尘、一般性粉尘）、二氧化硫和氮氧化物的排放量按照16号公告附件2之"3111水泥制造业"的相关系数核算。

③2021年7月1日开始：颗粒物（烟尘、一般性粉尘）、二氧化硫和氮氧化物的排放量依据24号公告的《301水泥、石灰和石膏制造行业系数手册》的相关系数核算。

系数选取时需要注意以下几点：

①81号公告系数的选取。81号公告只给出了颗粒物和氮氧化物的产污系数，并且颗粒物的产污系数给出的是窑头和窑尾总的产污系数，只能计算出窑头和窑尾颗粒物总的排放量。计算颗粒物和氮氧化物排放量时要考虑对应污染防治设施的去除效率，二氧化硫的排放量用物料衡算的方法进行核算（详见上面公式）。

②16号公告系数的选取。16号公告列明了了窑头、窑尾颗粒物的产污系数和排污系数，计算时根据窑头、窑尾除尘工艺的技术名称确定对应的排污系数，颗粒物的系数也是窑头和窑尾总的产（排）污系数。由于水泥烧成过程本身有脱硫作用，二氧化硫的排污系数和产污系数一致，直接用该系数核算二氧化硫的排放量，二氧化硫产（排）污系数的选取要根据燃煤的全硫含量选取对应的系数。氮氧化物只给出了产污系数，计算时要考虑水泥窑是否有脱硝设施，若末端配套安装了脱硝设施，核算氮氧化物的排放量要考虑氮氧化物的去除效率。

③24号公告系数的选取。24号公告分别列明了窑头、窑尾颗粒物、二氧化硫和氮氧化物的产污系数以及不同的末端治理技术名称对应的除尘、脱硫和脱硝的去除效率，核算时应根据对应污染防治设施的去除效率以及污染防治设施的投运率核算污染物的排放量。

④系数选取时注意产品名称（熟料、水泥），根据对应产品的产量及产（排）污系数核算污染物的排放量。

⑤窑头、窑尾颗粒物排放量划分参考方法。由于81号公告和16号公告颗粒物的产污系数给出的是窑头和窑尾总的产污系数，而窑头和窑尾排放的颗粒物税目不同，分别是一般性粉尘和烟尘，需要划分开分别计算，具体划分方法可参考24号公告3011水泥制造行业系数表中产品、原料、工艺、规模信息查询对应窑尾、窑头颗粒物的产污系数，计算出窑尾、窑头烟尘和一般性粉尘的占比，然后用81号公告和16号公告给出的总的产污系数乘以对应的占比，分别计算出窑头和窑尾一般性粉尘和烟尘的产污

系数。

举例说明。如果某水泥制造企业产品是熟料，原料分别是钙、硅、铝、铁质原料，工艺为新型干法，规模等级为≥4000（吨-熟料/日），查询24号公告对应窑尾、窑头颗粒物的产污系数分别为118.212kg/吨熟料、17.49kg/吨熟料，窑尾烟尘占比=118.212/（118.212+17.49）=0.8711146，窑头一般性粉尘占比=1-0.8711146=0.1288854。81号公告和16号公告中产品是熟料，原料分别是钙、硅、铝、铁质原料，工艺为新型干法，规模等级为≥4000（吨-熟料/日），窑头、窑尾颗粒物的产污系数为147.765kg/吨熟料，对应窑尾烟尘的产污系数=147.765×0.8711146=128.720249，窑头一般性粉尘的产污系数=147.765×0.1288854=19.044751。

4.非正常时段排放量计算方法

对于自动监测数据缺失时段超过25%，或者要求安装使用自动监控设施而未安装使用的，或者没有与生态环境主管部门进行联网，采用物料衡算法核算二氧化硫排放量，核算时根据原辅燃料消耗量、含硫率，并可考虑水泥窑本身的脱硫效率；采用产污系数法核算颗粒物、氮氧化物排放量，根据单位产品污染物的产生量，按直排进行核算。

【实例4-3】某水泥厂生产规模为一条4000t/d的新型干法水泥熟料生产线，原料为石灰石、砂岩、矿渣等，燃料为煤。窑头、窑尾在线监测设备于2017年5月验收并与当地生态环境主管部门联网。该厂2018年第二季度未委托有资质的第三方对窑头、窑尾的在线监测设备开展比对监测，该厂2018年4月份熟料的产量为90000吨，燃煤消耗量为20000吨，燃煤收到基硫分为0.25%，石灰石消耗量为210000吨，硫分为0.14%，砂岩的消耗量为15000吨，硫分为0.15%，砂岩粉末的消耗量为6000吨，收到基硫分为0.15%，转炉渣消耗量为4900吨，硫分为0.12%。该水泥厂窑尾脱硝采用SNCR工艺，脱硝效率为45%，窑头、窑尾除尘选用布袋除尘，除尘效率为99.8%。请核算该厂4月份水泥窑窑头、窑尾颗粒物以及窑尾二氧化硫、氮氧化物的排放量。

【解析】（1）确定核算方法。由于该厂2018年第二季度未对水泥窑窑头、窑尾的在线监测设备进行比对监测，故采用物料衡算和产污系数法核算污染物排放量。

（2）核算污染物排放量。

本例需要核算的是2018年4月水泥窑主要排放口应税污染物的排放量，故依据81号公告水泥制造企业的核算方法进行核算，二氧化硫采用物料衡算的方法，颗粒物和氮氧化物的排放量采用系数法。

二氧化硫排放量的计算：

①公式的选取。该例中原料收到基硫分均不高于0.15%，故采用下述公式核算二

氧化硫的排放量：

$$D_{SO_2}=2\left(G_0\cdot\frac{\alpha_0}{100}+\sum_{i=1}^{n}G_i\cdot\frac{\alpha_i}{100}\right)\cdot\frac{\eta_1}{100}\cdot\frac{\eta_2}{100}$$

②二氧化硫的排放量=2×［20000×0.25/100+（210000×0.14/100+15000×0.15/100+6000×0.15/100+4900×0.12/100）］×95/100×2/100×1000=14492.44kg（注意单位换算）

氮氧化物排放量的计算：

①系数的选取。81号公告中，产能规模≥4000吨-熟料/日的氮氧化物的产污系数为1.584kg/t熟料，该水泥窑窑尾脱硝效率为45%。

②氮氧化物的排放量=90000×1.584×（1-0.45）=78408kg

窑头、窑尾颗粒物排放量的计算：

①系数的选取。81号公告中，产能规模≥4000吨-熟料/日的颗粒物的产污系数为147.765kg/t熟料，该水泥窑窑尾除尘效率为99.8%。

②颗粒物的排放量=90000×147.765×（1-0.998）=26597.7kg

【实例4-4】某水泥厂生产规模为一条4000t/d的新型干法水泥熟料生产线，原料为石灰石、砂岩、矿渣等，燃料为煤。窑头、窑尾在线监测设备于2017年5月验收并与当地生态环境主管部门联网。该厂2021年第二季度未委托有资质的第三方对窑头、窑尾的在线监测设备开展比对监测，该厂2021年5月份熟料的产量为90000吨，燃煤消耗量为20000吨，燃煤收到基硫分为0.25%，石灰石消耗量为210000吨，硫分为0.14%，砂岩的消耗量为15000吨，硫分为0.15%，砂岩粉末的消耗量为6000吨，收到基硫分为0.15%，转炉渣消耗量为4900吨，硫分为0.12%。该水泥厂窑尾脱硝采用SNCR工艺，脱硝效率为45%，窑头、窑尾选用布袋除尘，除尘效率为99.8%。请核算该厂5月份水泥窑窑头、窑尾颗粒物、二氧化硫、氮氧化物的排放量。

【解析】（1）确定核算方法。由于该厂2021年第二季度水泥窑窑头、窑尾的在线监测设备未进行比对监测，故采用系数法核算污染物排放量。

（2）核算污染物排放量。

本例需要核算的是2021年5月水泥窑主要排放口应税污染物的排放量，故依据16号公告水泥制造业产（排）污系数进行核算。

窑尾排放口二氧化硫排放量的计算：

①系数的选取。16号公告中，产能规模≥4000吨-熟料/日，产品是熟料，并且燃煤收到基硫分小于1%的二氧化硫的产污系数为0.132kg/t熟料。

②二氧化硫的排放量=90000×0.132=11880kg

窑尾排放口氮氧化物排放量的计算：

①系数的选取。16号公告中，产能规模≥4000吨-熟料/日，产品是熟料的氮氧

化物的产污系数为1.584kg/t熟料，该水泥窑窑尾脱硝效率为45%。

②氮氧化物的排放量=90000×1.584×（1-0.45）=78408kg

窑头、窑尾排放口颗粒物排放量的计算：

①系数的选取。16号中公告中，产能规模≥4000吨-熟料/日，除尘工艺为过滤式除尘法的颗粒物的排污系数为0.126kg/t熟料。

②颗粒物的排放量=90000×0.126=11340kg

【实例4-5】某水泥厂生产规模为一条4000t/d的新型干法水泥熟料生产线，原料为石灰石、砂岩、矿渣等，燃料为煤。窑头、窑尾在线监测设备于2017年5月验收并与当地生态环境主管部门联网。该厂2022年第二季度未委托有资质的第三方对窑头、窑尾的在线监测设备开展比对监测，该厂2022年5月份熟料的产量为90000吨，燃煤消耗量为20000吨，燃煤收到基硫分为0.25%，石灰石消耗量为210000吨，硫分为0.14%，砂岩的消耗量为15000吨，硫分为0.15%，砂岩粉末的消耗量为6000吨，收到基硫分为0.15%，转炉渣消耗量为4900吨，硫分为0.12%。该水泥厂窑尾脱硝采用SNCR工艺，窑尾除尘工艺为袋式除尘，窑头除尘工艺为静电除尘，5月份窑头、窑尾污染防治设施的投运率为100%。请核算该厂5月份水泥窑窑头、窑尾颗粒物、二氧化硫、氮氧化物的排放量。

【解析】（1）确定核算方法。由于该厂2022年第二季度水泥窑窑头、窑尾的在线监测设备未进行比对监测，故采用系数法核算污染物排放量。

（2）核算污染物排放量。

本例需要核算的是2022年5月水泥窑主要排放口应税污染物的排放量，故依据24号公告水泥制造业产（排）污系数进行核算。

窑尾排放口二氧化硫排放量的计算：

①系数的选取。24号公告中，产能规模≥4000吨-熟料/日，产品是熟料，二氧化硫的产污系数为0.198kg/t熟料。

②二氧化硫的排放量=90000×0.198=17820kg

窑尾排放口氮氧化物排放量的计算：

①系数的选取。24号公告中，产能规模≥4000吨-熟料/日，产品是熟料，氮氧化物的产污系数为1.267kg/t熟料，脱硝工艺为SNCR的氮氧化物去除效率为60%，脱硝的投运率为100%。

②氮氧化物的排放量=90000×1.267×（1-0.6）×1=45612kg

窑尾排放口烟尘排放量的计算：

①系数的选取。24号公告中，产能规模≥4000吨-熟料/日，产品是熟料，窑尾排放口烟尘的产污系数为118.212kg/t熟料，除尘工艺为袋式除尘的除尘效率为

99.95%，除尘设施的投运率为100%。

②颗粒物的排放量=90000×118.212×（1-0.9995）×1=5319.54kg

窑头排放口一般性粉尘排放量的计算：

①系数的选取。24号公告中，产能规模≥4000吨-熟料/日，产品是熟料，窑头排放口一般性粉尘的产污系数为17.49kg/t熟料，除尘工艺为静电除尘的除尘效率为98%，除尘设施的投运率为100%。

②一般性粉尘的排放量=90000×17.49×（1-0.98）×1=31482kg

4.2.2 一般排放口的核算方法

水泥工业企业一般排放口主要涉及破碎、煤粉制备、水泥磨、水泥包装、原料预均化、生料制备、均化、原辅料、燃料、生料、熟料、水泥、混合材、石膏等输送过程，料仓和储库贮存及污水处理等环节，上述生产环节配套安装的除尘器及除臭装置对应的排放口为一般排放口。协同处置固体废物的水泥制造企业，固体废物贮存场所及预处理单元配套安装的活性炭吸附等除臭装置对应的排放口也是一般排放口。根据是否对上述排放口进行委托监测，确定核算方法。主要涉及两种计算方法：手工监测法、排污系数法。

1.手工监测法

手工监测法是指根据每次手工监测时段内每小时污染物的平均排放浓度、平均烟气量、运行时间核算污染物实际排放量。监测频次应该满足《排污单位自行监测技术指南 水泥工业》（HJ 848—2017）的相关要求。企业应将手工监测时段的生产负荷与核算时段内的平均生产负荷进行对比，并给出比对结果。

当季度内某一类污染源中同类型污染治理设施排放口有多组监测数据时，采用加权法核算实际排放量。对于季度内未被抽测的排放口应按同类型污染治理设施排放口的监测数据进行实际排放量计算。

> **【注意】** 依据《排污许可申请与核发技术规范 水泥工业》（HJ 847—2017）中"9.2.1.3一般排放口核算的相关规定"，如某水泥厂有两台水泥磨，分别安装布袋除尘器及对应的排放口，2023年4月委托有资质的第三方监测机构仅对1号水泥磨废气排放口进行监测，废气量为160000m³/h，颗粒物浓度为4.0mg/m³。则2号水泥磨2023年第二季度可以沿用1号水泥磨的监测数据核算污染物的排放量，但是不能享受减税。

（1）当季度有监测报告的排放口，按照监测报告检测的数据计算该排放口应税污染物的排放量。计算公式为：

有监测报告的排放口应税污染物排放量（kg）=手工监测的平均浓度值×
小时烟气排放量（Nm³）/10000×运行时间（小时）/100

（2）一般性粉尘污染物排放量的核算方法。根据81号公告"（四）污染物实际排放量核算方法 水泥工业"和《排污许可申请与核发技术规范 水泥工业》（HJ 847—2017）的相关规定，水泥制造企业一般排放口一般性粉尘排放量的核算方法以手工监测法为主。水泥制造企业纳入一般排放口一般性粉尘实际排放量的污染源类型一共有四大类，分别是煤磨、水泥磨、破碎机和包装机，这四大类污染源类型的排放口一般性粉尘的排放量约占全厂一般排放口一般性粉尘排放量的75%。依据《排污许可证申请与核发技术规范 水泥工业》（HJ 847—2017）"7.5 监测频次"和《排污单位自行监测技术指南 水泥工业》（HJ 848—2017）的要求，煤磨、水泥磨、破碎机和包装机颗粒物的监测频次要求1次/半年，同时要求排污单位合理安排监测计划，保证每个季度同种类型治理设施监测点位数量基本平均分布。《排污许可证申请与核发技术规范 水泥工业》（HJ 847—2017）规定，当季度内某一类污染源中季度内未被抽测的排放口应按同类型污染治理设施排放口的监测数据进行实际排放量计算。就是说，只要企业合理安排自行监测计划，确保每个季度对这四种污染源类型的同类型污染治理设施的排放口都进行抽测，就可以用监测法计算出全厂一般性粉尘的排放量。核算方法如下：

$$M_{一般排放口} = \sum_{i=1}^{n} C_{ij} \times Q_{ij} \times T_{ij} \times 10^{-9}/\beta$$

式中：C_{ij}——第i类污染源（纳入实际排放量核算范围的污染源类型见表4-6）第j类除尘器排放口平均实测浓度，mg/m³；

Q_{ij}——第i类污染源第j类除尘器排放口标准状态下干排气量，m³/h；

T_{ij}——第i类污染源第j类除尘器在核算时段内的累计实际运行时间，h；

β——纳入核算范围内的污染源（见表4-6）颗粒物排放量占水泥工业排污单位一般排放口颗粒物排放量的比值；水泥（熟料）制造排污单位正常生产及错峰生产时取0.75，独立粉磨站取0.65。

表4-6 纳入一般排放口颗粒物实际排放量核算的污染源类型

排污单位类型	污染源类型
水泥（熟料）制造排污单位	煤磨、水泥磨、破碎机、包装机
独立粉磨站排污单位	石膏破碎机、水泥磨、包装机

2.排污系数法

如果没有监测报告或者企业每个季度没有对煤磨、水泥磨、破碎机、包装机四大类型污染源的同类型污染治理设施排放口进行抽测,则采用排污系数法核算全厂一般排放口一般性粉尘的排放量。产生其他应税污染物的一般排放口,如污水处理站排放口、协同处置固废的贮存除臭排放口等,目前没有相应的排污系数方法。

用排污系数法核算全厂一般性粉尘的排放量,不同时间段核算系数不同。具体时间段选用依据如下:

(1) 2018年1月至2021年4月30日:依据81号公告"(四)污染物实际排放量核算方法 水泥工业"的相关系数核算全厂一般排放口一般性粉尘的排放量。系数详见表4-7、表4-8。

表4-7 水泥(熟料)制造排污单位一般排放口产污系数表(81号公告附件1)

产品名称	原料名称	工艺名称	产能规模(吨-熟料/日)	污染物指标	单 位	产污系数
熟料	钙、硅铝铁质原料	新型干法	≥4000	一般性粉尘	千克/吨-熟料	34.706
			<4000	一般性粉尘		38.235
水泥			≥4000	一般性粉尘	千克/吨-水泥	51.765
			2000~4000(不含)	一般性粉尘		57.059
			<2000	一般性粉尘		124.118
		JT窑(参考立窑)	≥10(万吨-水泥/年)	一般性粉尘		31.60

表4-8 独立粉磨站排污单位一般排放口产、排污系数表

产品名称	原料名称	工艺名称	规模等级(万吨-水泥/年)	污染物指标	单 位	产污系数	排污系数
水泥	熟料混合材	粉磨站	≥60	一般性粉尘	千克/吨-产品	17.7	0.177
			<60		千克/吨-产品	22.8	0.228

(2) 2021年5月1日至2021年6月30日:依据16号公告附件2之"3111水泥制造业"的相关系数核算全厂一般排放口一般性粉尘的排放量。系数选取节选详见表4-9、表4-10。

表4-9 水泥（熟料）制造排污单位一般排放口产污系数表（16号公告附件2节选1）

产品名称	原料名称	工艺名称	规模等级（吨-熟料/日）	污染物指标	单位	产污系数	末端治理技术名称	排污系数
水泥	钙、硅铝铁质原料	新型干法	≥4000	一般性粉尘	千克/吨-产品	51.765	各种除尘法	0.088
			2000~4000（不含）	一般性粉尘	千克/吨-产品	57.059	各种除尘法	0.097
			<2000	一般性粉尘	千克/吨-产品	124.118	各种除尘法	0.211
熟料	钙、硅铝铁质原料	新型干法	≥4000	一般性粉尘	千克/吨-产品	34.706	各种除尘法	0.059
			<4000	一般性粉尘	千克/吨-产品	38.235	各种除尘法	0.065

表4-10 独立粉磨站排污单位产、排污系数表（16号公告附件2节选2）

产品名称	原料名称	工艺名称	规模等级（万吨-水泥/年）	污染物指标	单位	产污系数	末端治理技术名称	排污系数
水泥	熟料混合材	粉磨站	≥60	工业废气量（工艺）	立方米/吨-产品	1135	直排	1135
				一般性粉尘	千克/吨-产品	17.7	各种除尘法	0.177
			<60	工业废气量（工艺）	立方米/吨-产品	1135	直排	1135
				一般性粉尘	千克/吨-产品	22.8	各种除尘法	0.228

（3）2021年7月1日开始：依据24号公告的《301水泥、石灰和石膏制造行业系数手册》的相关系数核算全厂一般排放口一般性粉尘的排放量。系数选取节选详见表4-11、表4-12。

表4-11 水泥（熟料）制造排污单位一般排放口产污系数表（24号公告节选1）

产品名称	原料名称	工艺名称	规模等级	污染物指标	系数单位	产污系数	末端治理技术名称	末端治理技术平均去除效率（%）	参考k值计算公式
水泥	钙、硅铝铁质原料	新型干法（一般排放口）	≥4000（吨-熟料/日）	一般性粉尘	千克/吨-产品	26.504	袋式除尘	99	k=除尘设施运行时间（小时）/生产装置生产时间（小时）
			2000~4000（不含）（吨-熟料/日）	一般性粉尘	千克/吨-产品	32.866	袋式除尘	99	k=除尘设施运行时间（小时）/生产装置生产时间（小时）
			<2000（吨-熟料/日）	一般性粉尘	千克/吨-产品	71.492	袋式除尘	99	k=除尘设施运行时间（小时）/生产装置生产时间（小时）
熟料	钙、硅铝铁质原料	新型干法（一般排放口）	≥4000（吨-熟料/日）	一般性粉尘	千克/吨-产品	10.27	袋式除尘	99	k=除尘设施运行时间/生产装置生产时间
			<4000（吨-熟料/日）	一般性粉尘	千克/吨-产品	12.732	袋式除尘	99	k=除尘设施运行时间/生产装置生产时间

表4-12 独立粉磨站产污系数表（24号公告节选2）

产品名称	原料名称	工艺名称	规模等级	污染物指标	系数单位	产污系数	末端治理技术名称	末端治理技术平均去除效率（%）	参考K值计算公式
水泥	熟料、混合材	粉磨站	≥60（万吨-水泥/年）	一般性粉尘	千克/吨-产品	15.93	袋式除尘	99	k=除尘设施运行时间/生产装置生产时间
				二氧化硫（带烘干）	千克/吨-产品	0.015	其他	80	k=脱硫设施运行时间/生产装置生产时间
				工业废气量	立方米/吨-产品	1135	直排	/	
				氮氧化物（带烘干）	千克/吨-产品	0.003	其他	30	k=脱硝设施运行时间/生产装置生产时间
			<60（万吨-水泥/年）	一般性粉尘	千克/吨-产品	22.8	直排	/	
							其他	30	k=除尘设施运行时间/生产装置生产时间
							袋式除尘	99	
				二氧化硫（带烘干）	千克/吨-产品	0.015	其他	80	
				工业废气量	立方米/吨-产品	1135	其他	30	
				氮氧化物（带烘干）	千克/吨-产品	0.003	直排	/	k=脱硫设施运行时间/生产装置生产时间
							其他	30	

系数选取及核算时应该注意的问题：

①系数选取时注意产品名称（熟料、水泥），根据对应的产品的产量及产（排）污系数核算对应工艺段污染物的排放量。如果最终的产品是水泥，那么全厂一般性粉尘的排放量系数应该选取产品名称是水泥的系数表。

②81号公告规定，对于未按照排污许可证要求的监测频次及方法开展手工监测的，若是水泥（熟料）制造排污单位，应采用产污系数法核算全厂一般排放口颗粒物实际排放量。

【实例4-6】 某水泥厂生产规模为一条4000t/d的新型干法水泥熟料生产线，该企业有1台石灰石破碎机、1台反击式破碎机、一台辅料破碎机、一台煤磨、两台水泥磨和三台水泥包装机，分别安装布袋除尘器及对应的排放口。2018年3月该企业委托有资质的第三方监测机构对大气有组织排放进行监测，具体检测结果以及排放口的运行时间统计见表4-13，2号水泥磨的运行时间为300小时。请核算该企业2018年3月一般排放口排放量的应缴税额（一般排放口颗粒物排放标准为10mg/m^3）。

表4-13 具体检测结果以及排放口的运行时间统计

排放口名称	检测时间	标态烟气量（m^3/h）	排放浓度（mg/m^3）	该排放口运行时间（h）
石灰石破碎机除尘器排放口	2018-03-02	21000	4.0	140
反击式破碎机除尘器排放口	2018-03-02	19000	3.9	150
煤磨除尘器排放口	2018-03-02	40000	4.3	600
1号水泥磨除尘器排放口	2018-03-02	41000	4.2	350
1号水泥包装机除尘器排放口	2018-03-02	23000	3.5	200
2号水泥包装机除尘器排放口	2018-03-02	22000	3.6	180
3号水泥包装机除尘器排放口	2018-03-02	20000	3.8	260
辅料破碎机除尘器排放口	2018-03-02	9000	4.1	190

【解析】（1）确定核算方法。该企业2018年3月对四大污染源类型同类型污染治理设施排放口全部进行抽测，故采用监测法核算全厂一般排放口一般性粉尘的排放量。

（2）核算污染物排放量。该水泥厂有两台水泥磨，3月份对1号水泥磨进行抽测，2号水泥磨的污染治理措施与1号水泥磨完全一致，故沿用1号水泥磨的监测数据核算2号水泥磨一般性粉尘的排放量。

石灰石破碎机排放口一般性粉尘的排放量=21000×4×140/1000000=11.76kg

反击式破碎机除尘器排放口一般性粉尘的排放量=19000×3.9×150/1000000=11.115kg

煤磨除尘器排放口一般性粉尘的排放量=40000×4.3×600/1000000=103.2kg

1号水泥磨除尘器排放口一般性粉尘的排放量=41000×4.2×350/1000000=60.27kg
2号水泥磨除尘器排放口一般性粉尘的排放量=41000×4.2×300/1000000=51.66kg
1号水泥包装机除尘器排放口一般性粉尘的排放量=23000×3.5×200/1000000=16.1kg
2号水泥包装机除尘器排放口一般性粉尘的排放量=22000×3.6×180/1000000=14.256kg
3号水泥包装机除尘器排放口一般性粉尘的排放量=20000×3.8×260/1000000=19.76kg
辅料破碎机除尘器排放口一般性粉尘的排放量=9000×4.1×190/1000000=7.011kg
全厂一般排放口一般性粉尘的排放量=（11.76+11.115+103.2+60.27+51.66+16.1+14.256+19.76+7.011）/0.75=393.5093kg

（3）计算应纳税额。税率为1.2元/当量。

全厂一般排放口的应纳税额=393.5093/4×1.2=118.05（元）

（4）计算减税税额。上述进行监测的排放口一般性粉尘的排放浓度均低于排放标准的50%以上，故应该减半征收，但是由于2号水泥磨没有进行监测，不能享受减税。

减税税额=（11.76+11.115+103.2+60.27+16.1+14.256+19.76+7.011）/4×1.2×0.5=36.52（元）

> **【注意】** 2号水泥磨沿用1号水泥磨的监测数据，不能享受减税。

（5）计算一般排放口应缴税额。

全厂一般排放口应缴税额=118.05-36.52=81.53（元）

【实例4-7】 某水泥厂生产规模为一条4000t/d的新型干法水泥熟料生产线，该厂2018年4月份熟料的产量为90000吨，水泥产量为120000吨，一般排放口的除尘工艺为布袋除尘，除尘效率为98%。4月份该厂没有委托有资质的第三方对一般排放口的应税污染物开展监测，请核算该厂2018年4月份一般排放口的应纳税额（该厂污染物监测频次满足排污许可证的相关要求）。

【解析】（1）确定核算方法。该企业2018年4月没有对一般排放口的应税污染物开展监测，故采用系数法核算全厂一般排放口一般性粉尘的排放量。

（2）系数的选取。本例核算的是2018年4月污染物的排放量，故应依据81号公告的相关系数核算。81号公告中，产能规模≥4000吨-熟料/日，产品是水泥（一定要选择产品是水泥的系数表）的一般排放口产污系数为51.765kg/吨水泥。

（3）排放量计算。

一般排放口一般性粉尘产生量=120000×51.765=6211800kg（如果该企业污染物的监测频次不符合排污许可的相关要求，则这个数据就是全厂一般排放口一般性粉尘的排放总量。）

一般排放口一般性粉尘排放量=6211800×（1-0.98）=124236kg

（4）应纳税额的计算。税率为1.2元/当量。

一般排放口一般性粉尘应纳税额=124236/4×1.2=37270.8（元）

> 【注意】最终要根据每个排放口的走料量占比，计算出每个排放口的排放量及应纳税额。

【实例4-8】辽宁某水泥厂生产规模为一条4000t/d的新型干法水泥熟料生产线，该厂2021年6月份熟料的产量为90000吨，水泥产量为120000吨，一般排放口的除尘工艺为布袋除尘，除尘效率为98%。6月份该厂没有委托有资质的第三方对一般排放口的应税污染物开展监测，请核算该厂2021年6月份一般排放口的应纳税额。

【解析】（1）确定核算方法。该厂2021年6月没有对一般排放口的应税污染物开展监测，故采用系数法核算全厂一般排放口一般性粉尘的排放量。

（2）系数的选取。本例核算的是2021年6月污染物的排放量，故应依据16号公告的相关系数核算。16号公告中，产能规模≥4000吨-熟料/日，产品是水泥（一定要选择产品是水泥的系数表）的一般排放口产污系数为51.765kg/吨水泥，排污系数为0.088kg/吨水泥。

（3）排放量计算。

一般排放口一般性粉尘排放量=120000×0.088=10560kg

（4）应纳税额的计算。税率为1.2元/当量。

一般排放口一般性粉尘应纳税额=10560/4×1.2=3168（元）

> 【注意】最终要根据每个排放口的走料量占比，计算出每个排放口的排放量及应纳税额。

【实例4-9】某水泥厂生产规模为一条4000t/d的新型干法水泥熟料生产线，该厂2022年6月份熟料的产量为90000吨，水泥产量为120000吨，一般排放口的除尘工艺为布袋除尘，除尘装置的投运率为100%。6月份该厂没有委托有资质的第三方对一般排放口的应税污染物开展监测，请核算该厂2022年6月份一般排放口的应纳税额。

【解析】（1）确定核算方法。该厂2022年6月没有对一般排放口的应税污染物开展监测，故采用系数法核算全厂一般排放口一般性粉尘的排放量。

（2）系数的选取。本例核算的是2022年6月污染物的排放量，故应依据24号公告的相关系数核算。24号公告中，产能规模≥4000吨-熟料/日，产品是水泥（一定要选择产品是水泥的系数表）的一般排放口产污系数为26.504kg/吨水泥，袋式除尘的效率为99%。

（3）排放量计算。

一般排放口一般性粉尘排放量=120000×26.504×（1-0.99）×1=31804.8kg

（4）应纳税额的计算。税率为1.2元/当量。

一般排放口一般性粉尘应纳税额=31804.8/4×1.2=9541.44（元）

> 【注意】最终要根据每个排放口的走料量占比，计算出每个排放口的排放量及应纳税额。

4.2.3 无排放口应税污染物的核算方法

水泥工业企业无排放口排放主要涉及燃煤、原辅材料在装卸及贮存过程和矿山开采环节中矿石挖掘、铲装、矿石卸料口卸车、矿石堆存、废渣在排土场堆存的过程产生的一般性粉尘，矿山开采炸药爆破过程产生的一氧化碳、氮氧化物、硫化氢、二氧化硫，以及氨水储罐、液氨储罐、尿素溶液热解罐等贮存环节产生的氨。无排放口排放税源应税大气污染物排放量的核算方法采用物料衡算、系数法。

1. 储罐（氨水罐、液氨储罐、尿素溶解罐）氨的排放量计算

2021年4月30日前，计算公式为：

$$应税污染物排放量（kg）= 月采购量（吨）\times 1000 \times 浓度 \times 2/10000$$

如采用尿素热解法制氨，则公式为：

$$应税污染物氨排放量（kg）= 月消耗量（吨）\times 1000 \times 34/60 \times 2/10000$$

2. 燃煤装卸、贮存以及其他散流物料装卸、贮存的一般性粉尘无组织排放量计算

（1）2018年1月至2021年4月。

①煤炭装卸、堆存无组织：依据国家环境保护总局编著的《排污申报登记实用手册》中的相应系数计算。

煤炭装卸煤粉尘排污系数：3.53~6.41kg/装卸t煤。

煤炭堆存煤粉尘排污系数：1.48~2.02kg/（t煤·年）。

> 【注意】对有下列防煤粉尘排放设施并已实施者，可核减煤炭装卸、堆存单位的煤粉尘排放量：
> ——上风侧20米内已形成具有防风能力的防风带或有高于煤堆的防风墙者，核减20%；
> ——装卸煤作业有固定式或游动式防尘设施的，核减30%；
> ——建有喷水防尘装置且正常运行的，核减30%；

——建有封闭储煤仓的，按100%核减。

根据露天煤场和卸煤沟污染防治设施的建设情况，确定排污系数，有几种污染防治措施就削减几项。例如，如果煤场设有抑尘网和洒水抑尘装置，那么装卸环节排污系数就是3.53（取的最小值）×（1-20%-30%），贮存环节的排污系数就是1.48/365×核算月份天数×（1-20%-30%），需要注意的是贮存环节的排污系数1.48是年系数，核算月排放量时需要除以365转换成日排污系数后再乘以当月的天数。相关公式如下：

煤炭装卸过程一般性粉尘排放量=入厂煤量×排污系数×（1-削减系数）

煤炭贮存过程一般性粉尘排放量=入厂煤量×排污系数×（1-削减系数）

②除煤炭以外其他散流货物装卸、堆存无组织：主要采用各省制定的抽样测算方法计算散流物料装卸贮存无组织排放的一般性粉尘或者采用各地以前征收排放费时使用的方法。

（2）2021年5—6月，采用16号公告附件2《3111水泥制造业产排污系数表》（见表4-14）。

表4-14　水泥工业企业无组织排放产污系数表（16号公告附件2节选）

产品名称	原料名称	工艺名称	规模等级	污染物指标	单位	产污系数
水泥	钙、硅铝铁质原料	新型干法	≥4000（吨-熟料/日）	粉尘无组织排放	千克/吨-产品	0.1~0.3
			2000~4000（不含）（吨-熟料/日）	粉尘无组织排放	千克/吨-产品	0.1~0.5
			<2000（吨-熟料/日）	粉尘无组织排放	千克/吨-产品	0.15~0.75
水泥	熟料混合材	粉磨站	≥60（万吨-水泥/年）	粉尘无组织排放	千克/吨-产品	0.2~1.0
			<60（万吨-水泥/年）	粉尘无组织排放	千克/吨-产品	0.3~1.5
熟料	钙、硅铝铁质原料	新型干法	≥4000（吨-熟料/日）	粉尘无组织排放	千克/吨-产品	0.1~0.3
			<4000（吨-熟料/日）	粉尘无组织排放	千克/吨-产品	0.1~0.5

（3）2021年7月以后的一般性粉尘计算，依据24号公告中的《固体物料堆存颗粒物产排污核算系数手册》的相应系数核算。

无论燃煤或其他原辅料装卸、贮存是在密闭煤棚还是露天场所，都要根据24号公告相应的排污系数核算装卸、贮存环节的环境保护税。具体核算方法如下：

24号公告中颗粒物产生量核算公式：

$$P = ZC_y + FC_y = \{N_c \times D \times (a/b) + 2 \times E_f \times S\} \times 10^{-3}$$

式中：P——颗粒物产生量，吨；

　　　ZC_y——装卸扬尘产生量，吨；

　　　FC_y——风蚀扬尘产生量，吨；

　　　N_c——年物料运载车次，车；

　　　D——单车平均运载量，吨/车；

　　　(a/b)——装卸扬尘概化系数，千克/吨，a指各省风速概化系数，b指物料含水率概化系数；

　　　E_f——堆场风蚀扬尘概化系数，千克/平方米；

　　　S——堆场占地面积，平方米。

各省风速钙化系数见表4-15。

表4-15　各省风速钙化系数

序号	省　份	累年平均风速平均值（m/s）	扬尘K_i	(U/2.2)^1.3	a
1	北京市	2.09		0.94	0.0011
2	天津市	2.66		1.28	0.0015
3	上海市	3.21		1.63	0.0019
4	重庆市	1.3		0.5	0.0006
5	河北省	2		0.88	0.001
6	山西省	1.94		0.85	0.001
7	陕西省	1.62		0.67	0.0008
8	山东省	2.47		1.16	0.0014
9	河南省	1.9		0.83	0.001
10	辽宁省	2.59	0.74	1.24	0.0015
11	吉林省	2.35		1.09	0.0013
12	黑龙江省	2.59		1.24	0.0015
13	江苏省	2.41		1.13	0.0013
14	浙江省	2.83		1.39	0.0016
15	安徽省	2.09		0.94	0.0011
16	江西省	1.66		0.69	0.0008
17	福建省	1.8		0.77	0.0009
18	湖北省	1.66		0.69	0.0008
19	湖南省	1.63		0.68	0.0008
20	四川省	1.35		0.53	0.0006

续表

序号	省份	累年平均风速平均值（m/s）	扬尘K_i	（U/2.2）^1.3	a
21	贵州省	1.53		0.62	0.0007
22	云南省	1.71		0.72	0.0009
23	广东省	1.95		0.85	0.001
24	海南省	2.18		0.99	0.0012
25	甘肃省	2.01		0.89	0.0011
26	青海省	2.12	0.74	0.95	0.0011
27	内蒙古自治区	2.91		1.44	0.0017
28	新疆维吾尔自治区	2.15		0.97	0.0011
29	西藏自治区	2.23		1.02	0.0012
30	广西壮族自治区	1.66		0.69	0.0008
31	宁夏回族自治区	2.62		1.25	0.0015

各类型堆场含水率概化系数见表4-16。

表4-16 各类型堆场含水率概化系数

堆存物料类型	物料含水率（%）	b
01煤炭（非褐煤）	4.8	0.0054
02褐煤	4.5	0.0049
03煤矸石	1.2	0.0008
04碎焦炭	2.2	0.0018
05石油焦	1.8	0.0014
06铁矿石	6	0.0074
07烧结矿	2	0.0016
08球团矿	2.2	0.0018
09块矿	5.4	0.0064
10混合矿石	6.6	0.0084
11尾矿	0.4	0.0002
12石灰岩	0.2	0.0001
13陈年石灰石	0.7	0.0004
14各种石灰石产品	2.1	0.0017
15芯球	0.9	0.0005
16表土	10	0.0151

续表

堆存物料类型	物料含水率（%）	b
17 炉渣	0.92	0.0005
18 烟道灰	7	0.0092
19 油泥	30	0.0702
20 污泥	60	0.1853
21 含油碱渣	20	0.0398

风蚀概化系数见表4-17。

表4-17 风蚀概化系数

堆存物料类型	k_i	摩擦风速（u*）	阈值摩擦风速（ut*）	p_i	n	E_f
01 煤炭（非褐煤）	1	2.1	1.02	85.32	365	31.1418
02 褐煤			1.03	83.995		30.6582
03 煤矸石			1.51	32.155		11.7366
04 碎焦炭			1.32	49.92		18.2208
05 石油焦			＞u*	0		0
06 铁矿石			＞u*	0		0
07 烧结矿			＞u*	0		0
08 球团矿			＞u*	0		0
09 块矿			＞u*	0		0
10 混合矿石			＞u*	0		0
11 尾矿			1.56	28.08		10.2492
12 石灰岩			1.62	23.52		8.5848
13 陈年石灰石			1.74	15.48		5.6502
14 各种石灰石产品			1.84	9.88		3.6062
15 芯球			＞u*	0		0
16 表土			0.82	0		41.5808
17 炉渣			0.74	126.48		46.1652
18 烟道灰			0.32	202.92		74.0658
19 油泥			＞u*	0		0
20 污泥			＞u*	0		0
21 含油碱渣			＞u*	0		0

工业企业固体物料堆场颗粒物排放量核算公式如下：

$$U_c = P \times (1-C_m) \times (1-T_m)$$

式中：P——颗粒物产生量，吨；

U_c——颗粒物排放量，吨；

C_m——颗粒物控制措施控制效率，%；

T_m——堆场类型控制效率，%；

颗粒物控制措施控制效率 C_m 见表4-18。

表4-18 粉尘控制措施控制效率

序 号	控制措施	控制效率
1	洒水	74%
2	围挡	60%
3	化学剂	88%
4	编织覆盖	86%
5	出入车辆冲洗	78%

堆场类型控制效率见表4-19。

表4-19 堆场类型控制效率

序 号	堆场类型	控制效率
1	敞开式	0
2	密闭式	99%
3	半敞开式	60%

需要注意的是，所有控制措施是连乘的关系，例如，如果是半敞开式的堆场，堆场控制措施有洒水、围挡、化学剂、编织覆盖、出入车辆冲洗，则堆场颗粒物的排放量为：

$$U_c = P（颗粒物的产生量）\times (1-0.6) \times (1-0.74) \times (1-0.6) \times (1-0.88) \times (1-0.86) \times (1-0.78)$$

【实例4-10】某水泥厂生产规模为一条4000t/d的新型干法水泥熟料生产线，该厂石灰石、砂页岩通过汽车运输的方式入厂，石灰石料棚全密闭，砂页岩在露天堆场堆存，堆场四周有高于物料的防风抑尘网，堆场有洒水抑尘措施。2022年6月石灰石、砂页岩采购量分别为250000吨和40000吨，石灰石堆场的占地面积为50000m² 和3000m²，请核算2022年6月砂页岩和石灰石无组织排放的环境保护税应纳税额。

【解析】（1）核算方法的选取。本例核算的是2022年6月污染物的排放量，依据生态环境部发布的24号公告中的《固体物料堆存颗粒物产排污核算系数手册》的相应系数核算，其中砂页岩属于混合矿石，堆场风蚀扬尘系数（kg/平方米）为0，即堆放扬尘排放量为0。

（2）排放量计算。

查询《固体物料堆存颗粒物产排污核算系数手册》，颗粒物产生量及排放量核算公式如下：

$$P = ZC_y + FC_y = \{N_c \times D \times (a/b) + 2 \times E_f \times S\} \times 10^{-3}$$

$$U_c = P \times (1-C_m) \times (1-T_m)$$

砂页岩无组织排放量=40000×0.0015/0.0084×（1−0.6）×（1−0.74）=742.85714kg

石灰石无组织排放量=（250000×0.0015/0.0001+2×8.5848×50000×30/365）×（1−0.99）=38205.6kg

（3）应纳税额的计算。

应纳税额=（742.85714+38205.6）/4×1.2=11684.54（元）

3. 矿山开采无组织排放一般性粉尘排放量计算

矿山开采生产过程中矿石挖掘、铲装无组织排放采用系数法核算。不同时间段核算系数不同。具体时间段选用依据如下：

（1）2018年1月至2021年4月：主要采用各省制定的抽样测算方法或者采用各地以前征收排污费时使用的方法。

（2）2021年5—6月：使用16号公告附件2《1011石灰石石膏开采业产排污系数表》中的系数进行计算，此处的工业固体废物实际上是废剥离岩，没有装卸贮存无组织排放的一般性粉尘计算方法。详见表4-20。

表4-20 石灰石开采业产排污系数表

产品名称	原料名称	工艺名称	规模等级	污染物指标	单位	产污系数	末端治理技术名称	排污系数
水泥用石灰石	石灰岩（CaO≥48%）	露天开采	≥200万吨	工业固体废物（其他）	吨/吨-产品	0.05	—	—
	石灰岩（CaO＜48%）	露天开采	≥200万吨	工业固体废物（其他）	吨/吨-产品	0.09	—	—
	石灰岩原矿	露天开采	50万~200万吨	工业固体废物（其他）	吨/吨-产品	0.11	—	—
			＜50万吨	工业固体废物（其他）	吨/吨-产品	0.16	—	—

（3）2021年7月以后：依据生态环境部发布的24号公告中的《1011石灰石、石膏开采行业系数表》的相应系数核算，详见表4-21。

表4-21　石灰石开采行业系数表

工段名称	产品名称	原料名称	工艺名称	规模等级	污染物指标	单位	产污系数	末端治理技术名称	末端治理技术平均去除效率（%）	参考k值计算公式
开采	石灰石	石灰岩	露天开采	所有规模	一般性粉尘	千克/吨－产品	1.42×10^{-2}	/		
			露天开采（凹陷）	所有规模	一般性粉尘	千克/吨－产品	1.14×10^{-2}	/		
开采	石灰石	石灰岩	露天开采（南方）	所有规模	一般性粉尘	千克/吨－产品	1.14×10^{-2}	/		
			露天开采	所有规模	一般固废	吨/吨产品	7.7×10^{-2}	/		
破碎	石灰石	石灰石	破碎	所有规模	一般性粉尘	千克/吨－产品	3.07×10^{-2}	布袋除尘	99.7	k=治理设施正常运行小时数/正常生产时间
筛分			筛分	所有规模	一般性粉尘	千克/吨－产品	0.4	布袋除尘	99.7	k=治理设施正常运行小时数/正常生产时间

4.炸药爆破无组织排放硫化氢、一氧化碳、氮氧化物、二氧化硫排放量计算

矿山开采炸药爆破过程中应税污染物的无组织排放量采用系数法核算。不同的炸药类型污染物排放系数也不相同，要根据炸药的具体种类、成分确定应税污染物的税目及排污系数。具体排污系数详见表4-22（2021年4月30日前适用）。

表4-22　炸药爆炸污染物排放系数表

炸药	成　分	用　途	一氧化碳 kg/t	氮氧化物 kg/t	甲烷 kg/t	其他 污染物	kg/t
黑色火药	75/15/10硝酸钾（钠）/木炭/硫磺	延迟导火线	85（38~120）	N_A	2.1（0.3~4.9）	H_2S	12（0~37）

续表

炸药	成 分	用 途	一氧化碳 kg/t	氮氧化物 kg/t	甲烷 kg/t	其他 污染物	kg/t
无烟火药	硝化纤维素（有时掺有其他物质）	轻武器发射药	38（34~42）	N_A	0.6（0.4~0.6）	H_2S Pb	10（10~11）
纯黄色火药	20%~60%硝化甘油/硝酸钠/木浆	很少使用	141（44~262）	N_A	1.3（0.3~2.8）	H_2S	3（0~7）
加氨黄色火药	20%~60%硝化甘油/硝酸铵/硝酸钠木浆	采掘作业、树桩爆破	32（32~64）	N_A	0.7（0.3~1.1）	H_2O	16（9~19）
胶状黄色火药	20%~100%硝化甘油	爆破、建筑作业、采矿	52（13~110）	26（4~59）	0.3（0.1~0.8）	H_2S SO_2	2（0~3） 1（0~8）
ANFO（硝铵燃料油炸药）	硝酸铵加5.8%~8%燃料油	建筑作业、采矿	34	8	N_A	SO_2	1（0~2）
TNT（梯恩梯）	三硝基甲苯	炮弹主要炸药、迫击炮发射药	398（324~472）	N_A	7.2（6.6~7.7）	NH_3 HCN C_2H_2 C_2H_3	4（14~15） 13（11~16） 61 0.5
RDX（旋风炸药）	$(CH_2)_3N_3(NO_2)_3$ 环三亚甲基三硝胺	助爆剂	98（2.8~277）	N_A	N_A	NH_3	229（12~61）
PETN（季戊炸药）	$C(CH_2ONO_2)$ 季戊四醇四硝酸酯	助爆剂	149（130~160）	N_A	N_A	NH_3	1.3（0~25）

5.施工扬尘排放量计算

根据各省的抽样测算方法进行计算。

6.钢结构焊接、下料、表面预处理一般性粉尘排放量计算

钢结构在焊接、下料、表面预处理的过程中会直接向环境排放一般性粉尘，采用系数法核算一般性粉尘的排放量。计算公式为：

一般性粉尘排放量（kg）=钢材、焊材使用量（吨）× 产污/排污系数

钢结构焊接、下料、表面预处理产生的一般性粉尘，2021年4月30日以前按照81号公告附件2《未纳入排污许可管理行业适用的排污系数、物料衡算方法（试行）》中

的《金属结构制造业产排污系数表》(见表4-23)计算。

表4-23　金属结构制造业产排污系数表

产品名称	原料名称	工艺名称	规模等级	污染物指标	单位	产污系数	末端治理技术名称	排污系数
钢铁结构体及其部件/铝制结构体及加工铝材/锌制建筑结构体及其部件/预制建筑物(活动房屋)/货架系统	结构材料：钢材、有色金属型材 工艺材料：油漆、稀料、喷涂材料、焊材、氧化剂等	冲剪压/热切割-焊接-涂装/氧化	所有规模	工业废气量(工艺)	立方米/吨－产品	2435	多管旋风除尘法	2435
				一般性粉尘	千克/吨－产品	1.523	多管旋风除尘法	0.084

2021年5—6月，按照16号公告附件2《3411金属结构制造业产排污系数表》中的系数计算，详见表4-24。

表4-24　3411金属结构制造业产排污系数表

产品名称	原料名称	工艺名称	规模等级	污染物指标	单位	产污系数	末端治理技术名称	排污系数
钢铁结构体及其部件/铝制结构体及加工铝材/锌制建筑结构体及其部件/预制建筑物(活动房屋)/货架系统	结构材料：钢材、有色金属型材 工艺材料：油漆、稀料、喷涂材料、焊材、氧化剂等	冲剪压/热切割-焊接-涂装/氧化	所有规模	工业废气量(工艺)	立方米/吨－产品	2435	多管旋风除尘法	2435
				一般性粉尘	千克/吨－产品	1.523	多管旋风除尘法	0.084
				HW12危险废物(染料、涂料废物)等	千克/吨－产品	0.993	—	—
	结构材料：钢材 工艺材料：酸液、电镀液及其添加剂等	冲剪压-镀前处理-镀锌	所有规模	工业废气量(工艺)	立方米/吨－产品	3024	—	3024
				HW17危险废物(表面处理废物)等	千克/吨－产品	5.7	—	—

2021年7月1日以后，要根据24号公告相应的排污系数核算。具体分为下料、金属表面预处理、焊接等环节，每个环节对应不同的排污系数。

下料环节：根据采用的具体工艺(可燃气切割/等离子切割/锯床、砂轮切割)，确定不同的产污系数。计算公式为：

下料环节一般性粉尘排放量(kg)=原料的使用量(吨)×产污系数×

(1-末端治理设施的去除效率×末端治理设施的实际运行率)

末端治理设施的实际运行率=除尘设备耗电量（千瓦时）/[除尘设备额定功率（千瓦）×除尘设备运行时间（小时）]

下料工段排污系数见表4-25。

表4-25 下料工段排污系数表

工段名称	产品名称	原料名称	工艺名称	规模等级	污染物指标	单位	产污系数	末端治理技术名称	末端治理技术效率（%）	参考k值计算公式4
下料	下料件	钢板、铝板、铝合金板、其他金属材料	氧/可燃气切割	所有规模	工业废气量	立方米/吨-原料	4635	/	/	/
					一般性粉尘	千克/吨-原料	1.5	单筒（多筒并联）旋风	60	k=除尘设备耗电量（千瓦时）/[除尘设备额定功率（千瓦）×除尘设备运行时间（小时）]
								板式	95	
								管式	95	
								直排	0	
								喷淋塔/冲击水浴	85	
								多管旋风	70	
								袋式除尘	95	
		钢板、铝板、铝合金板、其他金属材料	等离子切割	所有规模	工业废气量	立方米/吨-原料	4635	/	/	/
					一般性粉尘	千克/吨-原料	1.1	单筒（多筒并联）旋风	60	k=除尘设备耗电量（千瓦时）/[除尘设备额定功率（千瓦）×除尘设备运行时间（小时）]
								板式	95	
								管式	95	
								直排	0	
								喷淋塔/冲击水浴	85	
								多管旋风	70	
								袋式除尘	95	
		钢板、铝板、铝合金板、其他金属材料、玻璃纤维、其他非金属材料	锯床、砂轮切割机切割	所有规模	工业废气量	立方米/吨-原料	4635	/	/	/
					一般性粉尘	千克/吨-原料	5.3	单筒（多筒并联）旋风	60	k=除尘设备耗电量（千瓦时）/[除尘设备额定功率（千瓦）×除尘设备运行时间（小时）]
								板式	95	
								管式	95	
								直排	0	
								喷淋塔/冲击水浴	85	
								多管旋风	70	
								袋式除尘	95	

预处理环节（抛丸/喷砂、打磨）一般性粉尘的排放量=原料的使用量（吨）×产污系数×（1-末端治理设施的去除效率×末端治理设施的实际运行率）

末端治理设施的实际运行率计算方法同上。预处理工段排污系数见表4-26。

表4-26 预处理工段排污系数表

工段名称	产品名称	原料名称	工艺名称	规模等级	污染物指标	单位	产污系数	末端治理技术名称	末端治理技术效率（%）	参考k值计算公式6
预处理	干式预处理件	钢材（含板材、构件等）、铝材（含板材、构件等）、铝合金（含板材、构件等）、铁材、其他金属材料	抛丸、喷砂、打磨、滚筒	所有规模	工业废气量	立方米/吨-原料	8500	/	/	/
					废气 一般性粉尘	千克/吨-原料	2.19	单筒（多筒并联）旋风	60	k=除尘设备耗电量（千瓦时）/[除尘设备额定功率（千瓦）×除尘设备运行时间（小时）]
								板式	95	
								管式	95	
								直排	0	
								喷淋塔/冲击水浴	85	
								袋式除尘	95	
								多管旋风	70	

焊接环节：根据采用的焊条/焊丝（结构性焊条/药芯焊丝/实心焊丝）及工艺的具体情况，确定不同的产污系数。计算公式为：

焊接环节一般性粉尘的排放量=原料的使用量（吨）×产污系数×（1-末端治理设施的去除效率×末端治理设施的实际运行率）

末端治理设施的实际运行率计算方法同上。焊接工段排污系数见表4-27。

7.防腐工程苯、甲苯和二甲苯排放量计算

纳税人可参考下列方法进行计算。

2018年1月至2021年4月，可参考国家环境保护总局编著的《排污申报登记实用手册》中的油漆挥发性有机物的相应系数计算出VOC排放量，然后根据各地排污费征收管理时油漆中苯、甲苯、二甲苯的含量计算出应税污染物的排放量。

（1）油漆散发量统计。计算公式为：

$$G=\sum M \cdot E$$

式中：G——油漆的散发量，kg/a；

M——全年油漆用量，kg/a；

E——油漆挥发量，kg/t，可查表。

表4-27 焊接工段排污系数表

工段名称	产品名称	原料名称	工艺名称	规模等级	污染物指标	单位	产污系数	末端治理技术名称	末端治理技术效率（%）	参考k值计算公式9
焊接	焊接件	结构钢焊条（JXXX）、钼和铬钼耐热钢焊条（RXXX）、不锈钢焊条（G/AXXX）、堆焊焊条（DXXX）、低温钢焊条（WXXX）、铸铁焊条（ZXXX）、镍和镍合金焊条（NiXXX）、铜和铜合金焊条（TXXX）、铝和铝合金焊条（LXXX）、特殊用途焊条（TSXXX）	手工电弧焊	所有规模	废气 工业废气量	立方米/吨-原料	2130193	/	/	/
								多管旋风	70	
								板式	95	
								管式	95	
								直排	0	
					一般性粉尘	千克/吨-原料	20.2	喷淋塔/冲击水浴	85	k=除尘设备耗电量（千瓦时）/[除尘设备额定功率（千瓦）×除尘设备运行时间（小时）]
								其他（移动式烟尘净化器）	95	
								单筒（多筒并联）旋风	60	
								袋式除尘	95	
		药芯焊丝	二氧化碳保护焊、埋弧焊、氩弧焊	所有规模	废气 工业废气量	立方米/吨-原料	2130193	/	/	/
								多管旋风	70	
								板式	95	
								管式	95	
								直排	0	
					一般性粉尘	千克/吨-原料	20.5	喷淋塔/冲击水浴	85	k=除尘设备耗电量（千瓦时）/[除尘设备额定功率（千瓦）×除尘设备运行时间（小时）]
								其他（移动式烟尘净化器）	95	
								单筒（多筒并联）旋风	60	
								袋式除尘	95	

续表

工段名称	产品名称	原料名称	工艺名称	规模等级	污染物指标	单位	产污系数	末端治理技术名称	末端治理技术效率（%）	参考k值计算公式9
焊接	焊接件	实芯焊丝	二氧化碳保护焊、埋弧焊、氩弧焊	所有规模	工业废气量（废气）	立方米/吨-原料	2130193	/	/	/
					一般性粉尘	千克/吨-原料	9.19	多管旋风	70	k=除尘设备耗电量（千瓦时）/[除尘设备额定功率（千瓦）×除尘设备运行时间（小时）]
								板式	95	
								管式	95	
								直排	0	
								喷淋塔/冲击水浴	85	
								其他（移动式烟尘净化器）	95	
								单筒（多筒并联）旋风	60	
								袋式除尘	95	

（2）废油漆渣统计。

实测。

喷涂工段排污系数见表4-28。

表4-28 喷涂工段排污系数表

油漆代号	油漆类别	有机溶剂挥发量 重量（kg）	有机溶剂挥发量 体积（m³）	备注
Y	油脂漆类	71	11	
T	天然树脂漆类	311	56	
F	酚醛树脂漆类	341	56	
L	沥青树脂漆类	420	76	
C	醇酸树脂漆类	432	81	
A	氨基树脂漆类	509	131	
Q	硝基树脂漆类	537	131	
G	过氯乙烯漆类	668	166	
X	乙烯树脂漆类	569	245	
B	丙烯酸漆类	641	163	
Z	聚酯漆类	408	113	
H	环氧树脂漆类	246	64	
S	聚氨酯漆类	340	77	
W	有机硅类漆	370	88	
T	各种橡胶漆类	502	114	
T	各大类油漆平均数	380	35	
X	硝基漆稀料（香蕉水）	1000	243	
X	其他稀料	1000	218	
X	其他辅料	369	221	

排放量计算公式为：

应税污染物（苯、甲苯、二甲苯、甲醛）排放量（kg）＝油漆的使用量（kg）×挥发性有机物含量×（苯、甲苯、二甲苯、甲醛）的含量

2021年5月开始，苯、甲苯、二甲苯、甲醛的含量以油漆的化学品安全技术说明书（MSDS）为准。《排污许可证申请与核发技术规范 铁路、船舶、航空航天和其他运输设备制造业》中明确辅料中溶剂型涂料、有机清洗剂及胶粘剂中有毒有害成分含量按照辅料化学品安全技术说明书（MSDS）确定。

应税污染物（苯、甲苯、二甲苯、甲醛）排放量（kg）=油漆的使用量（kg）×应税污染物（苯、甲苯、二甲苯、甲醛）的MSDS

2021年7月开始，对腻子起底等工段的一般性粉尘排放量按24号公告之机械行业系数手册中的相关系数计算。

腻子起底产排污系数见表4-29。

表4-29 腻子起底产排污系数表

工段名称	产品名称	原料名称	工艺名称	规模等级	污染物指标	单位	产污系数	末端治理技术名称	末端治理技术效率（%）	参考k值计算公式6
涂装	涂装件	腻子类	涂腻子、腻子打磨	所有规模	废气	工业废气量	立方米/吨-原料	1233235	/	/	/
						一般性粉尘	千克/吨-原料	166	直排	0	k=除尘设备耗电量（千瓦时）/[除尘设备额定功率（千瓦）×除尘设备运行时间（小时）]
									袋式除尘	95	
									板式	95	
									管式	95	
									文丘里	85	
									喷淋塔/冲击水浴	85	
									单筒（多筒并联）旋风	60	
									多管旋风	70	
		粉末涂料	喷塑	所有规模	废气	工业废气量	立方米/吨-原料	53200	/	/	/
						一般性粉尘	千克/吨-原料	300	直排	0	k=除尘设备耗电量（千瓦时）/[除尘设备额定功率（千瓦）×除尘设备运行时间（小时）]
									袋式除尘	95	
									板式	95	
									管式	95	
									文丘里	85	
									喷淋塔/冲击水浴	85	
									单筒（多筒并联）旋风	60	
									多管旋风	70	

4.3 应税水污染物排放量的核算方法

若水泥厂将处理后的生活污水用于绿化、降尘，属于直接向环境排放应税污染物。

只要存在直接向环境排放应税污染物的行为，都需要进行纳税申报。

1. 手工监测法

其计算公式为：

应税水污染物排放量（kg）＝手工监测的平均浓度值（mg/L）× 水排放量（吨）/1000

2. 系数法

2021年5月1日至2021年6月30日：依据16号公告附件2"3111水泥制造业"的相关系数核算生产污水中化学需氧量的排放量。系数选取节选详见表4-30。

表4-30　生产废水污染物产生系数表

产品名称	原料名称	工艺名称	规模等级	污染物指标	系数单位	产污系数	末端治理技术名称	排污系数
水泥	钙、硅铝铁质原料	新型干法	≥4000（吨－熟料/日）	工业废水量	吨/吨－产品	0.075	循环利用	0.003
				化学需氧量	克/吨－产品	3.0	循环利用	0.12
			2000~4000（不含）（吨－熟料/日）	工业废水量	吨/吨－产品	0.075	循环利用	0.003
				化学需氧量	克/吨－产品	3.0	循环利用	0.12
			＜2000（吨熟料－/日）	工业废水量	吨/吨－产品	0.09	循环利用	0.004
				化学需氧量	克/吨－产品	3.6	循环利用	0.16
熟料	钙、硅铝铁质原料	新型干法（一般排放口）	≥4000（吨－熟料/日）	工业废水量	吨/吨－产品	0.050	循环利用	0.002
				化学需氧量	克/吨－产品	1.50	循环利用	0.06
			＜4000（吨－熟料/日）	工业废水量	吨/吨－产品	0.05	循环利用	0.002
				化学需氧量	克/吨－产品	1.5	循环利用	0.06
水泥	熟料、混合材	粉磨站	≥60（万吨－水泥/年）	工业废水量	吨/吨－产品	0.045	循环利用	0.002
				化学需氧量	克/吨－产品	1.35	循环利用	0.06
			＜60（万吨－水泥/年）	工业废水量	吨/吨－产品	0.045	循环利用	0.002
				化学需氧量	克/吨－产品	1.35	循环利用	0.06

2021年7月以后，可以使用24号公告附件3《生活源产排污系数手册》中的"城镇生活源水污染物产生系数"（见表4-31）进行计算。

表4-31 城镇生活源水污染物产生系数

地区分类	指标名称	单 位	产生系数
一区（黑龙江、吉林、辽宁、内蒙古东部）	人均综合生活用水量	升/人·天	151
	折污系数	无量纲	0.8
	化学需氧量	毫克/升	350
	氨氮	毫克/升	36.5
	总氮	毫克/升	48.7
	总磷	毫克/升	4.42
二区（北京、天津、河北、山西、河南、山东）	人均综合生活用水量	升/人·天	145
	折污系数	无量纲	0.8
	化学需氧量	毫克/升	465
	氨氮	毫克/升	53.2
	总氮	毫克/升	73.8
	总磷	毫克/升	5.76
三区（陕西、宁夏、甘肃、青海、新疆、内蒙古中西部）	人均综合生活用水量	升/人·天	137
	折污系数	无量纲	0.8
	化学需氧量	毫克/升	460
	氨氮	毫克/升	52.2
	总氮	毫克/升	71.2
	总磷	毫克/升	5.12
四区（上海、江苏、浙江、安徽、江西、福建）	人均综合生活用水量	升/人·天	203
	折污系数	无量纲	0.85
	化学需氧量	毫克/升	340
	氨氮	毫克/升	32.6
	总氮	毫克/升	44.8
	总磷	毫克/升	4.27
五区（广东、广西、湖北、湖南、海南）	人均综合生活用水量	升/人·天	240
	折污系数	无量纲	0.89
	化学需氧量	毫克/升	285
	氨氮	毫克/升	28.3
	总氮	毫克/升	39.4
	总磷	毫克/升	4.1

续表

地区分类	指标名称	单位	产生系数
六区（重庆、四川、贵州、云南、西藏）	人均综合生活用水量	升/人·天	179
	折污系数	无量纲	0.83
	化学需氧量	毫克/升	325
	氨氮	毫克/升	37.7
	总氮	毫克/升	49.8
	总磷	毫克/升	4.28

生产废水污染物产生系数见表4-32。

表4-32　生产废水污染物产生系数表

产品名称	原料名称	工艺名称	规模等级	污染物指标	系数单位	产污系数	末端治理技术名称	末端治理技术平均去除效率（%）
水泥	钙、硅铝铁质原料	新型干法	≥4000（吨-熟料/日）	工业废水量	吨/吨-产品	0.075	/	/
				化学需氧量	克/吨-产品	3.0	物理处理法	96
			2000~4000（不含）（吨-熟料/日）	工业废水量	吨/吨-产品	0.075	/	/
				化学需氧量	克/吨-产品	3.0	物理处理法	96
			<2000（吨-熟料/日）	工业废水量	吨/吨-产品	0.075	/	/
				化学需氧量	克/吨-产品	3.0	物理处理法	96
熟料	钙、硅铝铁质原料	新型干法（一般排放口）	≥4000（吨-熟料/日）	工业废水量	吨/吨-产品	0.05	/	/
				化学需氧量	克/吨-产品	1.5	物理处理法	96
			<4000（吨-熟料/日）	工业废水量	吨/吨-产品	0.05	/	/
				化学需氧量	克/吨-产品	1.5	物理处理法	96
水泥	熟料、混合材	粉磨站	≥60（万吨-水泥/年）	工业废水量	吨/吨-产品	0.045	/	/
				化学需氧量	克/吨-产品	1.35	物理处理法	95
			<60（万吨-水泥/年）	工业废水量	吨/吨-产品	0.045	/	/
				化学需氧量	克/吨-产品	1.35	物理处理法	95

4.4 应税固体废物排放量的核算方法

水泥行业的应税固体废物主要为危险废物。危险废物主要有生产过程中产生的废润滑油、废油漆桶、废化学试剂及包装物、废日光灯管、废铅蓄电池等。应税固体废物的排放量为当期应税固体废物的产生量减去当期应税固体废物合规贮存量、处置量、综合利用量的余额。针对危险废物，涉税环节主要有贮存和处置环节。只要贮存、处置环节符合相关规定就不用进行纳税申报。相关计算公式如下：

应税固体废物排放量（吨）＝当月产生量（吨）－当月贮存量（吨）－当月处置量（吨）

4.5 应税噪声排放量的核算方法

（1）一个单位边界上有多处噪声超标，根据最高一处超标声级计算应纳税额；当沿边界长度超过100米有两处以上噪声超标，按照两个单位计算应纳税额。

（2）一个单位有不同地点作业场所的，应当分别计算应纳税额，合并计征。

（3）昼、夜均超标的环境噪声，昼、夜分别计算应纳税额，累计计征。

（4）声源一个月内累计昼间超标不足15昼或者累计夜间超标不足15夜的，分别减半计算应纳税额。

（5）夜间频繁突发和夜间偶然突发厂界超标噪声，按等效声级和峰值噪声两种指标中超标分贝值高的一项计算应纳税额。

（6）一个单位的同一监测点当月有多个监测数据超标的，以最高一次超标声级计算应纳税额。

（7）噪声超标分贝数不是整数值的，按四舍五入取整。

对于企业厂界噪声，根据监测报告及执行标准，判断是否超标，注意要对昼、夜噪声分别进行监测，根据超标是否不足15天确定超标天数系数，根据单边厂界是否超100米有两处以上噪声超标确定边界超标系数，两者相乘得出超标噪声综合系数。根据超标分贝数找到适用的单位税额，再次相乘得出应纳税额。计算公式为：

噪声超标应纳税额＝超标天数系数 × 边界超标系数 × 对应税额

第5章 减税和免税

5.1 一般规定

5.1.1 暂免征收

《环境保护税法》第十二条规定，下列情形，暂予免征环境保护税：

"（一）农业生产（不包括规模化养殖）排放应税污染物的；

（二）机动车、铁路机车、非道路移动机械、船舶和航空器等流动污染源排放应税污染物的；

（三）依法设立的城乡污水集中处理、生活垃圾集中处理场所排放相应应税污染物，不超过国家和地方规定的排放标准的；

（四）纳税人综合利用的固体废物，符合国家和地方环境保护标准的；

（五）国务院批准免税的其他情形。

前款第五项免税规定，由国务院报全国人民代表大会常务委员会备案。"

免征环境保护税的五种情形见图5-1。

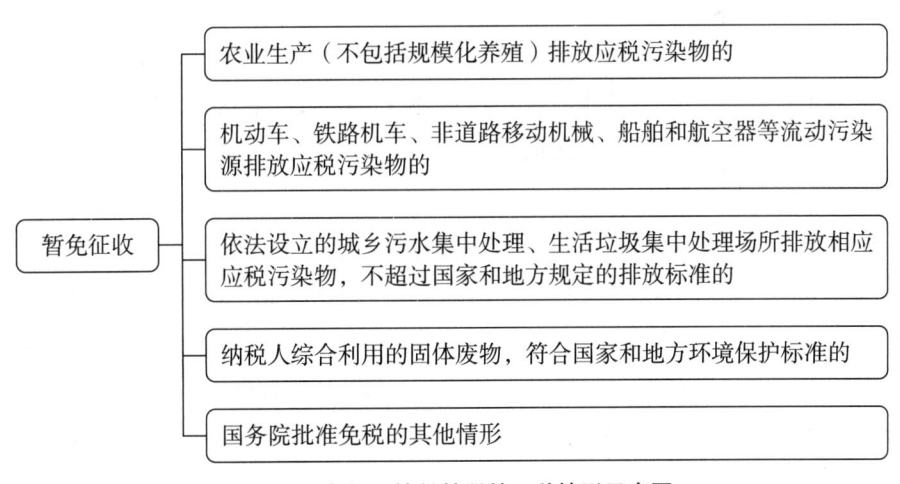

图5-1 免征环境保护税的五种情形示意图

5.1.2 减征项目

《环境保护税法》第十三条规定："纳税人排放应税大气污染物或者水污染物的浓度值低于国家和地方规定的污染物排放标准百分之三十的，减按百分之七十五征收环境保护税。纳税人排放应税大气污染物或者水污染物的浓度值低于国家和地方规定的污染物排放标准百分之五十的，减按百分之五十征收环境保护税。"

环境保护税减征情况见图5-2。

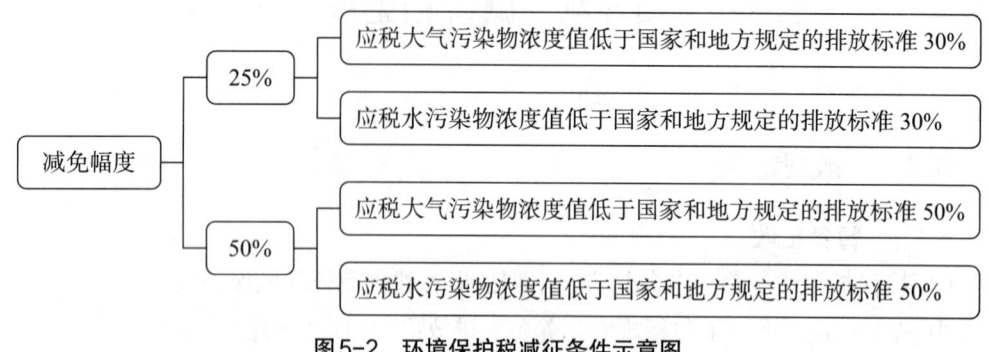

图5-2　环境保护税减征条件示意图

5.2　具体规定

应税大气污染物、水污染物减免条件具体如下：

《环境保护税法实施条例》第十条明确规定："应税大气污染物的浓度值，是指纳税人安装使用的污染物自动监测设备当月自动监测的应税大气污染物浓度值的小时平均值再平均所得数值，或者监测机构当月监测的应税大气污染物浓度值的平均值。"通常，在不具备使用在线监测数据和监测机构数据计算环境保护税的情况下，无法享受减免税。

依照《环境保护税法》第十三条的规定减征环境保护税的，前款规定的应税大气污染物浓度值的小时平均值或者应税水污染物浓度值的日平均值，以及监测机构当月每次监测的应税大气污染物、水污染物的浓度值，均不得超过国家和地方规定的污染物排放标准。

按照《财政部　税务总局　生态环境部关于明确环境保护税应税污染物适用等有关问题的通知》（财税〔2018〕117号）第二条规定，纳税人任何一个排放口排放应税大气污染物、水污染物的浓度值，以及没有排放口排放应税大气污染物的浓度值，超过国家和地方规定的污染物排放标准的，依法不予减征环境保护税。

财税〔2018〕117号文件第三条第（二）项规定："纳税人采用委托监测方式，在规定监测时限内当月无监测数据的，可以沿用最近一次的监测数据计算应税污染物排放量，但不得跨季度沿用监测数据。纳税人采用监测机构出具的监测数据申报减免环境保护税的，应当取得申报当月的监测数据；当月无监测数据的，不予减免环境保护税。"

重点关注申报减税的执行标准是否准确、污染物排放执行标准是否按最新出台的国家或地方的污染物排放标准核算减税。如果有地方省政府下发的更严格的排放标准，应该执行地方排放标准。

根据《水泥工业大气污染物排放标准》(GB 4915—2013),具体大气污染物排放标准详见表5-1。

表5-1 水泥工业大气污染物排放标准

单位:mg/m³

生产过程	生产设备	颗粒物	二氧化硫	氮氧化物	氟化物	汞及其化合物	氨
矿山开采	破碎机及其他通风生产设备	20	/	/	/	/	/
水泥制造	水泥窑及窑尾余热利用系统	30	200	400	5	0.05	10
水泥制造	烘干机、烘干磨、煤磨及冷却机	30	600	400	/	/	/
水泥制造	破碎机、磨机、包装机及其他通风生产设备	20	/	/	/	/	/
散装水泥中转站及水泥制品生产	水泥仓及其他通风生产设备	20	/	/	/	/	/

重点地区企业执行表5-2规定的大气污染物特别排放限值要求。执行特别排放限值的时间和地域范围由国务院环境保护主管部门或省级人民政府规定。

表5-2 大气污染物特别排放限值

单位:mg/m³

生产过程	生产设备	颗粒物	二氧化硫	氮氧化物	氟化物	汞及其化合物	氨
矿山开采	破碎机及其他通风生产设备	10	/	/	/	/	/
水泥制造	水泥窑及窑尾余热利用系统	20	100	320	3	0.05	8
水泥制造	烘干机、烘干磨、煤磨及冷却机	20	400	300	/	/	/
水泥制造	破碎机、磨机、包装机及其他通风生产设备	10	/	/	/	/	/
散装水泥中转站及水泥制品生产	水泥仓及其他通风生产设备	10	/	/	/	/	/

废水排放标准一般执行地方标准。

如果企业将处理后的生活污水用于厂区绿化、降尘，则废水排放执行《城市污水再生利用城市杂用水水质》（GB-T 18920—2002）和GB-T 18920—2020。2018年1月至2021年1月执行表5-3的排放限值要求，2021年2月开始执行表5-4的排放限值要求。

表5-3　城市杂用水排放标准

单位：mg/L

序 号	项 目	道路降尘	绿化	车辆冲洗
1	五日生化需氧量（BOD$_5$）	15	20	10
2	氨氮	10	20	10
3	阴离子表面活性剂	1.0	1.0	0.5

表5-4　城市杂用水排放标准（2021年2月开始执行）

单位：mg/L

序 号	项 目	冲厕、车辆冲洗	城市绿化、道路清扫、消防、建筑施工
1	五日生化需氧量（BOD$_5$）	10	10
2	氨氮	5	8
3	阴离子表面活性剂	0.5	0.5

厂界噪声排放标准执行《工业企业厂界环境噪声排放标准》（GB 12348—2008），见表5-5。

表5-5　工业企业厂界噪声排放限值

单位：dB（A）

厂界外声环境功能类别	时 段 昼 间	时 段 夜 间
0	50	40
1	55	45
2	60	50
3	65	55
4	70	55

第3部分
燃煤电厂环境保护税征收管理操作指南

第6章 燃煤电厂总体概述

6.1 燃煤发电企业概述

燃煤发电一般是指利用煤燃烧时产生的热能来加热水，使水变成高温、高压水蒸气，然后再由水蒸气推动发电机来发电的方式的总称。以煤作为燃料的发电厂统称为燃煤电厂。

燃煤电厂（燃煤发电企业）主要设备系统包括：燃料供给系统、给水系统、蒸汽系统、冷却系统、电气系统及其他一些辅助处理设备。

6.2 燃煤发电企业污染物排放特点及生产工艺流程

燃煤发电企业产生应税污染物涉及四类污染物种类，即大气污染物、水污染物、固体废物和噪声。各环节产生的主要应税大气污染物包括煤炭装卸、堆存、破碎、运输产生的一般性粉尘，燃烧过程产生的烟尘、二氧化硫、氮氧化物、汞及其化合物、氨、一氧化碳、沥青烟等，粉煤灰和炉渣装卸堆存产生的一般性粉尘，石灰石等脱硫剂破碎贮存运输产生的一般性粉尘等，污水处理站产生的硫化氢和氨等。目前燃煤发电企业除尘主要采用静电除尘、袋式除尘或电袋复合除尘，脱硝主要采取低氮燃烧、SNCR、SCR工艺，脱硫主要采用石灰石-石膏、海水脱硫等干法、半干法或湿法脱硫工艺，其余一般排放口主要采用袋式除尘工艺；煤炭等物料堆存主要采用喷淋、苫盖、全密闭等方式降尘。

第7章 燃煤电厂环境保护税税源的确定

7.1 税源的确定依据

《环境保护税法实施条例》第八条规定："从两个以上排放口排放应税污染物的，对每一排放口排放的应税污染物分别计算征收环境保护税；纳税人持有排污许可证的，其污染物排放口按照排污许可证载明的污染物排放口确定。"

7.2 建设期以及日常维护施工涉及按次申报税源的确定

7.2.1 项目建设期

项目建设期的土建施工、设备及钢结构、管道的防腐施工及钢结构切割、焊接施工，产生施工扬尘（一般性粉尘）、三苯（苯、甲苯、二甲苯）、甲醛及焊尘（一般性粉尘）等应税大气污染物；项目建设期，由于污水管网尚未铺设完成，生活污水直接向环境排放（用于绿化、降尘等）。上述行为都属于直接向环境排放应税污染物的行为，应当依法缴纳环境保护税。建设期的危废库一般尚未建成，在防腐施工过程中产生的大量废油漆桶等应税固体废物，在贮存环节一般不满足法律法规的要求，应重点关注贮存及处置环节是否应该缴纳环境保护税。

7.2.2 正常运营期的日常维护阶段

生产经营过程中，燃煤电厂需要对厂区和生产等设施进行维护施工，在此过程中直接向环境排放应税污染物的行为应当依法按次申报环境保护税。如土建施工产生施工扬尘（一般性粉尘）；防腐施工使用的油漆产生苯、甲苯、二甲苯、甲醛以及危废；钢结构切割、焊接工程产生焊尘（一般性粉尘）。对此可以通过印花税中建安类的项目进行甄别。

7.3 按固定期限申报税源的确定

7.3.1 通过排污许可证获取税源信息

7.3.1.1 排污许可证概述及查询方式

排污许可制度，是以许可证为载体，对排污单位的排污权利进行约束的一种制度。《排污许可管理条例》明确："实行排污许可证管理的企业事业单位和其他生产经营者，应当依照本条例规定申请取得排污许可证；未取得排污许可证的，不得排放污染物。"

企业排污许可证信息可通过全国排污许可证管理信息平台进行查询。排污许可证记载信息包括有组织和无组织排放信息、污染物种类、排放标准、监测频次要求等，可通过排污许可证副本进行查询。登录查询网址（http://permit.mee.gov.cn/permitExt/defaults/default-index!getInformation.action），点击"许可信息公开"，选择省市后输入单位名称即可进行排污许可证信息查询。

7.3.1.2 税源信息查询

参见水泥工业企业税源、税目信息查询。

7.3.2 通过生产工艺环节获取税源信息

通过《火电行业排污许可证申请与核发技术规范》和生产工艺环节确认税源信息是使用排污许可证确认税源的重要补充。

7.3.2.1 应税大气污染物税源的确定

1.燃煤装卸、贮存系统

燃煤电厂的燃煤通过轮船、火车、汽车等运输方式运送至企业煤场。煤场分为全封闭储煤场和露天储煤场两种，全封闭储煤场的类型有条形煤场、圆形煤场、筒仓等。

燃煤在装卸、贮存过程中直接向环境排放一般性粉尘应税大气污染物，根据企业燃煤到厂装卸方式（全密闭装卸、露天装卸等）及贮存方式（全密闭贮存、露天堆存等）确定该环节税源。

燃煤在封闭筒仓内贮存时，会在落料口局部较大的尘源散发点设置除尘装置及对应排放口，该排放口为有排放口排放的税源。

一般情况下，燃煤装卸、贮存系统涉及的税源分为有排放口排放的税源和没有排放口排放的税源两种，筒仓除尘装置排放口是有排放口排放的税源，其余的装卸和贮存过程一般为没有排放口排放的税源。

2.备煤及燃煤转运、贮存系统

燃煤电厂备煤及燃煤转运系统包括转运站、输煤栈桥、输煤皮带、燃煤筛分及破碎、锅炉煤仓间原煤仓等部分。燃煤在转运、破碎、筛分、煤粉的贮存等环节均向环境直接排放一般性粉尘应税大气污染物。各级转运站、碎煤机室、原煤仓等皮带落料口局部较大的尘源散发点都安装除尘装置，其对应的排放口为有排放口排放的税源。

3.锅炉燃烧及发电系统

机组锅炉燃烧烟气排放口是电厂的主要排放口，一般为一台机组锅炉对应一个排放口，或者两台以上机组锅炉对应一个排放口，其燃烧烟气排放口是有排放口排放的税源。

部分燃煤电厂会配套建设启动锅炉，启动锅炉的排放口是有排放口排放的税源。如果启动锅炉的蒸发量大于20t/h，那么该排放口属于主要排放口；如果蒸发量小于

20t/h，则属于一般排放口。

4. 脱硝系统

燃煤电厂脱硝工艺主要有低氮燃烧、SCR、SNCR或SNCR/SCR混合技术。脱硝使用尿素、氨水或者液氨等还原剂。氨水储罐、尿素溶液储罐、液氨储罐等设施在原料使用、贮存过程中会向环境直接排放应税大气污染物。涉及的税源属于没有排放口排放的税源。

5. 除尘排渣系统

燃煤电厂的除尘工艺主要有静电除尘、布袋除尘器除尘、电袋复合除尘器及湿式电除尘器除尘等。

燃煤电厂锅炉燃烧产生的粉煤灰一般采用干除灰方式，采用正压浓相气力输灰系统将省煤器及电除尘器灰斗收集的飞灰送至灰库，每座灰库均配置布袋除尘装置，其对应的排放口为有排放口排放的税源。燃烧产生的炉渣采用干式除渣或者湿式除渣方式，将炉渣送至渣仓。干式除渣渣仓均配备布袋除尘装置，其对应的排放口为有排放口排放的税源。粉煤灰、炉渣在事故灰场装卸和贮存过程中的排放属于没有排放口排放的税源。

灰库、渣库除尘装置排放口为有排放口排放的税源，事故灰场为没有排放口排放的税源。

6. 脱硫系统

燃煤电厂的脱硫工艺主要有炉内喷钙、石灰石-石膏法、氨法脱硫及海水脱硫等。炉内喷钙、石灰石-石膏法主要脱硫剂为石灰石粉，石灰石粉在贮存及装卸过程均向环境直接排放应税大气污染物。企业在石灰石粉仓、石灰石卸料口均设置安装除尘装置，对应的排放口为有排放口排放的税源。

氨法脱硫的氨一般和脱硝系统共用存储单元。

海水脱硫不涉及大气污染物排放。

7. 其他涉及环境保护税的税源

燃煤电厂一般配套建设有柴油储罐，常年贮存柴油，用于锅炉的点火或稳燃。燃煤电厂化学水处理系统需要使用盐酸或硫酸，在化学水车间及精处理车间设有盐酸或硫酸储罐，常年贮存盐酸、硫酸。

柴油储罐、盐酸储罐、硫酸储罐、炉水加药间的氨水溶液箱等设施在原料使用、贮存过程中向环境直接排放应税大气污染物（苯、甲苯、二甲苯、氯化氢、硫酸雾、氨等），该部分税源属于没有排放口排放的税源。

入厂煤、入炉煤制样排放口：燃煤电厂需要对每批次入厂煤及每天入炉煤进行化验，入炉及入厂煤研磨制样的过程中会产生一般性粉尘，制样间一般没有除尘装置，但是有排风口，该通风口是有排放口排放的税源。

其他一般排放口：其他原材料仓，如氢氧化钠粉仓等，如果仓内设置安装除尘装置，对应对外排放的排放口属于有排放口排放的税源。

污水处理站一般要求安装除臭装置，其对应的排放口属于有排放口排放的税源。

7.3.2.2 应税水污染物税源的确定

燃煤电厂的废水主要包括生活污水、脱硫废水、含煤废水、含油废水、生产废水和循环冷却水排水等。企业应根据各类废水排放去向和废水的实际回用方式，确定哪些废水是直接向环境排放。例如，如果生活污水经处理后回用于绿化、地面降尘，属于直接向环境排放应税水污染物；如果企业的脱硫废水经处理后，回用于灰场喷洒降尘、干灰、渣搅拌用水，该部分废水属于直接向环境排放；若海水脱硫后直流冷却水和脱硫废水混合后直接排海，也属于直接向环境排放。上述废水排放口是应税水污染物的税源。

7.3.2.3 应税固体废物税源的确定

燃煤电厂的应税固体废物有一般固体废物和危险废物。

一般固体废物的税源为贮存、综合利用或处置三个环节。贮存，是指将固体废物临时置于特定设施或者场所中的活动。处置，是指将固体废物焚烧和用其他改变固体废物的物理、化学、生物特性的方法，达到减少已产生的固体废物数量、缩小固体废物体积、减少或者消除其危险成分的活动，或者将固体废物最终置于符合环境保护规定要求的填埋场的活动。应税一般固体废物合规贮存不属于向环境排放，不需要缴纳环境保护税；综合利用属于暂时免征环境保护税的行为，需要进行免税申报；将应税一般固体废物进行填埋，则属于处置行为，如果符合生态环境保护法律法规规定，也不属于向环境排放行为，不需要缴纳环境保护税。

危险废物的税源为贮存和处置两个环节。危险废物合规贮存不属于向环境排放，不需要缴纳环境保护税；将危险废物转移给有资质的第三方进行处理属于处置行为，也不属于向环境排放，不需要缴纳环境保护税。

一般固体废物贮存、处置应满足《一般工业固体废物贮存和填埋污染控制标准》（GB 18599—2020），危险废物贮存应满足《危险废物贮存污染控制标准》（GB 18597—2001/GB 18597—2023）的相关要求。一般固体废物综合利用应满足《中华人民共和国工业和信息化部公告》（2018年第26号）和各省工信厅出台的固体废物综合利用评价管理办法的相关要求。

7.3.2.4 应税噪声税源的确定

燃煤电厂噪声税源为东、西、南、北四个厂界，有不同作业场所的应该单独采集。

第8章 燃煤电厂应税污染物税目的确定

燃煤电厂应税污染物的税目主要依据《火电行业排污许可证申请与核发技术规范》和其持有的排污许可证中列明的污染物进行判定。

8.1 应税大气污染物税目的确定

8.1.1 有排放口排放税源税目的确定

1. 主要排放口——锅炉燃烧烟气税目的确定

依据《火电行业排污许可证申请与核发技术规范》的要求，机组锅炉燃烧烟气主要排放口必须安装自动监测设备，监测项目是颗粒物（烟尘）、二氧化硫、氮氧化物，同时要求汞及其化合物、氨（使用液氨等含氨物质作为还原剂，去除烟气中氮氧化物的，可以选测氨）每个季度监测一次。据此该排放口至少涉及五个应税大气污染物税目，分别是颗粒物（烟尘）、二氧化硫、氮氧化物、汞及其化合物和氨。

依据《排污许可证申请与核发技术规范 锅炉》的要求，20t/h以上的锅炉要求必须安装自动监测设备，监测项目为颗粒物（烟尘）、二氧化硫和氮氧化物，同时要求汞及其化合物、氨（使用液氨等含氨物质作为还原剂，去除烟气中氮氧化物的，可以选测氨）每个季度监测一次。据此启动锅炉排放口至少涉及五个应税大气污染物税目，分别为颗粒物（烟尘）、二氧化硫、氮氧化物、汞及其化合物和氨。

燃煤电厂燃烧烟气排放口应税大气污染物最低监测频次见表8-1。

表8-1 燃煤电厂燃烧烟气排放口应税大气污染物最低监测频次

燃料类型	锅炉或燃气轮机规模	监测指标	监测频次
燃煤	20t/h或14MW及以上	颗粒物、二氧化硫、氮氧化物	连续监测
		汞及其化合物、氨（选测）	季度
	20t/h或14MW以下	颗粒物、二氧化硫、氮氧化物、汞及其化合物	月

煤在锅炉中燃烧，主要是煤中的碳、硫、氢、氮、汞等元素的单质与化合物同空气中的氧发生反应的过程以及脱硫、脱硝需要喷入的脱硫剂和脱硝剂发生反应的过程，其中碳元素与氧气反应生成二氧化碳和一氧化碳等碳氧化物，硫元素与氧气反应生成

二氧化硫、三氧化硫等硫氧化物，氮元素与氧气反应生成一氧化氮、二氧化氮等氮氧化物，所以该排放口应税污染物除排污许可证载明的烟尘、二氧化硫、氮氧化物、汞及其化合物、氨以外，还产生一氧化碳、沥青烟、硫酸雾、甲醛等其他应税大气污染物。

2. 一般排放口税目的确定

企业的原煤仓、灰库、渣库、转运站、碎煤机室、石灰石粉仓、煤制样、筒仓等装置对应的一般排放口税目均为一般性粉尘。

污水处理站对应的一般排放口排放的税目主要是硫化氢和氨。

8.1.2 没有排放口排放税源税目的确定

燃煤在煤场装卸及贮存的过程、粉煤灰及炉渣在事故灰场装卸及贮存的过程中都会涉及一般性粉尘的排放，税目为一般性粉尘。

柴油在储罐内贮存、装卸的过程中会产生挥发性有机物，税目为苯、甲苯、二甲苯。

盐酸、硫酸、尿素溶液、液氨、氨水在贮存过程中会有氯化氢、硫酸雾、氨排放到周边空气环境中，税目分别为氯化氢、硫酸雾、氨。

无组织废气监测指标最低监测频次见表8-2。

综上，燃煤电厂应税大气污染物税源、税目见图8-1、图8-2。

表8-2 无组织废气监测指标最低监测频次

监测点位	监测指标	监测频次
厂界	颗粒物	季度
氨罐区周边	氨	季度

8.2 应税水污染物税目的确定

应税水污染物税目可以通过监测等手段确定。企业应该按照《火电行业排污许可证申请与核发技术规范》《排污单位自行监测技术指南 火力发电及锅炉》（HJ 820—2017）的相关要求开展相关监测工作。根据在线监测数据和委托监测数据，确定其应税水污染物的税目。

燃煤电厂如果采用海水、地表水或者地下水进行冷却并单独通过冷却水排放口排放，则冷却水排放口应税水污染物的实际排放量应该为扣除其本底值后的排放量。

燃煤电厂废水污染物最低监测频次见表8-3。

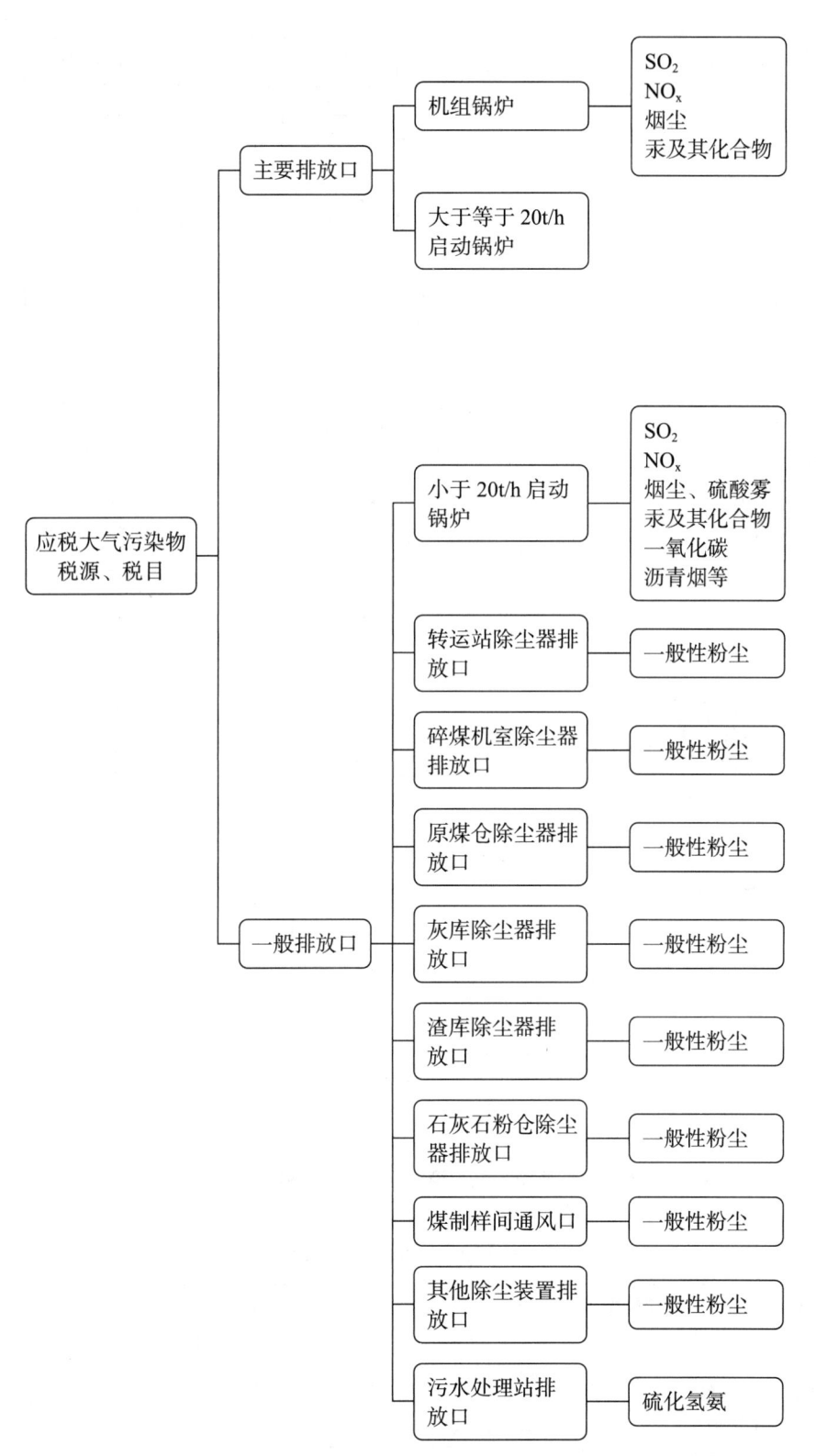

```
应税大气污染物税源、税目
├── 主要排放口
│   ├── 机组锅炉 ──→ SO₂ / NOₓ / 烟尘 / 汞及其化合物
│   └── 大于等于20t/h启动锅炉
└── 一般排放口
    ├── 小于20t/h启动锅炉 ──→ SO₂ / NOₓ / 烟尘、硫酸雾 / 汞及其化合物 / 一氧化碳 / 沥青烟等
    ├── 转运站除尘器排放口 ──→ 一般性粉尘
    ├── 碎煤机室除尘器排放口 ──→ 一般性粉尘
    ├── 原煤仓除尘器排放口 ──→ 一般性粉尘
    ├── 灰库除尘器排放口 ──→ 一般性粉尘
    ├── 渣库除尘器排放口 ──→ 一般性粉尘
    ├── 石灰石粉仓除尘器排放口 ──→ 一般性粉尘
    ├── 煤制样间通风口 ──→ 一般性粉尘
    ├── 其他除尘装置排放口 ──→ 一般性粉尘
    └── 污水处理站排放口 ──→ 硫化氢氨
```

图8-1　燃煤电厂应税大气污染物主要排放口和一般排放口税源、税目

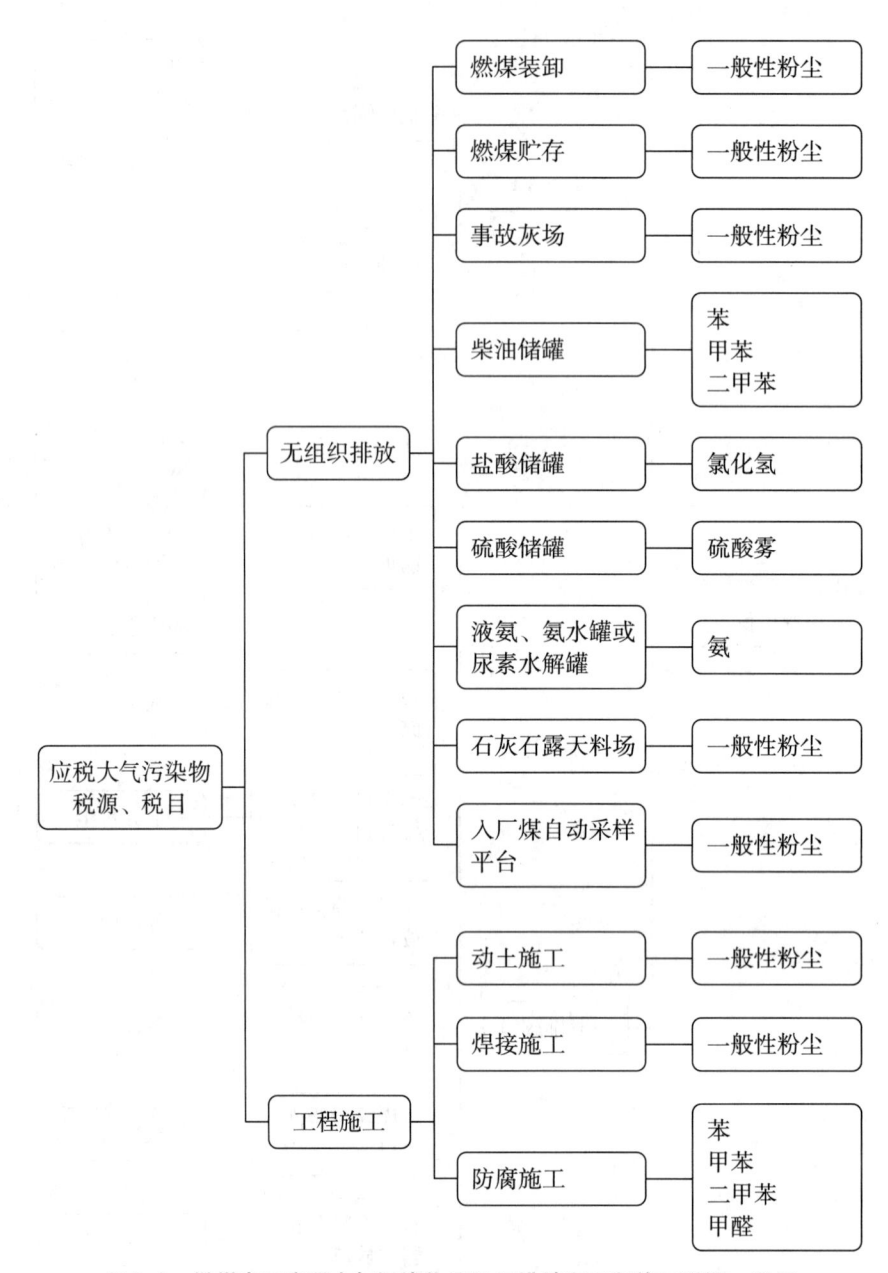

```
应税大气污染物税源、税目
├── 无组织排放
│   ├── 燃煤装卸 ── 一般性粉尘
│   ├── 燃煤贮存 ── 一般性粉尘
│   ├── 事故灰场 ── 一般性粉尘
│   ├── 柴油储罐 ── 苯 / 甲苯 / 二甲苯
│   ├── 盐酸储罐 ── 氯化氢
│   ├── 硫酸储罐 ── 硫酸雾
│   ├── 液氨、氨水罐或尿素水解罐 ── 氨
│   ├── 石灰石露天料场 ── 一般性粉尘
│   └── 入厂煤自动采样平台 ── 一般性粉尘
└── 工程施工
    ├── 动土施工 ── 一般性粉尘
    ├── 焊接施工 ── 一般性粉尘
    └── 防腐施工 ── 苯 / 甲苯 / 二甲苯 / 甲醛
```

图8-2 燃煤电厂应税大气污染物无组织排放和工程施工税源、税目

表8-3 燃煤电厂废水污染物最低监测频次

锅炉或装机规模	燃料类型	监测点位	监测指标	监测频次
涉单台20t/h或14MW及以上锅炉	燃煤	废水排放口	COD_{cr}、氨氮、悬浮物、总磷、石油类、氟化物、硫化物、挥发酚、	月
		脱硫废水排放口	总砷、总铅、总汞、总镉	月
	所有	循环冷却水排放口	COD_{cr}、总磷	季度

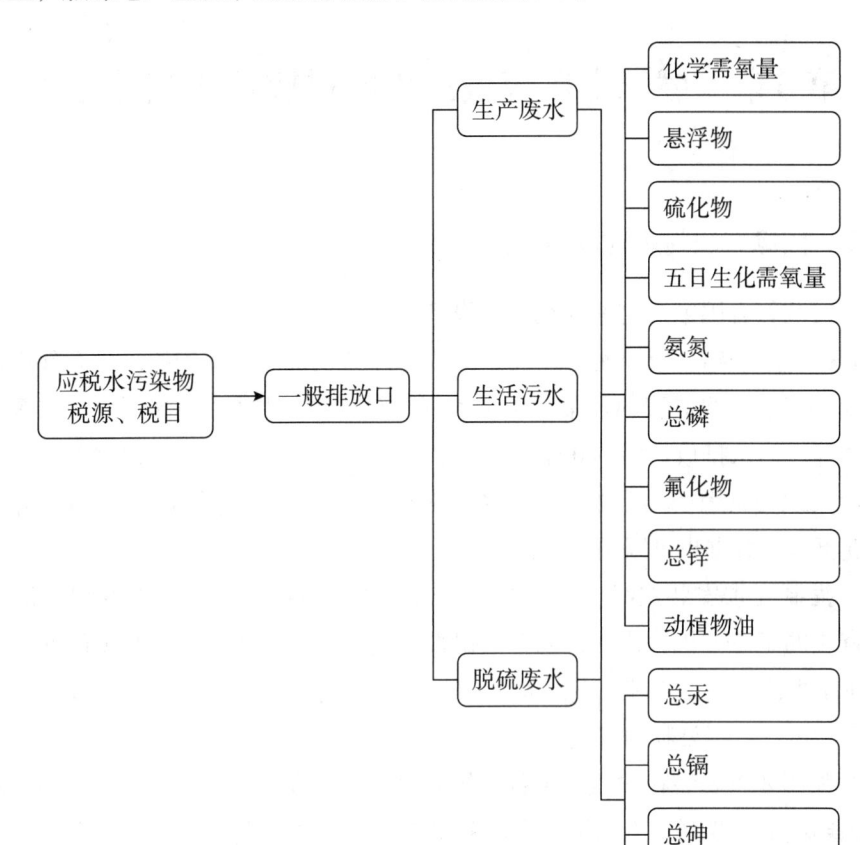

综上，燃煤电厂应税水污染物税源、税目见图8-3。

```
应税水污染物        ┌─生产废水─┬─ 化学需氧量
 税源、税目 ─→一般排放口─┼─生活污水─┼─ 悬浮物
                    │         ├─ 硫化物
                    │         ├─ 五日生化需氧量
                    │         ├─ 氨氮
                    │         ├─ 总磷
                    │         ├─ 氟化物
                    │         ├─ 总锌
                    │         ├─ 动植物油
                    └─脱硫废水─┼─ 总汞
                              ├─ 总镉
                              ├─ 总砷
                              └─ 总铅
```

图 8-3　燃煤电厂应税水污染物税源、税目

8.3　应税固体废物税目的确定

燃煤电厂一般固体废物税目主要有粉煤灰、炉渣以及原煤筛分产生的石子煤（煤矸石，一般煤粉炉电厂产生），危险废物主要有废催化剂、废润滑油、废油漆桶、废离子交换树脂、废石棉板、废化学试剂及包装物、废日光灯管、废铅蓄电池等。具体税目参见《国家危险废物名录》（2016版、2021版）。

8.4　应税噪声税目的确定

噪声的税目为超过标准的声音，区分昼间和夜间。燃煤电厂的厂界噪声每个季度至少开展一次昼夜委托监测，监测指标为等效A声级，夜间监测还需要监测频发噪声、偶发噪声以及峰值。

第9章 燃煤电厂应税污染物排放量的核算方法

9.1 核算方法判定的基本原则

（1）安装符合国家规定的在线监测设备的排放口，每季度通过比对监测，并且在线监测数据经过修约，应该使用在线监测数据计算申报环境保护税。生态环境部门正常强制要求安装在线监测的污染因子是大气排放口中的颗粒物（烟尘）、二氧化硫和氮氧化物等，污水排放口中的化学需氧量、氨氮、总磷、pH等，如果企业自行安装一氧化碳等其他污染因子的在线监测设备，在线监测设备在参照HJ75、HJ356等标准执行的情况下，其数据也可以用来申报环境保护税。

（2）强制要求安装在线监测设备的大气或者污水排放口，如果在线监测设备未经过有资质的第三方机构比对，或者数据没有进行修约，或者在线数据的捕集率不足75%，则在线监测数据不能作为计税依据核算污染物的排放量，应直接按照物料衡算及排污系数法计算污染物的排放量。

（3）强制要求安装在线监测设备的排放口，如果没有安装在线监测设备，或者没有跟生态环境部门联网，应该按照物料衡算及产污系数法按直排进行核算。

（4）按照《火电行业排污许可证申请与核发技术规范》相关要求，强制要求安装在线监测设备的排放口，如果没有安装使用在线监测设备或没有跟生态环境主管部门联网，或者自动监测数据季度缺失时段超过25%，应该使用物料衡算法核算该季度每月二氧化硫排放量，核算时根据原辅燃料消耗量、含硫率，按直排进行核算；采用产污系数法核算该季度每月颗粒物、氮氧化物排放量，根据单位产品污染物的产生量，按直排进行核算。

（5）委托第三方监测机构进行监测的排放口，应使用监测机构的数据进行计算。如果未委托第三方进行手工监测，则需要按照物料衡算及排污系数法计算污染物的排放量。

（6）委托监测机构对应税大气污染物排放量进行监测时，其当月同一个排放口排放的同一种污染物有多个监测数据的，2018年1月至2021年4月按照监测数据的平均值计算应税污染物的排放量，2021年5月开始按照以烟气量为权的加权平均值计算应税污染物的排放量。

（7）没有排放口应税污染物的计算方法应按照物料衡算、系数法以及抽样测算法的顺序计算申报。

（8）应税水污染物主要用在线监测及监测机构的数据计算环境保护税。

（9）噪声只能使用监测法计算环境保护税。

每一排放口或者没有排放口的应税大气污染物，按照污染当量数从大到小排序，对前三项污染物征收环境保护税。

每一排放口的应税水污染物，按照《环境保护税法》所附《应税污染物和当量值表》，区分第一类水污染物和其他类水污染物，按照污染当量数从大到小排序，对第一类水污染物按照前五项征收环境保护税，对其他类水污染物按照前三项征收环境保护税。

燃煤电厂环境保护税税目确定见图9-1。

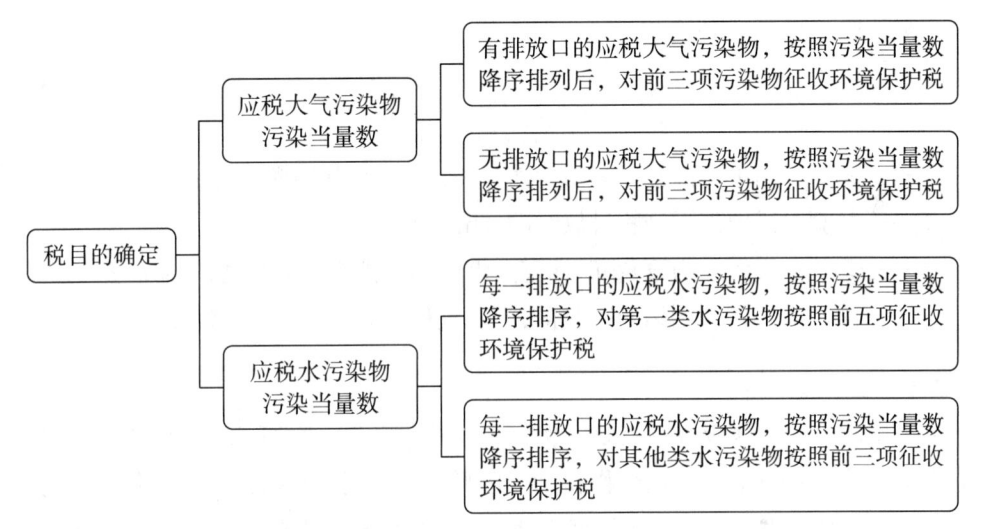

图9-1 税目确定方法示意图

主动安装与必须安装在线数据使用逻辑见图9-2。

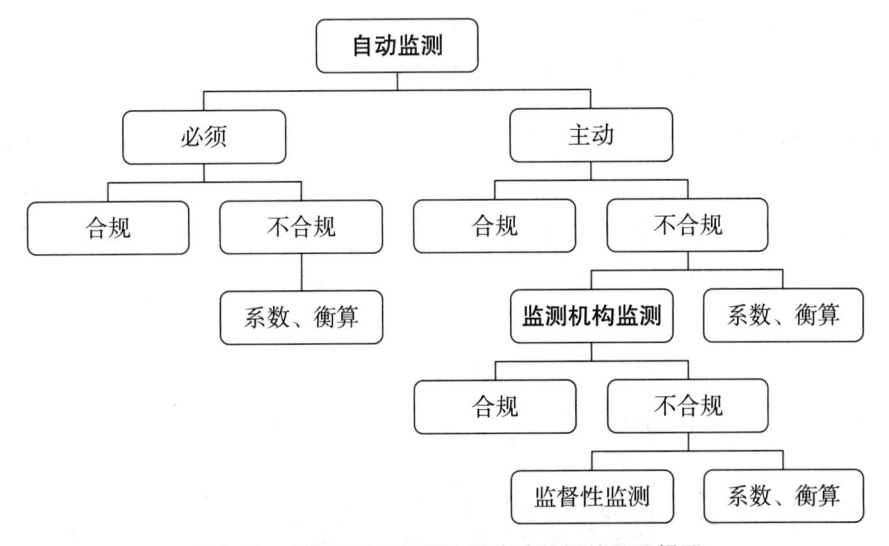

图9-2 主动安装与必须安装在线数据使用逻辑图

9.2 应税大气污染物排放量的核算方法

9.2.1 机组锅炉及启动锅炉排放口应税污染物排放量的核算方法

燃煤电厂的机组锅炉排放口及20t/h以上的启动锅炉排放口，均必须安装在线监测设备（CEMS），监测的污染因子有颗粒物（烟尘）、二氧化硫和氮氧化物等。如果在线监测设备已经和生态环境部门联网，每个季度均通过比对监测并且数据进行修约，则上述三种应税污染物必须使用自动监测法核算排放量。

1. 自动监测法的计算公式

$$E_{月排放量} = \sum_{i}^{S_i}(p_i \times L_i) \times 10^{-6}$$

式中：E——核算当期主要排放口某项大气污染物的实际排放量，kg；

S_i——核算时段内某污染物排放时间，h；

p_i——某项大气污染物第i小时标态干烟气小时排放质量浓度，mg/m³；

L_i——某项大气污染物第i小时标态干烟气量，m³/h。

2. 手工监测法

主要排放口的其他应税污染物，例如汞及其化合物、沥青烟、硫酸雾、氨等，依据监测法核算。其中汞及其化合物和氨（选测）的监测频次按照《火电行业排污许可证申请与核发技术规范》和《排污许可证申请与核发技术规范 锅炉》的要求为每个季度监测一次，并且排污单位应将手工监测时段内生产负荷与核算时段内的平均生产负荷进行对比，给出对比结果。其计算公式为：

主要排放口其他应税污染物排放量（kg）=手工监测的平均浓度值 × 烟气月排放量（在线监测的烟气量）（万Nm³）/100

【实例9-1】某火电厂3月份委托有资质的第三方检测机构对本单位1号锅炉排放口的汞及其化合物进行检测，检测结果如下：实测浓度值为0.003mg/m³，折算浓度值为0.004mg/m³，标态烟气量为1054040Nm³/h，1号炉本月全月运行。该排放口3月份在线监测总烟气量为80081.6万Nm³。请核算3月份1号锅炉排放口汞及其化合物的污染当量数。

【解析】汞及其化合物排放量=80081.6×0.003/100=2.402448kg

污染当量数=2.402448/0.0001=24024.48

【注意】烟气量按照在线监测的烟气量核算。

【实例9-2】某燃煤热电厂锅炉烟气排放口的二氧化硫、氮氧化物、烟尘安装了污染物自动监测设备并与当地环保部门联网，该企业2021年第一季度对在线监测设备进行比对监测且比对合格。在线监测数据显示，1月份二氧化硫、氮氧化物、烟尘的排放量分别为10000kg、40000 kg、7000kg。该排放口1月份在线烟气量为85000万Nm³。该企业2月份对外委托有CMA资质的第三方检测机构对该排放口的一氧化碳、汞及其化合物进行委托监测，浓度检测结果分别为150mg/m³和0.009mg/m³，标杆流量为1000000m³/h，1月份锅炉运行时间为744小时。汞及其化合物的排放标准为0.03mg/m³。1月份所有污染物都达标排放，且二氧化硫、氮氧化物、烟尘的排放浓度均低于排放标准50%以上。请核算该企业1月份该排放口环境保护税应缴税额。

【解析】（1）确定核算方法。该企业在线比对合格，烟尘、二氧化硫、氮氧化物用自动监测法，汞及其化合物和一氧化碳采用手工监测法核算。

（2）核算该排放口所有应税污染物污染当量数。

二氧化硫污染当量数：10000/0.95=10526.3158

氮氧化物污染当量数：40000/0.95=42105.2632

烟尘污染当量数：7000/2.18=3211.0092

汞及其化合物污染当量数：0.009×85000/100/0.0001=76500

一氧化碳污染当量数：150×85000/100/16.7=7634.7305

（3）确定税目。依照排序，污染当量数排在前三的污染物分别为汞及其化合物、氮氧化物和二氧化硫。

（4）核算应纳税额：（10526.3158+42105.2632）×2.4+76500×1.2=218115.79（元）

（5）核算减免税额。因为汞及其化合物是2月监测，依据财税〔2018〕117号文件，纳税人采用监测机构出具的监测数据申报减免环境保护税的，应当取得申报当月的监测数据；当月无监测数据的，不予减免环境保护税。二氧化硫和氮氧化物小时均值低于排放标准的50%，减按50%征收环境保护税。

减免税额：（10526.3158+42105.2632）×2.4×0.5=63157.89（元）

实际应缴税额：218115.79-63157.89=154957.89（元）

3.物料衡算、系数法

（1）机组锅炉的二氧化硫、氮氧化物及颗粒物（烟尘）排放量的计算方法。

①2021年4月30日之前。

依据81号公告，若机组锅炉排放口在线监测设备未进行比对监测或在线监测数据未进行修约，则在线监测数据不能作为计税依据核算环境保护税，应使用系数法核算烟尘和氮氧化物的排放量，使用物料衡算方法核算二氧化硫的排放量。

二氧化硫用物料衡算方法，计算公式如下：

$$E_{SO_2}=2B_g \times \left(1-\frac{q_4}{100}\right) \times \frac{S_{t,ar}}{100} \times K$$

式中：E_{SO_2}——二氧化硫排放量，t；

B_g——锅炉燃料耗量，t；

q_4——锅炉机械不完全燃烧热损失，%；

$S_{t,ar}$——燃料收到基全硫分，%，$S_{t,ar}$取核算时段内最大值；

K——燃料中的硫燃烧后氧化成二氧化硫的份额。

q_4与炉型和燃料等有关，可取生产商锅炉技术规范书等确定的制造参数，燃煤锅炉也可参考表9-1，燃气和燃油锅炉取0。

表9-1 燃煤锅炉机械不完全燃烧热损失q_4的一般取值

锅炉型式	煤 种	q_4（%）
固态排渣煤粉炉	无烟煤	4
	贫煤	2
	烟煤（干燥无灰基挥发分Vdaf≤25%）	2
	烟煤（干燥无灰基挥发分Vdaf＞25%）	1.5
	褐煤	0.5
	洗煤（干燥无灰基挥发分Vdaf≤25%）	3
	洗煤（干燥无灰基挥发分Vdaf＞25%）	2.5
液态排渣煤粉炉	无烟煤	2
	烟煤	1
	褐煤	0.5
循环流化床锅炉	烟煤	2
	无烟煤	2.5

K随燃烧方式而定，一般可按表9-2选取。

表9-2 燃料中的硫生成二氧化硫的份额

锅炉型式	循环流化床炉	煤粉炉	燃油（气）炉
K	0.85	0.9	1

公式中q_4和K值的查取依据上述表格，根据电厂锅炉型式、燃煤的煤种、入炉煤干燥无灰基挥发分确定。$S_{t,ar}$为入炉煤的收到基硫分。例如，如果某电厂是固态排渣煤粉炉，煤种为烟煤，入炉煤的干燥无灰基挥发分为37%，根据表9-1和表9-2查得q_4为1.5，K值为0.9。

需要注意的是，该公式计算出的是二氧化硫的产生量，核算排放量时要考虑实际的脱硫效率。

计算公式为：

$$二氧化硫排放量 = 二氧化硫产生量 \times （1-脱硫效率）$$

烟尘和氮氧化物的排放量使用系数法计算，计算公式为：

$$产生量 = 燃煤消耗量 \times 产污系数$$

产污系数根据机组的规模等级、收到基灰分、空气干燥基挥发分等参数选取，再根据对应污染防治设施的去除效率核算污染物的排放量。计算公式为：

$$烟尘排放量 = 烟尘产生量 \times （1-除尘效率）$$

$$氮氧化物排放量 = 氮氧化物产生量 \times （1-脱硝效率）$$

废气污染物排放产污系数见表9-3。

表9-3 废气污染物排放产污系数一览表

工艺名称	规模等级	污染物指标	单位	产污系数
煤粉炉	≥750兆瓦	烟尘	千克/吨-原料	9.23Aar+8.76
		氮氧化物	千克/吨-原料	6.09[3]
				4.10[4]
煤粉炉	450~749兆瓦[5]	烟尘	千克/吨-原料	9.2Aar+9.33
		氮氧化物	千克/吨-原料	7.95[1]
				6.72[2]
				6.07[3]
				4.08[4]
煤粉炉	250~449兆瓦	烟尘	千克/吨-原料	9.21Aar[6]+11.13
循环流化床锅炉		烟尘	千克/吨-原料	6.31Aar+7.54
煤粉炉		氮氧化物	千克/吨-原料	8.01[1]
				6.65[2]
				5.82[3]
				4.07[4]
煤粉炉	150~249兆瓦	烟尘	千克/吨-原料	9.33Aar+7.77
循环流化床锅炉		烟尘	千克/吨-原料	6.24Aar+7.57
煤粉炉		氮氧化物	千克/吨-原料	7.68[1]
				6.61[2]
				5.61[3]
				3.94[4]

续表

工艺名称	规模等级	污染物指标	单 位	产污系数	
煤粉炉	75~149兆瓦	烟尘	千克/吨－原料	9.31Aar+9.18	
循环流化床锅炉		烟尘	千克/吨－原料	6.31Aar+7.27	
煤粉炉		氮氧化物	千克/吨－原料	7.49[1]	
				6.58[2]	
				5.48[3]	
				3.86[4]	
煤粉炉	35~74兆瓦	烟尘	千克/吨－原料	9.36Aar+10.44	
循环流化床锅炉		烟尘	千克/吨－原料	6.24Aar+7.24	
煤粉炉		氮氧化物	千克/吨－原料	6.90[1]	
				5.92[2]	
				4.13[3]	
				3.04[4]	
煤粉炉	20~34兆瓦	烟尘	千克/吨－原料	9.16Aar+0.45	
循环流化床锅炉		烟尘	千克/吨－原料	6.3Aar+7.79	
煤粉炉		氮氧化物	千克/吨－原料	6.47[1]	
				5.28[2]	
				3.92[3]	
				3.01[4]	
煤粉炉	9~19兆瓦	烟尘	千克/吨－原料	9.18Aar+7.56	
循环流化床锅炉		烟尘	千克/吨－原料	6.3Aar+8.97	
层燃炉		烟尘	千克/吨－原料	烟煤	1.6Aar
				无烟煤	1.85Aar
				褐煤	1.60Aar
煤粉炉		氮氧化物	千克/吨－原料	5.82[1]	
				4.07[2]	
				3.08[3]	
				2.96[4]	
层燃炉		氮氧化物	千克/吨－原料	5.61[1]	
				5[2]	
				4.38[3]	
				4.22[4]	

续表

工艺名称	规模等级	污染物指标	单位		产污系数
层燃炉	≤8兆瓦	烟尘	千克/吨-原料	烟煤	1.25Aar
煤粉炉		烟尘	千克/吨-原料	烟煤	8.93Aar
循环流化床锅炉					5.19Aar
层燃炉		烟尘	千克/吨-原料	无烟煤	1.8Aar
循环流化床锅炉					4.63Aar
层燃炉		烟尘	千克/吨-原料	褐煤	1.25Aar
煤粉炉		烟尘	千克/吨-原料	褐煤	8.93Aar
层燃炉		氮氧化物	千克/吨-原料	烟煤	4.35
煤粉炉		氮氧化物	千克/吨-原料	烟煤	5.04
循环流化床锅炉		氮氧化物	千克/吨-原料	烟煤	3.63
层燃炉		氮氧化物	千克/吨-原料	无烟煤	5.51
循环流化床锅炉		氮氧化物	千克/吨-原料	无烟煤	5.53
层燃炉		氮氧化物	千克/吨-原料	褐煤	4.71
煤粉炉		氮氧化物	千克/吨-原料	褐煤	4.9

注：①煤炭干燥无灰基挥发分为 Vdaf（％）≤10；
②煤炭干燥无灰基挥发分为 10＜Vdaf（％）≤20；
③煤炭干燥无灰基挥发分为 20＜Vdaf（％）≤37；
④煤炭干燥无灰基挥发分为 Vdaf（％）＞37；
⑤450~749兆瓦循环流化床锅炉参考同等级的煤粉炉；
⑥Aar：燃料收到基灰分，％。

从上表可以看出，只要知道电厂锅炉的炉型（一般是循化流化床锅炉或煤粉炉）、入炉煤的收到基灰分、干燥无灰基的挥发分，就可以查到烟尘和氮氧化物的产污系数。这里需要注意的是，氮氧化物的产污系数一共有四档，每一档系数是根据煤质的干燥无灰基挥发分来确定的。

当煤炭干燥无灰基挥发分为 Vdaf（％）≤10时，取一档系数；当煤炭干燥无灰基挥发分为 10＜Vdaf（％）≤20时，取二档系数；当煤炭干燥无灰基挥发分为 20＜Vdaf（％）≤37时，取三档系数；当煤炭干燥无灰基挥发分为 Vdaf（％）＞37时，取四档系数。

燃煤的收到基灰分、收到基硫分、干燥无灰基挥发分等数据依据为企业每月的入炉煤煤质化验加权平均月报表的数值。

例如，表9-4是某电厂的煤质化验加权统计月报表，我们需要调取的数值有加灰色底纹的三列的收到基灰分、干燥无灰基挥发分和收到基硫分，每个月只需要调取加灰色底纹那一行的加权统计平均值即可，该电厂4月收到基灰分是21.92%，干燥无灰基挥发分是37.25%，收到基硫分为0.55%。

表9-4 4月份入炉煤煤质化验月报表

日期	煤量(t)	全水 Wt	内水 Wmin	空干基灰分 Aad	收到基灰分 Aar	干基灰 Ad	空干基挥发分 Vad	干燥无灰基挥发分 Vdaf	收到基低热 Qnet.ar	收到基硫分 Star	固定碳 Fcad
1											
2											
3											
4											
5											
6											
…											
27											
28											
29											
30											
加权		8.06	1.66	23.45	21.92	23.83	28.65	37.25	5039	0.55	46.29

② 2021年5—6月。

颗粒物（烟尘）、二氧化硫和氮氧化物排放量的核算方法按照16号公告附件2《生态环境部已发布的排放源统计调查制度排（产）污系数清单》中"4411火力发电行业"的相关排污系数核算。详见表9-5至表9-13。

表9-5 火力发电行业产排污系数表（1）

工艺名称	规模等级	污染物指标	单位	产污系数	末端处理技术名称	排污系数
煤粉炉	≥750兆瓦	烟尘	千克/吨–原料	9.23Aar+8.76	静电除尘法+石灰石石膏法	$-0.00026Aar^2+0.022Aar+0.01$
					静电除尘法	$(0.00026Aar^2+0.022Aar+0.01) \times 1.001$
		工业废气量	标立方米/吨–原料	8271	直排	8271

续表

工艺名称	规模等级	污染物指标	单位	产污系数		末端处理技术名称	排污系数
煤粉炉	≥750兆瓦	二氧化硫	千克/吨–原料	$17.2S_{ar}+0.04$		石灰石石膏法	$-0.227S_{ar}^2+1.789S_{ar}+0.002$
						直排	$17.2S_{ar}+0.04$
		氮氧化物	千克/吨–原料	低氮燃烧	6.09①	直排	6.09
						烟气脱硝	2.13
				低氮燃烧	4.10②	直排	4.10
						烟气脱硝	1.44

注：①煤炭干燥无灰基挥发分为20＜Vdaf（%）≤37；
②煤炭干燥无灰基挥发分为Vdaf（%）＞37。

表9-6　火力发电行业产排污系数表（2）

工艺名称	规模等级	污染物指标	单位	产污系数		末端处理技术名称	排污系数
煤粉炉	450~749兆瓦	工业废气量	标立方米/吨–原料	10150		直排	10150
		烟尘	千克/吨–原料	$9.2A_{ar}+9.33$		静电除尘法	$0.0005A_{ar}^2+0.042A_{ar}+0.041$
						静电除尘法+石灰石石膏法	$0.00026A_{ar}^2+0.022A_{ar}+0.015$
		二氧化硫	千克/吨–原料	$17.04S_{ar}$		直排	$17.04S_{ar}$
				$17.04S_{ar}$		石灰石石膏法	$0.224S_{ar}^2+1.771S_{ar}$
				$17.04S_{ar}$		海水脱硫	$1.704S_{ar}$
		氮氧化物	千克/吨–原料	13.40①		直排	13.4
				低氮燃烧	7.95①	直排	7.95
						烟气脱硝	2.79
				低氮燃烧+SNCR	5.57①	直排	5.57
				11.20②		直排	11.20
				低氮燃烧	6.72②	直排	6.72
						烟气脱硝	2.35
				低氮燃烧+SNCR	4.70②	直排	4.70
				10.11③		直排	10.11
				低氮燃烧	6.07③	直排	6.07
						烟气脱硝	2.12
				低氮燃烧+SNCR	4.25③	直排	4.25

续表

工艺名称	规模等级	污染物指标	单位	产污系数		末端处理技术名称	排污系数
煤粉炉	450~749兆瓦	氮氧化物	千克/吨-原料	6.80④		直排	6.80
				低氮燃烧	4.08④	直排	4.08
						烟气脱硝	1.43
				低氮燃烧+SNCR	2.86④	直排	2.86

注：①煤炭干燥无灰基挥发分为Vdaf（%）≤10；
②煤炭干燥无灰基挥发分为10＜Vdaf（%）≤20；
③煤炭干燥无灰基挥发分为20＜Vdaf（%）≤37；
④煤炭干燥无灰基挥发分为Vdaf（%）＞37。

表9-7　火力发电行业产排污系数表（3）

工艺名称	规模等级	污染物指标	单位	产污系数	末端处理技术名称	排污系数
煤粉炉或循环流化床锅炉	250~449兆瓦	工业废气量	标立方米/吨-原料	9713	直排	9713
煤粉炉	250~449兆瓦	烟尘	千克/吨-原料	9.21Aar+11.13	静电除尘法	$0.0005A_{ar}^2+0.042A_{ar}+0.057$
					静电除尘法+石灰石石膏法	$0.00026A_{ar}^2+0.022A_{ar}+0.016$
循环流化床锅炉	250~449兆瓦	烟尘	千克/吨-原料	$6.31A_{ar}+7.54+61.94S_{ar}$	静电除尘法	$0.0004A_{ar}^2+0.035A_{ar}+0.034+0.124S_{ar}$
煤粉炉	250~449兆瓦	二氧化硫	千克/吨-原料	$16.98S_{ar}$	直排	$16.98S_{ar}$
					石灰石石膏法	$-0.223S_{ar}^2+1.765S_{ar}$
					海水脱硫法	$1.698S_{ar}$
					烟气循环流化床脱硫	$1.698S_{ar}$
循环流化床锅炉	250~449兆瓦	二氧化硫	千克/吨-原料	$2.55S_{ar}$	直排	$2.55S_{ar}$

续表

工艺名称	规模等级	污染物指标	单位	产污系数		末端处理技术名称	排污系数
煤粉炉	250~449兆瓦	氮氧化物	千克/吨-原料	13.35①		直排	13.35
				低氮燃烧	8.01①	直排	8.01
						烟气脱硝	2.80
				低氮燃烧+SNCR	5.61①	直排	5.61
				11.09②		直排	11.09
				低氮燃烧	6.65②	直排	6.65
						烟气脱硝	2.33
				低氮燃烧+SNCR	4.66②	直排	4.66
				9.70③		直排	9.70
				低氮燃烧	5.82③	直排	5.82
						烟气脱硝	2.04
				低氮燃烧+SNCR	4.07③	直排	4.07
				6.78④		直排	6.78
				低氮燃烧	4.07④	直排	4.07
						烟气脱硝	1.42
				低氮燃烧+SNCR	2.85④	直排	2.85

注：①煤炭干燥无灰基挥发分为 Vdaf（％）≤10；
②煤炭干燥无灰基挥发分为 10＜Vdaf（％）≤20；
③煤炭干燥无灰基挥发分为 20＜Vdaf（％）≤37；
④煤炭干燥无灰基挥发分为 Vdaf（％）＞37。

表9-8　火力发电行业产排污系数表（4）

工艺名称	规模等级	污染物指标	单位	产污系数	末端处理技术名称	排污系数
煤粉炉或循环流化床锅炉	150~249兆瓦	工业废气量	标立方米/吨-原料	9305	直排	9305
煤粉炉	150~249兆瓦	烟尘	千克/吨-原料	9.33Aar+7.77	静电除尘法	$0.0005Aar^2+0.042Aar+0.098$
					静电除尘法+石灰石石膏法	$0.00026Aar^2+0.0241Aar+0.022$

续表

工艺名称	规模等级	污染物指标	单位	产污系数	末端处理技术名称	排污系数
循环流化床锅炉	150~249兆瓦	烟尘	千克/吨-原料	6.24Aar+7.57+61.94S_{ar}	静电除尘法	0.02Aar+0.016+0.124S_{ar}
煤粉炉	150~249兆瓦	二氧化硫	千克/吨-原料	16.96S_{ar}	直排	16.96S_{ar}
					石灰石石膏法	$-0.223S_{ar}^2+1.763S_{ar}$
					海水脱硫法	1.696S_{ar}
					烟气循环流化床脱硫	4.24S_{ar}
循环流化床锅炉	150~249兆瓦	二氧化硫	千克/吨-原料	5.09S_{ar}	直排	5.09S_{ar}
煤粉炉	150~249兆瓦	氮氧化物	千克/吨-原料	12.8①	直排	12.8
				7.68① 低氮燃烧	直排	7.68
					烟气脱硝	2.69
				5.38① 低氮燃烧+SNCR	直排	5.38
				11.02②	直排	11.02
				6.61② 低氮燃烧	直排	6.61
					烟气脱硝	2.31
				4.63② 低氮燃烧+SNCR	直排	4.63
				9.35③	直排	9.35
				5.61③ 低氮燃烧	直排	5.61
					烟气脱硝	1.96
				3.93③ 低氮燃烧+SNCR	直排	3.93
				6.57④	直排	6.57
				3.94④ 低氮燃烧	直排	3.94
					烟气脱硝	1.38
				2.76④ 低氮燃烧+SNCR	直排	2.76

注：①煤炭干燥无灰基挥发分为Vdaf（%）≤10；
②煤炭干燥无灰基挥发分为10＜Vdaf（%）≤20；
③煤炭干燥无灰基挥发分为20＜Vdaf（%）≤37；
④煤炭干燥无灰基挥发分为Vdaf（%）＞37。

表9-9 火力发电行业产排污系数表（5）

工艺名称	规模等级	污染物指标	单位	产污系数	末端处理技术名称	排污系数
煤粉炉或循环流化床锅炉	75~149兆瓦	工业废气量	标立方米/吨–原料	8178	直排	8178
煤粉炉	75~149兆瓦	烟尘	千克/吨–原料	9.31Aar+9.18	文丘里水膜除尘法	0.49Aar+0.46
					湿式除尘法	1.94Aar+1.84
					湿式除尘脱硫一体化	0.68Aar+0.64
					静电除尘法	0.049Aar+0.046
					静电除尘法+石灰石石膏法	0.024Aar+0.023
循环流化床锅炉	75~149兆瓦	烟尘	千克/吨–原料	6.31Aar+61.94S_{ar}+7.27	静电除尘法	0.048Aar+0.046++0.31S_{ar}
煤粉炉	75~149兆瓦	二氧化硫	千克/吨–原料	16.94S_{ar}	直排	16.94S_{ar}
					石灰石石膏法	$-0.223S_{ar}^2+1.76S_{ar}$
					文丘里水膜除尘法	14.34S_{ar}
					湿式除尘法	16.09S_{ar}
					湿式除尘脱硫一体化	5.08S_{ar}
					海水脱硫	1.694S_{ar}
					烟气循环流化床脱硫	4.23S_{ar}
					喷雾干燥法（或）简易石灰石石膏湿法	5.08S_{ar}
循环流化床锅炉	75~149兆瓦	二氧化硫	千克/吨–原料	5.08S_{ar}	直排	5.08S_{ar}

续表

工艺名称	规模等级	污染物指标	单位	产污系数	末端处理技术名称	排污系数
煤粉炉	75~149兆瓦	氮氧化物	千克/吨-原料	12.31①	直排	12.31
				7.49① 低氮燃烧	直排	7.49
					烟气脱硝	2.63
				低氮燃烧+SNCR 5.24①	直排	5.24
				10.97②	直排	10.97
				低氮燃烧 6.58②	直排	6.58
					烟气脱硝	2.30
				低氮燃烧+SNCR 4.61②	直排	4.61
				9.13③	直排	9.13
				低氮燃烧 5.48③	直排	5.48
					烟气脱硝	1.92
				低氮燃烧+SNCR 3.84③	直排	3.84
				6.44④	直排	6.44
				低氮燃烧 3.86④	直排	3.86
					烟气脱硝	1.35
				低氮燃烧+SNCR 2.70④	直排	2.70

注：①煤炭干燥无灰基挥发分为 Vdaf（%）≤ 10；
②煤炭干燥无灰基挥发分为 10 < Vdaf（%）≤ 20；
③煤炭干燥无灰基挥发分为 20 < Vdaf（%）≤ 37；
④煤炭干燥无灰基挥发分为 Vdaf（%）> 37。

表9-10 火力发电行业产排污系数表（6）

工艺名称	规模等级	污染物指标	单位	产污系数	末端处理技术名称	排污系数
煤粉炉或循环流化床锅炉	35~74兆瓦	工业废气量	标立方米/吨-原料	7558	直排	7558

续表

工艺名称	规模等级	污染物指标	单位	产污系数	末端处理技术名称	排污系数
煤粉炉	35~74兆瓦	烟尘	千克/吨-原料	9.36Aar+10.44	文丘里水膜除尘法	0.49Aar+0.52
					湿式除尘法	1.95Aar+2.09
					湿式除尘脱硫一体化	0.68Aar+0.731
					静电除尘法	0.049Aar+0.052
					静电除尘法+石灰石石膏法	0.024Aar+0.026
					静电除尘法+氨法脱硫	0.024Aar+0.026
				9.36Aar+10.44+61.94S_{ar}	炉内喷钙	0.049Aar+0.052+0.31S_{ar}
循环流化床锅炉	35~74兆瓦	烟尘	千克/吨-原料	6.24Aar+7.24+61.94S_{ar}	静电除尘法	0.049Aar+0.052+0.31S_{ar}
煤粉炉	35~74兆瓦	二氧化硫	千克/吨-原料	16.78S_{ar}	直排	16.78S_{ar}
					石灰石石膏法	$-0.22S_{ar}^2+1.74S_{ar}$
					氨法脱硫	0.84S_{ar}
					文丘里水膜除尘法	14.26S_{ar}
					湿式除尘法	15.94S_{ar}
					湿式除尘脱硫一体化	5.03S_{ar}
					烟气循环流化床脱硫	5.03S_{ar}
					喷雾干燥法（或）简易石灰石石膏湿法	5.03S_{ar}
循环流化床锅炉	35~74兆瓦	二氧化硫	千克/吨-原料	5.87S_{ar}	直排	5.87S_{ar}
煤粉炉	35~74兆瓦	氮氧化物	千克/吨-原料	11.50①	直排	11.50
					氨法脱硫	9.78

续表

工艺名称	规模等级	污染物指标	单位	产污系数		末端处理技术名称	排污系数
煤粉炉	35~74兆瓦	氮氧化物	千克/吨-原料	6.90[①]	低氮燃烧	直排	6.90
						氨法脱硫	5.86
				9.86[②]		直排	9.86
						氨法脱硫	8.38
				5.92[②]	低氮燃烧	直排	5.92
						氨法脱硫	5.03
				6.88[③]		直排	6.88
						氨法脱硫	5.85
				4.13[③]	低氮燃烧	直排	4.13
						氨法脱硫	3.51
				5.07[④]		直排	5.07
						氨法脱硫	4.31
				3.04[④]	低氮燃烧	直排	3.04
						氨法脱硫	2.58

注：①煤炭干燥无灰基挥发分为Vdaf（%）≤10；
②煤炭干燥无灰基挥发分为10＜Vdaf（%）≤20；
③煤炭干燥无灰基挥发分为20＜Vdaf（%）≤37；
④煤炭干燥无灰基挥发分为Vdaf（%）＞37。

表9-11　火力发电行业产排污系数表（7）

工艺名称	规模等级	污染物指标	单位	产污系数	末端处理技术名称	排污系数
煤粉炉或循环流化床锅炉	20~34兆瓦	工业废气量	标立方米/吨-原料	7729	直排	7729
煤粉炉	20~34兆瓦	烟尘	千克/吨-原料	9.16A$_{ar}$+0.45	文丘里水膜除尘法	0.458Aar+0.023
					湿式除尘法	1.83Aar+0.09
					湿式除尘脱硫一体化	0.642Aar+0.031
					静电除尘法	0.092Aar+0.005
					静电除尘法+氨法脱硫	0.046Aar+0.002
循环流化床锅炉	20~34兆瓦	烟尘	千克/吨-原料	6.3Aar+7.79+61.94S$_{ar}$	静电除尘法	0.049Aar+0.052+0.31S$_{ar}$

续表

工艺名称	规模等级	污染物指标	单位	产污系数	末端处理技术名称	排污系数
煤粉炉	20~34兆瓦	二氧化硫	千克/吨	$16.64S_{ar}+0.24$	直排	$16.64S_{ar}+0.24$
					文丘里水膜除尘法	$14.15S_{ar}+0.2$
					湿式除尘法	$15.81S_{ar}+0.23$
					湿式除尘脱硫一体化	$4.99S_{ar}+0.07$
					烟气循环流化床脱硫	$4.99S_{ar}+0.07$
					氨法脱硫	$0.83S_{ar}+0.012$
					喷雾干燥法（或）简易石灰石石膏湿法	$4.99S_{ar}+0.071$
循环流化床锅炉	20~34兆瓦	二氧化硫	千克/吨	$5.83S_{ar}+0.083$	直排	$5.83S_{ar}+0.083$
煤粉炉	20~34兆瓦	氮氧化物	千克/吨-原料	10.79①	直排	10.79
					氨法脱硫	9.18
				低氮燃烧 6.47①	直排	6.47
					氨法脱硫	5.50
				8.97②	直排	8.97
					氨法脱硫	7.63
				低氮燃烧 5.28②	直排	5.28
					氨法脱硫	4.49
				6.54③	直排	6.54
					氨法脱硫	5.55
				低氮燃烧 3.92③	直排	3.92
					氨法脱硫	3.33
				5.02④	直排	5.02
					氨法脱硫	4.27
				低氮燃烧 3.01④	直排	3.01
					氨法脱硫	2.56

注：①煤炭干燥无灰基挥发分为Vdaf（%）≤10；
②煤炭干燥无灰基挥发分为10＜Vdaf（%）≤20；
③煤炭干燥无灰基挥发分为20＜Vdaf（%）≤37；
④煤炭干燥无灰基挥发分为Vdaf（%）＞37。

表9-12　火力发电行业产排污系数表（8）

工艺名称	规模等级	污染物指标	单位	产污系数	末端处理技术名称	排污系数
煤粉炉或循环流化床锅炉或层燃炉	9~19兆瓦	工业废气量	标立方米/吨-原料	7958	直排	7958
煤粉炉	9~19兆瓦	烟尘	千克/吨-原料	9.18Aar+7.56	文丘里水膜除尘法	0.46Aar+0.38
					湿式除尘法	1.84Aar+1.51
					湿式除尘脱硫一体化	0.64Aar+0.53
					多管或旋风除尘法	2.29Aar+1.89
					静电除尘法	0.092Aar+0.076
					静电除尘法+氨法脱硫	0.046Aar+0.038
循环流化床锅炉	9~19兆瓦	烟尘	千克/吨-原料	6.3Aar+8.97+61.94S_{ar}	静电除尘法	0.063Aar+0.09+0.619S_{ar}
层燃炉	9~19兆瓦	烟尘	千克/吨-原料	烟煤 1.6Aar	单筒旋风除尘法	0.61Aar
					多管旋风除尘法	0.4Aar
					湿法除尘/湿式除尘脱硫一体化	0.2Aar
					管式电除尘法	0.29Aar
					卧式电除尘法	0.05Aar
					静电+过滤式/过滤式	0.01Aar
				无烟煤 1.85Aar	单筒旋风除尘法	0.71Aar
					多管旋风除尘法	0.46Aar
					湿法除尘/湿式除尘脱硫一体化	0.24Aar
					管式电除尘法	0.33Aar
					卧式电除尘法	0.06Aar
					静电+过滤式/过滤式	0.02Aar

续表

工艺名称	规模等级	污染物指标	单位	产污系数		末端处理技术名称	排污系数
层燃炉	9~19兆瓦	烟尘	千克/吨-原料	褐煤	1.60Aar	单筒旋风除尘法	0.61Aar
						多管旋风除尘法	0.4Aar
						湿法除尘/湿式除尘脱硫一体化	0.2Aar
						管式电除尘法	0.29Aar
						卧式电除尘法	0.05Aar
						静电+过滤式/过滤式	0.01Aar
煤粉炉	9~19兆瓦	二氧化硫	千克/吨-原料	$16.5S_{ar}$		直排	$16.5S_{ar}$
						文丘里水膜除尘法	$14.02S_{ar}$
						湿式除尘法	$15.67S_{ar}$
						湿式除尘脱硫一体化	$4.95S_{ar}$
						氨法脱硫	$0.83S_{ar}$
循环流化床锅炉	9~19兆瓦	二氧化硫	千克/吨-原料	$5.77S_{ar}$		直排	$5.77S_{ar}$
层燃炉	9~19兆瓦	二氧化硫	千克/吨-原料	无炉内脱硫	$15.95S_{ar}$	直排	$15.95S_{ar}$
						湿法除尘法	$13.56S_{ar}$
						湿式除尘脱硫一体化	$4.79S_{ar}$
				炉内脱硫	$11.2S_{ar}$	直排	$11.2S_{ar}$
						湿法除尘法	$9.52S_{ar}$
						湿式除尘脱硫一体化	$3.36S_{ar}$
煤粉炉	9~19兆瓦	氮氧化物	千克/吨-原料		9.70①	直排	9.70
						氨法脱硫	8.24
				低氮燃烧	5.82①	直排	5.82
						氨法脱硫	4.95
					6.78②	直排	6.78
						氨法脱硫	5.77
				低氮燃烧	4.07②	直排	4.07
						氨法脱硫	3.46

续表

工艺名称	规模等级	污染物指标	单位	产污系数		末端处理技术名称	排污系数
煤粉炉	9~19兆瓦	氮氧化物	千克/吨-原料	5.14③		直排	5.14
						氨法脱硫	4.37
				低氮燃烧	3.08③	直排	3.08
						氨法脱硫	2.62
				4.93④		直排	4.93
						氨法脱硫	4.19
				低氮燃烧	2.96④	直排	2.96
						氨法脱硫	2.52
层燃炉	9~19兆瓦	氮氧化物	千克/吨-原料	5.61①		直排	5.61
				5②		直排	5
				4.38③		直排	4.38
				4.22④		直排	4.22

注：①煤炭干燥无灰基挥发分为Vdaf（%）≤10；
②煤炭干燥无灰基挥发分为10＜Vdaf（%）≤20；
③煤炭干燥无灰基挥发分为20＜Vdaf（%）≤37；
④煤炭干燥无灰基挥发分为Vdaf（%）＞37。

表9-13 火力发电行业产排污系数表（9）

工艺名称	规模等级	污染物指标	单位	产污系数		末端处理技术名称	排污系数
层燃炉	≤8兆瓦	工业废气量	标立方米/吨-原料	烟煤	10290	直排	10290
煤粉炉	≤8兆瓦				9186		9186
循环流化床锅炉	≤8兆瓦				9415		9415
层燃炉	≤8兆瓦	工业废气量	标立方米/吨-原料	无烟煤	10197	直排	10197
循环流化床锅炉	≤8兆瓦				11034		11034
层燃炉	≤8兆瓦	工业废气量	标立方米/吨-原料	褐煤	5915		5915
煤粉炉	≤8兆瓦				5915		5915
层燃炉	≤8兆瓦	烟尘	千克/吨-原料	烟煤	1.25Aar	单筒旋风除尘法	0.5Aar
						多管旋风除尘法	0.38Aar
						湿法除尘/湿式除尘脱硫一体化	0.16Aar

续表

工艺名称	规模等级	污染物指标	单位		产污系数	末端处理技术名称	排污系数
层燃炉	≤8兆瓦	烟尘	千克/吨–原料	烟煤	1.25Aar	管式电除尘法	0.23Aar
						卧式电除尘法	0.04Aar
						静电+过滤/过滤	0.01Aar
煤粉炉	≤8兆瓦				8.93Aar	机械+湿法除尘法/湿式除尘脱硫一体化	0.71Aar
						卧式电除尘法	0.27Aar
						静电+过滤/过滤	0.09Aar
循环流化床锅炉	≤8兆瓦				5.19Aar	机械+湿法除尘法/湿式除尘脱硫一体化	0.42Aar
						卧式电除尘法	0.16Aar
						静电+过滤/过滤	0.05Aar
层燃炉	≤8兆瓦	烟尘	千克/吨–原料	无烟煤	1.8Aar	单筒旋风除尘法	0.72Aar
						多管旋风除尘法	0.54Aar
						湿法除尘/湿式除尘脱硫一体化	0.23Aar
						管式电除尘法	0.32Aar
						卧式电除尘法	0.05Aar
						静电+过滤/过滤	0.02Aar
循环流化床锅炉	≤8兆瓦				4.63Aar	机械+湿法除尘法/湿式除尘脱硫一体化	0.37Aar
						卧式电除尘法	0.14Aar
						静电+过滤/过滤	0.05Aar
层燃炉	≤8兆瓦	烟尘	千克/吨–原料	褐煤	1.25Aar	单筒旋风除尘法	0.5Aar
						多管旋风除尘法	0.38Aar
						湿法除尘/湿式除尘脱硫一体化	0.16Aar
						管式电除尘法	0.23Aar
						卧式电除尘法	0.04Aar
						静电+过滤/过滤	0.01Aar
煤粉炉	≤8兆瓦	烟尘	千克/吨–原料	褐煤	8.93Aar	机械+湿法除尘法/湿式除尘脱硫一体化	0.71Aar
						卧式电除尘法	0.27Aar
						静电+过滤/过滤	0.09Aar

续表

工艺名称	规模等级	污染物指标	单位	产污系数		末端处理技术名称	排污系数
层燃炉	≤8兆瓦	二氧化硫	千克/吨－原料	烟煤	$16S_{ar}$（无炉内脱硫）	直排	$16S_{ar}$
						湿法除尘法	$13.6S_{ar}$
						湿式除尘脱硫一体化	$4.8S_{ar}$
					$11.2S_{ar}$（炉内脱硫）	直排	$11.2S_{ar}$
						湿式除尘脱硫一体化	$3.36S_{ar}$
固态排渣煤粉炉	≤8兆瓦	二氧化硫	千克/吨－原料	烟煤	$17S_{ar}$	直排	$17S_{ar}$
						湿法除尘法	$14.45S_{ar}$
						湿式除尘脱硫一体化	$5.1S_{ar}$
循环流化床锅炉	≤8兆瓦	二氧化硫	千克/吨－原料	烟煤	$15S_{ar}$（无脱硫剂）	直排	$15S_{ar}$
						湿法除尘法	$12.75S_{ar}$
						湿式除尘脱硫一体化	$4.5S_{ar}$
					$4.5S_{ar}$（添加脱硫剂）	直排	$4.5S_{ar}$
						湿式除尘脱硫一体化	$1.35S_{ar}$
层燃炉	≤8兆瓦	二氧化硫	千克/吨－原料	无烟煤	$16S_{ar}$（无炉内脱硫）	直排	$16S_{ar}$
						湿法除尘法	$13.6S_{ar}$
						湿式除尘脱硫一体化	$4.8S_{ar}$
					$11.2S_{ar}$（炉内脱硫）	直排	$11.2S_{ar}$
						湿式除尘脱硫一体化	$3.36S_{ar}$
循环流化床锅炉	≤8兆瓦	二氧化硫	千克/吨－原料	无烟煤	$15S_{ar}$（无脱硫剂）	直排	$15S_{ar}$
						湿法除尘法	$12.75S_{ar}$
						湿式除尘脱硫一体化	$4.5S_{ar}$
					$4.5S_{ar}$（添加脱硫剂）	直排	$4.5S_{ar}$
						湿式除尘脱硫一体化	$1.35S_{ar}$
层燃炉	≤8兆瓦	二氧化硫	千克/吨－原料	褐煤	$15S_{ar}$（无炉内脱硫）	直排	$15S_{ar}$
						湿法除尘法	$12.75S_{ar}$
						湿式除尘脱硫一体化	$4.5S_{ar}$
					$10.5S_{ar}$（炉内脱硫）	直排	$10.5S_{ar}$
						湿式除尘脱硫一体化	$3.15S_{ar}$

续表

工艺名称	规模等级	污染物指标	单位	产污系数		末端处理技术名称	排污系数
煤粉炉	≤8兆瓦	二氧化硫	千克/吨-原料	褐煤	$17S_{ar}$（无炉内脱硫）	直排	$17S_{ar}$
						湿法除尘法	$14.45S_{ar}$
						湿式除尘脱硫一体化	$5.1S_{ar}$
					$11.9S_{ar}$（炉内脱硫）	直排	$11.9S_{ar}$
						湿式除尘脱硫一体化	$3.57S_{ar}$
层燃炉	≤8兆瓦	氮氧化物	千克/吨-原料	烟煤	4.35	直排	4.35
煤粉炉	≤8兆瓦	氮氧化物	千克/吨-原料	烟煤	5.04		5.04
循环流化床锅炉	≤8兆瓦	氮氧化物	千克/吨-原料	烟煤	3.63		3.63
层燃炉	≤8兆瓦	氮氧化物	千克/吨-原料	无烟煤	5.51	直排	5.51
循环流化床锅炉	≤8兆瓦	氮氧化物	千克/吨-原料	无烟煤	5.53		5.53
层燃炉	≤8兆瓦	氮氧化物	千克/吨-原料	褐煤	4.71	直排	4.71
煤粉炉	≤8兆瓦	氮氧化物	千克/吨-原料	褐煤	4.9		4.9

需要注意以下事项：

第一，烟尘末端治理技术为过滤式除尘法或电、过滤式除尘器时，烟尘的排污系数采用电除尘器末端治理技术的排污系数乘以0.3取得；此时，粉煤灰的产污系数采用电除尘器末端治理技术的粉煤灰产污系数加上0.5取得。

第二，烟尘末端治理技术为斜棒栅除尘器时，烟尘的排污系数采用文丘里水膜除尘器末端治理技术的排污系数。

第三，石灰石石膏法脱硫工艺中，硫分大于等于3%时的二氧化硫排污系数不再使用系数表单中的公式。二氧化硫排污系数用相应的产污系数乘以0.15~0.35。

第四，对二氧化硫的末端治理技术未在表中列出，其相应的排污系数归类如下：

A.采用双碱法、磷氨复合肥法、氧化镁、氧化钙、氢氧化钙等浆液吸收法脱硫末端治理技术时，二氧化硫的排污系数采用氨法脱硫末端治理技术的排污系数。

B.采用电子束照射法、脉冲电晕等离子体法脱硫末端治理技术时，二氧化硫的排污系数采用烟气循环流化床脱硫末端治理技术的排污系数。

C.电子束照射法、脉冲电晕等离子体法脱硫末端治理技术可同时脱硝。当氮氧化物无末端治理技术（直排）时，氮氧化物排污系数采用相应的产污系数乘以0.8取得。

D.循环流化床锅炉后装有烟气脱硫装置的，使用石灰石石膏法、海水脱硫末端治理技术，二氧化硫排污系数用产污系数乘以0.1取得；使用湿式除尘脱硫一体化、烟气循环流化床、喷雾干燥法时，乘以0.3取得；使用氨法脱硫，乘以0.05取得。

E.煤粉炉使用炉内喷钙加尾部增湿活化法末端二氧化硫治理技术，参照相应容量的烟气循环流化床脱硫末端治理技术的排污系数。

第五，循环流化床锅炉氮氧化物的产污系数按相应容量的煤粉炉燃用煤炭干燥无灰基挥发分大于37%的选取。

第六，当产污系数、排污系数是一个以燃料的收到基灰分Aar百分含量、燃料的收到基硫分S_{ar}百分含量为变量的公式时，需要将燃料的收到基灰分Aar（%）、收到基硫分S_{ar}（%）带入表中相应的公式内进行计算取值（注意：只带入数值部分，百分号不化为小数）。

第七，Vdaf，指燃料的干燥无灰基挥发分百分含量。

③2021年7月以后。

2021年7月1日开始，使用生态环境部发布的《排放源统计调查产排污核算方法和系数手册》（24号公告）中的4411火力发电、4412热电联产行业系数手册的相关产污系数核算。

$$排放量=燃煤消耗量 \times 产污系数 \times (1-末端治理技术的去除效率 \times k)$$

$$k=除尘、脱硫和脱硝设施月实际运行小时数/机组实际月运行小时数$$

关于燃煤电厂脱硝工艺，由于烟气温度的限制，机组锅炉启动时脱硝系统不能正常运行，所以当月如果有机组锅炉点火启动工况存在时，则该月脱硝设施的投运率k应该小于1。

热电联产行业废气、废水污染物系数见表9-14至表9-22。

表9-14　≥750兆瓦热电联产行业废气、废水污染物系数表（1）

工艺名称	污染物指标项	单位	产污系数	末端治理技术效率（%）	末端治理设施实际运行率（k值）参考计算公式
煤粉锅炉	工业废气量	标立方米/吨-原料	8271	其他（直排）	/	/
	烟尘	千克/吨-原料	9.23Aar+8.76	高效静电除尘+其他（湿法脱硫协同）①	0.00056Aar+99.972	除尘设施年实际运行小时数/机组年实际运行小时数

续表

工艺名称	污染物指标项	单位	产污系数	末端治理技术效率（%）		末端治理设施实际运行率（k值）参考计算公式
煤粉锅炉	烟尘	千克/吨-原料	9.23Aar+8.76	高效电袋组合+其他（湿法脱硫协同）①	0.00052Aar+99.974	除尘设施年实际运行小时数/机组年实际运行小时数
				高效袋式除尘+其他（湿法脱硫协同）①	0.00048Aar+99.976	
				高效静电除尘+其他（湿式电除尘）①	0.00028Aar+99.986	
				高效电袋组合+其他（湿式电除尘）①	0.00026Aar+99.987	
				高效袋式除尘+其他（湿式电除尘）①	0.00024Aar+99.988	
				高效静电除尘+其他（湿法脱硫协同）+其他（湿式电除尘）①	0.000112Aar+99.9944	
				高效电袋组合+其他（湿法脱硫协同）+其他（湿式电除尘）①	0.000104Aar+99.9948	
				高效袋式除尘+其他（湿法脱硫协同）+其他（湿式电除尘）①	0.000096Aar+99.9952	
				静电除尘+其他（湿法脱硫协同）	0.00168Aar+99.916	
				电袋组合+其他（湿法脱硫协同）	0.00156Aar+99.922	
				袋式除尘+其他（湿法脱硫协同）	0.00144Aar+99.928	
				静电除尘+其他（湿式电除尘）	0.00084Aar+99.958	
				电袋组合+其他（湿式电除尘）	0.00078Aar+99.961	
				袋式除尘+其他（湿式电除尘）	0.00072Aar+99.964	
				静电除尘+其他（湿法脱硫协同）+其他（湿式电除尘）	0.000336Aar+99.983	

续表

工艺名称	污染物指标项	单位	产污系数	末端治理技术效率（%）		末端治理设施实际运行率（k值）参考计算公式
煤粉锅炉	烟尘	千克/吨-原料	$9.23A_{ar}+8.76$	电袋组合+其他（湿法脱硫协同）+其他（湿式电除尘）	$0.000312A_{ar}+99.984$	除尘设施年实际运行小时数/机组年实际运行小时数
				袋式除尘+其他（湿法脱硫协同）+其他（湿式电除尘）	$0.000036A_{ar}+99.986$	
	二氧化硫	千克/吨-原料	$17.2S_{ar}+0.04$	高效石灰石/石膏法②	$0.2S_{ar}+99$	脱硫设施年实际运行小时数/机组年实际运行小时数
				高效石灰/石膏法②	$0.2S_{ar}+99$	
				高效海水脱硫法②	$0.6S_{ar}+98$	
				石灰石/石膏法	$0.5714S_{ar}+97.14$	
				石灰/石膏法	$0.5714S_{ar}+97.14$	
				海水脱硫法	$1.7143S_{ar}+94.29$	
	氮氧化物（低氮燃烧法，20%＜煤炭干燥无灰基挥发分≤37%）	千克/吨-原料	2.3	高效选择性催化还原法（SCR）③	83	脱硝设施年实际运行小时数/机组年实际运行小时数
				选择性催化还原法（SCR）	75	
	氮氧化物（低氮燃烧法，煤炭干燥无灰基挥发分＞37%）	千克/吨-原料	1.78	高效选择性催化还原法（SCR）③	83	
				选择性催化还原法（SCR）	75	

表9-15　450~749兆瓦热电联产行业废气、废水污染物系数表（2）

工艺名称	污染物指标项	单位	产污系数	末端治理技术	末端治理技术效率（%）	末端治理设施实际运行率（k值）参考计算公式
煤粉锅炉或循环流化床锅炉	工业废气量	标立方米/吨-原料	10150	其他（直排）	/	/
煤粉锅炉	烟尘	千克/吨-原料	9.2Aar+9.33	高效静电除尘+其他（湿法脱硫协同）①	0.00056Aar+99.972	除尘设施年实际运行小时数/机组年实际运行小时数
				高效电袋组合+其他（湿法脱硫协同）①	0.00052Aar+99.974	
				高效袋式除尘+其他（湿法脱硫协同）①	0.00048Aar+99.976	
				高效静电除尘+其他（湿式电除尘）①	0.00028Aar+99.986	
				高效电袋组合+其他（湿式电除尘）①	0.00026Aar+99.987	
				高效袋式除尘+其他（湿式电除尘）①	0.00024Aar+99.988	
				高效静电除尘+其他（湿法脱硫协同）+其他（湿式电除尘）①	0.000112Aar+99.9944	
				高效电袋组合+其他（湿法脱硫协同）+其他（湿式电除尘）①	0.000104Aar+99.9948	
				高效袋式除尘+其他（湿法脱硫协同）+其他（湿式电除尘）①	0.000096Aar+99.9952	
				静电除尘+其他（湿法脱硫协同）	0.00168Aar+99.916	
				电袋组合+其他（湿法脱硫协同）	0.00156Aar+99.922	
				袋式除尘+其他（湿法脱硫协同）	0.00144Aar+99.928	

续表

工艺名称	污染物指标项	单位	产污系数	末端治理技术	末端治理技术效率（%）	末端治理设施实际运行率（k值）参考计算公式
煤粉锅炉	烟尘	千克/吨-原料	9.2Aar+9.33	静电除尘+其他（湿式电除尘）	0.00084Aar+99.958	除尘设施年实际运行小时数/机组年实际运行小时数
				电袋组合+其他（湿式电除尘）	0.00078Aar+99.961	
				袋式除尘+其他（湿式电除尘）	0.00072Aar+99.964	
				静电除尘+其他（湿法脱硫协同）+其他（湿式电除尘）	0.000336Aar+99.983	
				电袋组合+其他（湿法脱硫协同）+其他（湿式电除尘）	0.000312Aar+99.984	
				袋式除尘+其他（湿法脱硫协同）+其他（湿式电除尘）	0.000036Aar+99.986	
	二氧化硫	千克/吨-原料	$17.04S_{ar}$	高效石灰石/石膏法②	$0.2S_{ar}+99$	脱硫设施年实际运行小时数/机组年实际运行小时数
				高效石灰/石膏法②	$0.2S_{ar}+99$	
				高效海水脱硫法②	$0.6S_{ar}+98$	
				其他（高效电石渣法）②	$0.8S_{ar}+97.8$	
				石灰石/石膏法	$0.5714S_{ar}+97.14$	
				石灰/石膏法	$0.5714S_{ar}+97.14$	
				海水脱硫法	$1.7143S_{ar}+94.29$	
				其他（电石渣法）	$2.2857S_{ar}+93.71$	
	氮氧化物（低氮燃烧法，煤炭干燥无灰基挥发分≤10%）	千克/吨-原料	10.1	选择性催化还原法（SCR）	90	脱硝设施年实际运行小时数/机组年实际运行小时数

续表

工艺名称	污染物指标项	单位	产污系数	末端治理技术	末端治理技术效率（%）	末端治理设施实际运行率（k值）参考计算公式
煤粉锅炉	氮氧化物（低氮燃烧法，10%<煤炭干燥无灰基挥发分≤20%）	千克/吨－原料	5.73	高效选择性催化还原法（SCR）③	87.5	脱硝设施年实际运行小时数/机组年实际运行小时数
				选择性催化还原法（SCR）	75	
	氮氧化物（低氮燃烧法，20%<煤炭干燥无灰基挥发分≤37%）	千克/吨－原料	2.86	高效选择性催化还原法（SCR）③	83	
				选择性催化还原法（SCR）	75	
	氮氧化物（低氮燃烧法，煤炭干燥无灰基挥发分>37%）	千克/吨－原料	2.17	高效选择性催化还原法（SCR）③	80	
				选择性催化还原法（SCR）	75	
	氮氧化物（低氮燃烧法-SNCR，煤炭干燥无灰基挥发分≤10%）	千克/吨－原料	6.06	高效选择性催化还原法（SCR）③	87.5	
				选择性催化还原法（SCR）	75	
	氮氧化物（低氮燃烧法-SNCR，10%<煤炭干燥无灰基挥发分≤20%）	千克/吨－原料	3.91	高效选择性催化还原法（SCR）③	86	
				选择性催化还原法（SCR）	75	

续表

工艺名称	污染物指标项	单位	产污系数	末端治理技术	末端治理技术效率（%）	末端治理设施实际运行率（k值）参考计算公式
煤粉锅炉	氮氧化物（低氮燃烧法-SNCR，20%＜煤炭干燥无灰基挥发分≤37%）	千克/吨-原料	2.54	高效选择性催化还原法（SCR）③	80	脱硝设施年实际运行小时数/机组年实际运行小时数
				选择性催化还原法（SCR）	65	
	氮氧化物（低氮燃烧法-SNCR，煤炭干燥无灰基挥发分＞37%）	千克/吨-原料	2.03	高效选择性催化还原法（SCR）③	75	
				选择性催化还原法（SCR）	65	
循环流化床锅炉	烟尘	千克/吨-原料	$5A_{ar}+26.98S_{ar}+7$	高效电袋组合①	$0.0015A_{ar}+0.009S_{ar}+99.9$	除尘设施年实际运行小时数/机组年实际运行小时数
				电袋组合	$0.0045A_{ar}+0.027S_{ar}+99.7$	
	二氧化硫（炉内脱硫）	千克/吨-原料	$0.56S_{ar}$	/	/	/
	氮氧化物（10%＜煤炭干燥无灰基挥发分≤20%）	千克/吨-原料	1.52	其他（直排）	/	/
	氮氧化物（20%＜煤炭干燥无灰基挥发分≤37%）	千克/吨-原料	1.52	其他（直排）	/	/

表9-16　250~449兆瓦热电联产行业废气、废水污染物系数表（3）

工艺名称	污染物指标项	单位	产污系数	末端治理技术	末端治理技术效率（%）	末端治理设施实际运行率（k值）参考计算公式
煤粉锅炉或循环流化床锅炉	工业废气量	标立方米/吨–原料	9713	其他（直排）	/	/
煤粉锅炉	烟尘	千克/吨–原料	9.21Aar+11.13	高效静电除尘①	0.0015Aar+99.922	除尘设施年实际运行小时数/机组年实际运行小时数
				高效电袋组合①	0.0015Aar+99.928	
				高效袋式除尘①	0.0014Aar+99.933	
				高效静电除尘+其他（湿法脱硫协同）①	0.0006Aar+99.9688	
				高效电袋组合+其他（湿法脱硫协同）①	0.0006Aar+99.9712	
				高效袋式除尘+其他（湿法脱硫协同）①	0.00056Aar+99.9732	
				高效静电除尘+其他（湿式电除尘）①	0.0003Aar+99.9844	
				高效电袋组合+其他（湿式电除尘）①	0.0003Aar+99.9856	
				高效袋式除尘+其他（湿式电除尘）①	0.00028Aar+99.9866	
				高效静电除尘+其他（湿法脱硫协同）+其他（湿式电除尘）①	0.00012Aar+99.9938	
				高效电袋组合+其他（湿法脱硫协同）+其他（湿式电除尘）①	0.00012Aar+99.9942	
				高效袋式除尘+其他（湿法脱硫协同）+其他（湿式电除尘）①	0.000112Aar+99.9946	
				静电除尘	0.0045Aar+99.77	

续表

工艺名称	污染物指标项	单位	产污系数	末端治理技术	末端治理技术效率（%）	末端治理设施实际运行率（k值）参考计算公式
煤粉锅炉	烟尘	千克/吨–原料	$9.21A_{ar}+11.13$	电袋组合	$0.0045A_{ar}+99.78$	除尘设施年实际运行小时数/机组年实际运行小时数
				袋式除尘	$0.0042A_{ar}+99.8$	
				静电除尘+其他（湿法脱硫协同）	$0.0018A_{ar}+99.906$	
				电袋组合+其他（湿法脱硫协同）	$0.0018A_{ar}+99.914$	
				袋式除尘+其他（湿法脱硫协同）	$0.00168A_{ar}+99.92$	
				静电除尘+其他（湿式电除尘）	$0.0009A_{ar}+99.953$	
				电袋组合+其他（湿式电除尘）	$0.0009A_{ar}+99.957$	
				袋式除尘+其他（湿式电除尘）	$0.00084A_{ar}+99.96$	
				静电除尘+其他（湿法脱硫协同）+其他（湿式电除尘）	$0.00036A_{ar}+99.981$	
				电袋组合+其他（湿法脱硫协同）+其他（湿式电除尘）	$0.00036A_{ar}+99.983$	
				袋式除尘+其他（湿法脱硫协同）+其他（湿式电除尘）	$0.000336A_{ar}+99.984$	
	二氧化硫	千克/吨–原料	$16.98S_{ar}$	高效石灰石/石膏法[2]	$0.45S_{ar}+98.4$	脱硫设施年实际运行小时数/机组年实际运行小时数
				高效石灰/石膏法[2]	$0.45S_{ar}+98.4$	
				高效海水脱硫法[2]	$0.6S_{ar}+97.8$	
				高效氧化镁法[2]	$0.5S_{ar}+98.2$	
				高效烟气循环流化床法[2]	$0.95S_{ar}+97.5$	
				其他（高效电石渣法）[2]	$0.75S_{ar}+97.8$	

续表

工艺名称	污染物指标项	单位	产污系数	末端治理技术	末端治理技术效率（%）	末端治理设施实际运行率（k值）参考计算公式
煤粉锅炉	二氧化硫	千克/吨-原料	$16.98S_{ar}$	石灰石/石膏法	$1.2857S_{ar}+95.43$	脱硫设施年实际运行小时数/机组年实际运行小时数
				石灰/石膏法	$1.2857S_{ar}+95.43$	
				海水脱硫法	$1.7143S_{ar}+93.71$	
				双碱法	$1.7143S_{ar}+94.29$	
				氧化镁法	$1.4286S_{ar}+94.86$	
				烟气循环流化床法	$2.7143S_{ar}+92.86$	
				其他（电石渣法）	$2.1429S_{ar}+93.71$	
				其他（钠碱法）	$1.8571S_{ar}+94.29$	
	氮氧化物（低氮燃烧法，煤炭干燥无灰基挥发分≤10%）	千克/吨-原料	8.01	选择性催化还原法（SCR）	87.5	脱硝设施年实际运行小时数/机组年实际运行小时数
	氮氧化物（低氮燃烧法，10%<煤炭干燥无灰基挥发分≤20%）	千克/吨-原料	5.97	高效选择性催化还原法（SCR）③	87.5	
				选择性催化还原法（SCR）	83	
	氮氧化物（低氮燃烧法，20%<煤炭干燥无灰基挥发分≤37%）	千克/吨-原料	3.25	高效选择性催化还原法（SCR）③	85	
				选择性催化还原法（SCR）	72	
	氮氧化物（低氮燃烧法，煤炭干燥无灰基挥发分>37%）	千克/吨-原料	2.8	高效选择性催化还原法（SCR）③	83	
				选择性催化还原法（SCR）	70	

续表

工艺名称	污染物指标项	单位	产污系数	末端治理技术	末端治理技术效率（%）	末端治理设施实际运行率（k值）参考计算公式
煤粉锅炉	氮氧化物（低氮燃烧法-SNCR，煤炭干燥无灰基挥发分≤10%）	千克/吨-原料	4.5	选择性催化还原法（SCR）	78	脱硝设施年实际运行小时数/机组年实际运行小时数
	氮氧化物（低氮燃烧法-SNCR，10%＜煤炭干燥无灰基挥发分≤20%）	千克/吨-原料	3.6	高效选择性催化还原法（SCR）③	85	
				选择性催化还原法（SCR）	72	
	氮氧化物（低氮燃烧法-SNCR，20%＜煤炭干燥无灰基挥发分≤37%）	千克/吨-原料	2.41	高效选择性催化还原法（SCR）③	80	
				选择性催化还原法（SCR）	70	
	氮氧化物（低氮燃烧法-SNCR，煤炭干燥无灰基挥发分＞37%）	千克/吨-原料	1.68	高效选择性催化还原法（SCR）③	72	
				选择性催化还原法（SCR）	65	
循环流化床锅炉	烟尘	千克/吨-原料	$6.31A_{ar}+7.54+61.94S_{ar}$	高效静电除尘①	$0.001A_{ar}+0.009S_{ar}+99.927$	除尘设施年实际运行小时数/机组年实际运行小时数
				高效电袋组合①	$0.001A_{ar}+0.0086S_{ar}+99.93$	
				高效袋式除尘①	$0.001A_{ar}+0.0082S_{ar}+99.935$	
				高效静电除尘+其他（湿法脱硫协同）①	$0.0004A_{ar}+0.0036S_{ar}+99.9708$	

续表

工艺名称	污染物指标项	单位	产污系数	末端治理技术	末端治理技术效率（%）	末端治理设施实际运行率（k值）参考计算公式
循环流化床锅炉	烟尘	千克/吨-原料	$6.31A_{ar}+7.54+61.94S_{ar}$	高效电袋组合+其他（湿法脱硫协同）①	$0.0004A_{ar}+0.00344S_{ar}+99.972$	除尘设施年实际运行小时数/机组年实际运行小时数
				高效袋式除尘+其他（湿法脱硫协同）①	$0.0004A_{ar}+0.00328S_{ar}+99.974$	
				高效静电除尘+其他（湿式电除尘）①	$0.0002A_{ar}+0.0018S_{ar}+99.9854$	
				高效电袋组合+其他（湿式电除尘）①	$0.0002A_{ar}+0.00172S_{ar}+99.986$	
				高效袋式除尘+其他（湿式电除尘）①	$0.0002A_{ar}+0.00164S_{ar}+99.987$	
				高效静电除尘+其他（湿法脱硫协同）+其他（湿式电除尘）①	$0.00008A_{ar}+0.00072S_{ar}+99.9942$	
				高效电袋组合+其他（湿法脱硫协同）+其他（湿式电除尘）①	$0.00008A_{ar}+0.000688S_{ar}+99.9944$	
				高效袋式除尘+其他（湿法脱硫协同）+其他（湿式电除尘）①	$0.00008A_{ar}+0.000656S_{ar}+99.9948$	
				静电除尘	$0.003A_{ar}+0.027S_{ar}+99.78$	
				电袋组合	$0.003A_{ar}+0.0258S_{ar}+99.79$	
				袋式除尘	$0.003A_{ar}+0.0246S_{ar}+99.81$	
				静电除尘+其他（湿法脱硫协同）	$0.0012A_{ar}+0.0108S_{ar}+99.912$	
				电袋组合+其他（湿法脱硫协同）	$0.0012A_{ar}+0.01032S_{ar}+99.916$	
				袋式除尘+其他（湿法脱硫协同）	$0.0012A_{ar}+0.00984S_{ar}+99.922$	

续表

工艺名称	污染物指标项	单位	产污系数	末端治理技术	末端治理技术效率（%）	末端治理设施实际运行率（k值）参考计算公式
循环流化床锅炉	烟尘	千克/吨－原料	6.31Aar+7.54+61.94S_{ar}	静电除尘+其他（湿式电除尘）	0.0006Aar+0.0054S_{ar}+99.956	除尘设施年实际运行小时数/机组年实际运行小时数
				电袋组合+其他（湿式电除尘）	0.0006Aar+0.00516S_{ar}+99.958	
				袋式除尘+其他（湿式电除尘）	0.0006Aar+0.00492S_{ar}+99.961	
				静电除尘+其他（湿法脱硫协同）+其他（湿式电除尘）	0.00024Aar+0.00216S_{ar}+99.983	
				电袋组合+其他（湿法脱硫协同）+其他（湿式电除尘）	0.00024Aar+0.00206S_{ar}+99.983	
				袋式除尘+其他（湿法脱硫协同）+其他（湿式电除尘）	0.00024Aar+0.00197S_{ar}+99.984	
	二氧化硫	千克/吨－原料	2.55S_{ar}	高效石灰石/石膏法[②]	0.45S_{ar}+97	脱硫设施年实际运行小时数/机组年实际运行小时数
				高效石灰/石膏法[②]	0.45S_{ar}+97	
				高效海水脱硫法[②]	0.2S_{ar}+95	
				高效烟气循环流化床法[②]	0.75S_{ar}+96	
				石灰石/石膏法	1.6714S_{ar}+88.86	
				石灰/石膏法	1.6714S_{ar}+88.86	
				海水脱硫法	0.7429S_{ar}+81.43	
				烟气循环流化床法	2.7857S_{ar}+85.14	
	氮氧化物，煤炭干燥无灰基挥发分≤10%	千克/吨－原料	2.04	其他（直排）	/	/
				高效选择性催化还原法（SCR）[③]	78	脱硝设施年实际运行小时数/机组年实际运行小时数
				选择性催化还原法（SCR）	65	

续表

工艺名称	污染物指标项	单位	产污系数	末端治理技术	末端治理技术效率（%）	末端治理设施实际运行率（k值）参考计算公式
循环流化床锅炉	氮氧化物，10%＜煤炭干燥无灰基挥发分≤20%	千克/吨-原料	2.04	其他（直排）	/	/
				高效选择性催化还原法（SCR）③	78	脱硝设施年实际运行小时数/机组年实际运行小时数
				选择性催化还原法（SCR）	65	
	氮氧化物，20%＜煤炭干燥无灰基挥发分≤37%	千克/吨-原料	2.43	其他（直排）	/	/
				高效选择性催化还原法（SCR）③	80	脱硝设施年实际运行小时数/机组年实际运行小时数
				选择性催化还原法（SCR）	65	
	氮氧化物，煤炭干燥无灰基挥发分＞37%	千克/吨-原料	2.43	其他（直排）	/	/
				高效选择性催化还原法（SCR）③	80	脱硝设施年实际运行小时数/机组年实际运行小时数
				选择性催化还原法（SCR）	65	
	氮氧化物（SNCR，煤炭干燥无灰基挥发分≤10%）	千克/吨-原料	0.68	其他（直排）	/	/
				高效选择性催化还原法（SCR）③	65	脱硝设施年实际运行小时数/机组年实际运行小时数
				选择性催化还原法（SCR）	65	
	氮氧化物（SNCR，10%＜煤炭干燥无灰基挥发分≤20%）	千克/吨-原料	0.68	其他（直排）	/	/
				高效选择性催化还原法（SCR）③	65	脱硝设施年实际运行小时数/机组年实际运行小时数
				选择性催化还原法（SCR）	65	

续表

工艺名称	污染物指标项	单位	产污系数	末端治理技术	末端治理技术效率（%）	末端治理设施实际运行率（k值）参考计算公式
循环流化床锅炉	氮氧化物（SNCR，20%＜煤炭干燥无灰基挥发分≤37%）	千克/吨-原料	0.97	其他（直排）	/	/
				高效选择性催化还原法（SCR）③	65	脱硝设施年实际运行小时数/机组年实际运行小时数
				选择性催化还原法（SCR）	65	
	氮氧化物（SNCR，煤炭干燥无灰基挥发分＞37%）	千克/吨-原料	0.97	其他（直排）	/	/
				高效选择性催化还原法（SCR）③	65	脱硝设施年实际运行小时数/机组年实际运行小时数
				选择性催化还原法（SCR）	65	

表9-17　150~249兆瓦热电联产行业废气、废水污染物系数表（4）

工艺名称	污染物指标项	单位	产污系数	末端治理技术	末端治理技术效率（%）	末端治理设施实际运行率（k值）参考计算公式
煤粉锅炉或循环流化床锅炉	工业废气量	标立方米/吨-原料	9305	其他（直排）	/	/
煤粉锅炉	烟尘	千克/吨-原料	9.33Aar+7.77	高效静电除尘①	0.0015Aar+99.922	除尘设施年实际运行小时数/机组年实际运行小时数
				高效电袋组合①	0.0015Aar+99.928	
				高效袋式除尘①	0.0014Aar+99.933	
				高效静电除尘+其他（湿法脱硫协同）①	0.0006Aar+99.9688	

续表

工艺名称	污染物指标项	单位	产污系数	末端治理技术	末端治理技术效率（%）	末端治理设施实际运行率（k值）参考计算公式
煤粉锅炉	烟尘	千克/吨–原料	9.33Aar+7.77	高效电袋组合+其他（湿法脱硫协同）①	0.0006Aar+99.9712	除尘设施年实际运行小时数/机组年实际运行小时数
				高效袋式除尘+其他（湿法脱硫协同）①	0.00056Aar+99.9732	
				高效静电除尘+其他（湿式电除尘）①	0.0003Aar+99.9844	
				高效电袋组合+其他（湿式电除尘）①	0.0003Aar+99.9856	
				高效袋式除尘+其他（湿式电除尘）①	0.00028Aar+99.9866	
				高效静电除尘+其他（湿法脱硫协同）+其他（湿式电除尘）①	0.00012Aar+99.9938	
				高效电袋组合+其他（湿法脱硫协同）+其他（湿式电除尘）①	0.00012Aar+99.9942	
				高效袋式除尘+其他（湿法脱硫协同）+其他（湿式电除尘）①	0.000112Aar+99.9946	
				静电除尘	0.0045Aar+99.77	
				电袋组合	0.0045Aar+99.78	
				袋式除尘	0.0042Aar+99.8	
				静电除尘+其他（湿法脱硫协同）	0.0018Aar+99.906	
				电袋组合+其他（湿法脱硫协同）	0.0018Aar+99.914	
				袋式除尘+其他（湿法脱硫协同）	0.00168Aar+99.92	
				静电除尘+其他（湿式电除尘）	0.0009Aar+99.953	

续表

工艺名称	污染物指标项	单位	产污系数	末端治理技术	末端治理技术效率（%）	末端治理设施实际运行率（k值）参考计算公式
煤粉锅炉	烟尘	千克/吨-原料	$9.33A_{ar}+7.77$	电袋组合+其他（湿式电除尘）	$0.0009A_{ar}+99.957$	除尘设施年实际运行小时数/机组年实际运行小时数
				袋式除尘+其他（湿式电除尘）	$0.00084A_{ar}+99.96$	
				静电除尘+其他（湿法脱硫协同）+其他（湿式电除尘）	$0.00036A_{ar}+99.981$	
				电袋组合+其他（湿法脱硫协同）+其他（湿式电除尘）	$0.00036A_{ar}+99.983$	
				袋式除尘+其他（湿法脱硫协同）+其他（湿式电除尘）	$0.000336A_{ar}+99.984$	
	二氧化硫	千克/吨-原料	$16.96S_{ar}$	高效石灰石/石膏法[②]	$0.45S_{ar}+98.4$	脱硫设施年实际运行小时数/机组年实际运行小时数
				高效石灰/石膏法[②]	$0.45S_{ar}+98.4$	
				高效海水脱硫法[②]	$0.6S_{ar}+97.8$	
				高效氨法[②]	$0.3S_{ar}+98.6$	
				高效氧化镁法[②]	$0.5S_{ar}+98.2$	
				高效烟气循环流化床法[②]	$0.95S_{ar}+97.5$	
				其他（高效电石渣法）[②]	$0.75S_{ar}+97.8$	
				石灰石/石膏法	$1.2857S_{ar}+95.43$	
				石灰/石膏法	$1.2857S_{ar}+95.43$	
				海水脱硫法	$1.7143S_{ar}+93.71$	
				氨法	$0.8571S_{ar}+96$	
				氧化镁法	$1.4286S_{ar}+94.86$	
				双碱法	$1.8571S_{ar}+94.29$	
				烟气循环流化床法	$2.7143S_{ar}+92.86$	
				其他（电石渣法）	$2.1429S_{ar}+93.71$	
				其他（钠碱法）	$1.8571S_{ar}+94.29$	

续表

工艺名称	污染物指标项	单位	产污系数	末端治理技术	末端治理技术效率（%）	末端治理设施实际运行率（k值）参考计算公式
煤粉锅炉	氮氧化物（低氮燃烧法，煤炭干燥无灰基挥发分≤10%）	千克/吨-原料	7.68	选择性催化还原法（SCR）	87.5	脱硝设施年实际运行小时数/机组年实际运行小时数
	氮氧化物（低氮燃烧法，10%<煤炭干燥无灰基挥发分≤20%）	千克/吨-原料	5.6	高效选择性催化还原法（SCR）③	87.5	
				选择性催化还原法（SCR）	83	
	氮氧化物（低氮燃烧法，20%<煤炭干燥无灰基挥发分≤37%）	千克/吨-原料	3.64	高效选择性催化还原法（SCR）③	87.5	
				选择性催化还原法（SCR）	75	
	氮氧化物（低氮燃烧法，煤炭干燥无灰基挥发分>37%）	千克/吨-原料	2.98	高效选择性催化还原法（SCR）③	85	
				选择性催化还原法（SCR）	75	
	氮氧化物（低氮燃烧法-SNCR，煤炭干燥无灰基挥发分≤10%）	千克/吨-原料	4.61	其他（直排）	/	/
				高效选择性催化还原法（SCR）③	87.5	脱硝设施年实际运行小时数/机组年实际运行小时数
				选择性催化还原法（SCR）	80	

续表

工艺名称	污染物指标项	单位	产污系数	末端治理技术	末端治理技术效率（%）	末端治理设施实际运行率（k值）参考计算公式
煤粉锅炉	氮氧化物（低氮燃烧法-SNCR，10%<煤炭干燥无灰基挥发分≤20%）	千克/吨-原料	3.97	其他（直排）	/	/
				高效选择性催化还原法（SCR）③	87.5	脱硝设施年实际运行小时数/机组年实际运行小时数
				选择性催化还原法（SCR）	80	
	氮氧化物（低氮燃烧法-SNCR，20%<煤炭干燥无灰基挥发分≤37%）	千克/吨-原料	2.25	其他（直排）	/	/
				高效选择性催化还原法（SCR）③	80	脱硝设施年实际运行小时数/机组年实际运行小时数
				选择性催化还原法（SCR）	70	
	氮氧化物（低氮燃烧法-SNCR，煤炭干燥无灰基挥发分>37%）	千克/吨-原料	1.97	其他（直排）	/	/
				高效选择性催化还原法（SCR）③	72	脱硝设施年实际运行小时数/机组年实际运行小时数
				选择性催化还原法（SCR）	65	
循环流化床锅炉	烟尘	千克/吨-原料	$6.24A_{ar}+7.57+61.94S_{ar}$	高效静电除尘①	$0.001A_{ar}+0.009S_{ar}+99.927$	除尘设施年实际运行小时数/机组年实际运行小时数
				高效电袋组合①	$0.001A_{ar}+0.0086S_{ar}+99.93$	
				高效袋式除尘①	$0.001A_{ar}+0.0082S_{ar}+99.935$	
				高效静电除尘+其他（湿法脱硫协同）①	$0.0004A_{ar}+0.0036S_{ar}+99.9708$	
				高效电袋组合+其他（湿法脱硫协同）①	$0.0004A_{ar}+0.00344S_{ar}+99.972$	
				高效袋式除尘+其他（湿法脱硫协同）①	$0.0004A_{ar}+0.00328S_{ar}+99.974$	

续表

工艺名称	污染物指标项	单位	产污系数	末端治理技术	末端治理技术效率（%）	末端治理设施实际运行率（k值）参考计算公式
循环流化床锅炉	烟尘	千克/吨-原料	$6.24A_{ar}+7.57+61.94S_{ar}$	高效静电除尘+其他（湿式电除尘）①	$0.0002A_{ar}+0.0018S_{ar}+99.9854$	除尘设施年实际运行小时数/机组年实际运行小时数
				高效电袋组合+其他（湿式电除尘）①	$0.0002A_{ar}+0.00172S_{ar}+99.986$	
				高效袋式除尘+其他（湿式电除尘）①	$0.0002A_{ar}+0.00164S_{ar}+99.987$	
				高效静电除尘+其他（湿法脱硫协同）+其他（湿式电除尘）①	$0.00008A_{ar}+0.00072S_{ar}+99.9942$	
				高效电袋组合+其他（湿法脱硫协同）+其他（湿式电除尘）①	$0.00008A_{ar}+0.000688S_{ar}+99.9944$	
				高效袋式除尘+其他（湿法脱硫协同）+其他（湿式电除尘）①	$0.00008A_{ar}+0.000656S_{ar}+99.9948$	
				静电除尘	$0.003A_{ar}+0.027S_{ar}+99.78$	
				电袋组合	$0.003A_{ar}+0.0258S_{ar}+99.79$	
				袋式除尘	$0.003A_{ar}+0.0246S_{ar}+99.81$	
				静电除尘+其他（湿法脱硫协同）	$0.0012A_{ar}+0.0108S_{ar}+99.912$	
				电袋组合+其他（湿法脱硫协同）	$0.0012A_{ar}+0.01032S_{ar}+99.916$	
				袋式除尘+其他（湿法脱硫协同）	$0.0012A_{ar}+0.00984S_{ar}+99.922$	
				静电除尘+其他（湿式电除尘）	$0.0006A_{ar}+0.0054S_{ar}+99.956$	
				电袋组合+其他（湿式电除尘）	$0.0006A_{ar}+0.00516S_{ar}+99.958$	

续表

工艺名称	污染物指标项	单位	产污系数	末端治理技术	末端治理技术效率（%）	末端治理设施实际运行率（k值）参考计算公式
循环流化床锅炉	烟尘	千克/吨-原料	$6.24A_{ar}+7.57+61.94S_{ar}$	袋式除尘+其他（湿式电除尘）	$0.0006A_{ar}+0.00492S_{ar}+99.961$	除尘设施年实际运行小时数/机组年实际运行小时数
				静电除尘+其他（湿法脱硫协同）+其他（湿式电除尘）	$0.00024A_{ar}+0.00216S_{ar}+99.983$	
				电袋组合+其他（湿法脱硫协同）+其他（湿式电除尘）	$0.00024A_{ar}+0.00206S_{ar}+99.983$	
				袋式除尘+其他（湿法脱硫协同）+其他（湿式电除尘）	$0.00024A_{ar}+0.00197S_{ar}+99.984$	
	二氧化硫	千克/吨-原料	$5.09S_{ar}$	高效石灰石/石膏法②	$0.45S_{ar}+97$	脱硫设施年实际运行小时数/机组年实际运行小时数
				高效石灰/石膏法②	$0.45S_{ar}+97$	
				高效氨法②	$0.4S_{ar}+96.6$	
				高效氧化镁法②	$0.5S_{ar}+96.4$	
				高效烟气循环流化床法②	$0.75S_{ar}+96$	
				其他（高效电石渣法）②	$0.7S_{ar}+96$	
				石灰石/石膏法	$1.6714S_{ar}+88.86$	
				石灰/石膏法	$1.6714S_{ar}+88.86$	
				氨法	$1.4857S_{ar}+87.37$	
				双碱法	$2.4143S_{ar}+85.14$	
				氧化镁法	$1.8571S_{ar}+86.63$	
				烟气循环流化床法	$2.7857S_{ar}+85.14$	
				其他（电石渣法）	$2.6S_{ar}+85.14$	
				其他（钠碱法）	$2.4143S_{ar}+85.14$	

续表

工艺名称	污染物指标项	单位	产污系数	末端治理技术	末端治理技术效率（%）	末端治理设施实际运行率（k值）参考计算公式
循环流化床锅炉	氮氧化物，煤炭干燥无灰基挥发分≤10%	千克/吨-原料	1.86	其他（直排）	/	/
				高效选择性催化还原法（SCR）③	78	脱硝设施年实际运行小时数/机组年实际运行小时数
				选择性催化还原法（SCR）	65	
	氮氧化物，10%＜煤炭干燥无灰基挥发分≤20%	千克/吨-原料	1.86	其他（直排）	/	/
				高效选择性催化还原法（SCR）③	78	脱硝设施年实际运行小时数/机组年实际运行小时数
				选择性催化还原法（SCR）	65	
	氮氧化物，20%＜煤炭干燥无灰基挥发分≤37%	千克/吨-原料	2.32	其他（直排）	/	/
				高效选择性催化还原法（SCR）③	80	脱硝设施年实际运行小时数/机组年实际运行小时数
				选择性催化还原法（SCR）	65	
	氮氧化物，煤炭干燥无灰基挥发分＞37%	千克/吨-原料	2.32	其他（直排）	/	/
				高效选择性催化还原法（SCR）③	80	脱硝设施年实际运行小时数/机组年实际运行小时数
				选择性催化还原法（SCR）	65	

续表

工艺名称	污染物指标项	单位	产污系数	末端治理技术	末端治理技术效率（%）	末端治理设施实际运行率（k值）参考计算公式
循环流化床锅炉	氮氧化物（SNCR，煤炭干燥无灰基挥发分≤10%）	千克/吨-原料	0.93	其他（直排）	/	/
				高效选择性催化还原法（SCR）③	65	脱硝设施年实际运行小时数/机组年实际运行小时数
				选择性催化还原法（SCR）	50	
	氮氧化物（SNCR，10%＜煤炭干燥无灰基挥发分≤20%）	千克/吨-原料	0.93	其他（直排）	/	/
				高效选择性催化还原法（SCR）③	65	脱硝设施年实际运行小时数/机组年实际运行小时数
				选择性催化还原法（SCR）	50	
	氮氧化物（SNCR，20%＜煤炭干燥无灰基挥发分≤37%）	千克/吨-原料	1.16	其他（直排）	/	/
				高效选择性催化还原法（SCR）③	65	脱硝设施年实际运行小时数/机组年实际运行小时数
				选择性催化还原法（SCR）	50	
	氮氧化物（SNCR，煤炭干燥无灰基挥发分＞37%）	千克/吨-原料	1.16	其他（直排）	/	/
				高效选择性催化还原法（SCR）③	65	脱硝设施年实际运行小时数/机组年实际运行小时数
				选择性催化还原法（SCR）	50	

表9-18　75~149兆瓦热电联产行业废气、废水污染物系数表（5）

工艺名称	污染物指标项	单位	产污系数	末端治理技术	末端治理技术效率（%）	末端治理设施实际运行率（k值）参考计算公式
煤粉锅炉或循环流化床锅炉	工业废气量	标立方米/吨-原料	8178	其他（直排）	/	/
煤粉锅炉	烟尘	千克/吨-原料	9.31Aar+9.18	高效静电除尘①	0.0015Aar+99.922	除尘设施年实际运行小时数/机组年实际运行小时数
				高效电袋组合①	0.0015Aar+99.928	
				高效袋式除尘①	0.0014Aar+99.933	
				高效静电除尘+其他（湿法脱硫协同）①	0.0006Aar+99.9688	
				高效电袋组合+其他（湿法脱硫协同）①	0.0006Aar+99.9712	
				高效袋式除尘+其他（湿法脱硫协同）①	0.00056Aar+99.9732	
				高效静电除尘+其他（湿式电除尘）①	0.0003Aar+99.9844	
				高效电袋组合+其他（湿式电除尘）①	0.0003Aar+99.9856	
				高效袋式除尘+其他（湿式电除尘）①	0.00028Aar+99.9866	
				高效静电除尘+其他（湿法脱硫协同）+其他（湿式电除尘）①	0.00012Aar+99.9938	
				高效电袋组合+其他（湿法脱硫协同）+其他（湿式电除尘）①	0.00012Aar+99.9942	
				高效袋式除尘+其他（湿法脱硫协同）+其他（湿式电除尘）①	0.000112Aar+99.9946	
				静电除尘	0.0045Aar+99.77	

续表

工艺名称	污染物指标项	单位	产污系数	末端治理技术	末端治理技术效率（%）	末端治理设施实际运行率（k值）参考计算公式
煤粉锅炉	烟尘	千克/吨-原料	9.31Aar+9.18	电袋组合	0.0045Aar+99.78	除尘设施年实际运行小时数/机组年实际运行小时数
				袋式除尘	0.0042Aar+99.8	
				静电除尘+其他（湿法脱硫协同）	0.0018Aar+99.906	
				电袋组合+其他（湿法脱硫协同）	0.0018Aar+99.914	
				袋式除尘+其他（湿法脱硫协同）	0.00168Aar+99.92	
				静电除尘+其他（湿式电除尘）	0.0009Aar+99.953	
				电袋组合+其他（湿式电除尘）	0.0009Aar+99.957	
				袋式除尘+其他（湿式电除尘）	0.00084Aar+99.96	
				静电除尘+其他（湿法脱硫协同）+其他（湿式电除尘）	0.00036Aar+99.981	
				电袋组合+其他（湿法脱硫协同）+其他（湿式电除尘）	0.00036Aar+99.983	
				袋式除尘+其他（湿法脱硫协同）+其他（湿式电除尘）	0.000336Aar+99.984	
	二氧化硫	千克/吨-原料	16.94S_{ar}	高效石灰石/石膏法[②]	0.45S_{ar}+98.4	脱硫设施年实际运行小时数/机组年实际运行小时数
				高效石灰/石膏法[②]	0.45S_{ar}+98.4	
				高效海水脱硫法[②]	0.6S_{ar}+97.8	
				高效氨法[②]	0.3S_{ar}+98.6	
				高效氧化镁法[②]	0.5S_{ar}+98.2	
				高效烟气循环流化床法[②]	0.95S_{ar}+97.5	

续表

工艺名称	污染物指标项	单位	产污系数	末端治理技术	末端治理技术效率（%）	末端治理设施实际运行率（k值）参考计算公式
煤粉锅炉	二氧化硫	千克/吨-原料	$16.94S_{ar}$	其他（高效电石渣法）[2]	$0.75S_{ar}+97.8$	脱硫设施年实际运行小时数/机组年实际运行小时数
				石灰石/石膏法	$1.2857S_{ar}+95.43$	
				石灰/石膏法	$1.2857S_{ar}+95.43$	
				海水脱硫法	$1.7143S_{ar}+93.71$	
				氨法	$0.8571S_{ar}+96$	
				氧化镁法	$1.4286S_{ar}+94.86$	
				双碱法	$1.8571S_{ar}+94.29$	
				烟气循环流化床法	$2.7143S_{ar}+92.86$	
				其他（电石渣法）	$2.1429S_{ar}+93.71$	
				其他（钠碱法）	$1.8571S_{ar}+94.29$	
	氮氧化物（低氮燃烧法，煤炭干燥无灰基挥发分≤10%）	千克/吨-原料	7.39	其他（直排）	/	/
				选择性催化还原法（SCR）	87.5	脱硝设施年实际运行小时数/机组年实际运行小时数
	氮氧化物（低氮燃烧法，10%＜煤炭干燥无灰基挥发分≤20%）	千克/吨-原料	5.01	其他（直排）	/	/
				高效选择性催化还原法（SCR）[3]	86	脱硝设施年实际运行小时数/机组年实际运行小时数
				选择性催化还原法（SCR）	75	
	氮氧化物（低氮燃烧法，20%＜煤炭干燥无灰基挥发分≤37%）	千克/吨-原料	4.47	其他（直排）	/	/
				高效选择性催化还原法（SCR）[3]	85	脱硝设施年实际运行小时数/机组年实际运行小时数
				选择性催化还原法（SCR）	75	

续表

工艺名称	污染物指标项	单位	产污系数	末端治理技术	末端治理技术效率（%）	末端治理设施实际运行率（k值）参考计算公式
煤粉锅炉	氮氧化物（低氮燃烧法，煤炭干燥无灰基挥发分＞37%）	千克/吨-原料	2.39	其他（直排）	/	/
				高效选择性催化还原法（SCR）③	83	脱硝设施年实际运行小时数/机组年实际运行小时数
				选择性催化还原法（SCR）	75	
	氮氧化物（低氮燃烧法-SNCR，煤炭干燥无灰基挥发分≤10%）	千克/吨-原料	4.06	其他（直排）	/	/
				高效选择性催化还原法（SCR）③	85	脱硝设施年实际运行小时数/机组年实际运行小时数
				选择性催化还原法（SCR）	87.5	
	氮氧化物（低氮燃烧法-SNCR，10%＜煤炭干燥无灰基挥发分≤20%）	千克/吨-原料	3.01	其他（直排）	/	/
				高效选择性催化还原法（SCR）③	85	脱硝设施年实际运行小时数/机组年实际运行小时数
				选择性催化还原法（SCR）	75	
	氮氧化物（低氮燃烧法-SNCR，20%＜煤炭干燥无灰基挥发分≤37%）	千克/吨-原料	2.68	其他（直排）	/	/
				高效选择性催化还原法（SCR）③	83	脱硝设施年实际运行小时数/机组年实际运行小时数
				选择性催化还原法（SCR）	75	
	氮氧化物（低氮燃烧法-SNCR，煤炭干燥无灰基挥发分＞37%）	千克/吨-原料	1.7	其他（直排）	/	/
				高效选择性催化还原法（SCR）③	75	脱硝设施年实际运行小时数/机组年实际运行小时数
				选择性催化还原法（SCR）	65	

续表

工艺名称	污染物指标项	单位	产污系数	末端治理技术	末端治理技术效率（%）	末端治理设施实际运行率（k值）参考计算公式
循环流化床锅炉	烟尘	千克/吨-原料	$6.31A_{ar}+61.94S_{ar}+7.27$	高效静电除尘[①]	$0.001A_{ar}+0.009S_{ar}+99.927$	除尘设施年实际运行小时数/机组年实际运行小时数
				高效电袋组合[①]	$0.001A_{ar}+0.0086S_{ar}+99.93$	
				高效袋式除尘[①]	$0.001A_{ar}+0.0082S_{ar}+99.935$	
				高效静电除尘+其他（湿法脱硫协同）[①]	$0.0004A_{ar}+0.0036S_{ar}+99.9708$	
				高效电袋组合+其他（湿法脱硫协同）[①]	$0.0004A_{ar}+0.00344S_{ar}+99.972$	
				高效袋式除尘+其他（湿法脱硫协同）[①]	$0.0004A_{ar}+0.00328S_{ar}+99.974$	
				高效静电除尘+其他（湿式电除尘）[①]	$0.0002A_{ar}+0.0018S_{ar}+99.9854$	
				高效电袋组合+其他（湿式电除尘）[①]	$0.0002A_{ar}+0.00172S_{ar}+99.986$	
				高效袋式除尘+其他（湿式电除尘）[①]	$0.0002A_{ar}+0.00164S_{ar}+99.987$	
				高效静电除尘+其他（湿法脱硫协同）+其他（湿式电除尘）[①]	$0.00008A_{ar}+0.00072S_{ar}+99.9942$	
				高效电袋组合+其他（湿法脱硫协同）+其他（湿式电除尘）[①]	$0.00008A_{ar}+0.000688S_{ar}+99.9944$	
				高效袋式除尘+其他（湿法脱硫协同）+其他（湿式电除尘）[①]	$0.00008A_{ar}+0.000656S_{ar}+99.9948$	
				静电除尘	$0.003A_{ar}+0.027S_{ar}+99.78$	
				电袋组合	$0.003A_{ar}+0.0258S_{ar}+99.79$	
				袋式除尘	$0.003A_{ar}+0.0246S_{ar}+99.81$	

续表

工艺名称	污染物指标项	单位	产污系数	末端治理技术	末端治理技术效率（%）	末端治理设施实际运行率（k值）参考计算公式
循环流化床锅炉	烟尘	千克/吨−原料	6.31Aar+61.94S$_{ar}$+7.27	静电除尘+其他（湿法脱硫协同）	0.0012Aar+0.0108S$_{ar}$+99.912	除尘设施年实际运行小时数/机组年实际运行小时数
				电袋组合+其他（湿法脱硫协同）	0.0012Aar+0.01032S$_{ar}$+99.916	
				袋式除尘+其他（湿法脱硫协同）	0.0012Aar+0.00984S$_{ar}$+99.922	
				静电除尘+其他（湿式电除尘）	0.0006Aar+0.0054S$_{ar}$+99.956	
				电袋组合+其他（湿式电除尘）	0.0006Aar+0.00516S$_{ar}$+99.958	
				袋式除尘+其他（湿式电除尘）	0.0006Aar+0.00492S$_{ar}$+99.961	
				静电除尘+其他（湿法脱硫协同）+其他（湿式电除尘）	0.00024Aar+0.00216S$_{ar}$+99.983	
				电袋组合+其他（湿法脱硫协同）+其他（湿式电除尘）	0.00024Aar+0.00206S$_{ar}$+99.983	
				袋式除尘+其他（湿法脱硫协同）+其他（湿式电除尘）	0.00024Aar+0.00197S$_{ar}$+99.984	
	二氧化硫	千克/吨−原料	5.08S$_{ar}$	高效石灰石/石膏法[②]	0.45S$_{ar}$+97	脱硫设施年实际运行小时数/机组年实际运行小时数
				高效石灰/石膏法[②]	0.45S$_{ar}$+97	
				高效氨法[②]	0.4S$_{ar}$+96.6	
				高效氧化镁法[②]	0.5S$_{ar}$+96.4	
				高效烟气循环流化床法[②]	0.75S$_{ar}$+96	
				其他（高效电石渣法）[②]	0.7S$_{ar}$+96	
				石灰石/石膏法	1.6714S$_{ar}$+88.86	
				石灰/石膏法	1.6714S$_{ar}$+88.86	

续表

工艺名称	污染物指标项	单位	产污系数	末端治理技术	末端治理技术效率（%）	末端治理设施实际运行率（k值）参考计算公式
循环流化床锅炉	二氧化硫	千克/吨-原料	$5.08S_{ar}$	氨法	$1.4857S_{ar}+87.37$	脱硫设施年实际运行小时数/机组年实际运行小时数
				双碱法	$2.4143S_{ar}+85.14$	
				氧化镁法	$1.8571S_{ar}+86.63$	
				烟气循环流化床法	$2.7857S_{ar}+85.14$	
				其他（电石渣法）	$2.6S_{ar}+85.14$	
				其他（钠碱法）	$2.4143S_{ar}+85.14$	
	氮氧化物，煤炭干燥无灰基挥发分≤10%	千克/吨-原料	1.64	其他（直排）	/	/
				高效选择性催化还原法（SCR）③	78	脱硝设施年实际运行小时数/机组年实际运行小时数
				选择性催化还原法（SCR）	65	
	氮氧化物，10%＜煤炭干燥无灰基挥发分≤20%	千克/吨-原料	1.64	其他（直排）	/	/
				高效选择性催化还原法（SCR）③	78	脱硝设施年实际运行小时数/机组年实际运行小时数
				选择性催化还原法（SCR）	65	
	氮氧化物，20%＜煤炭干燥无灰基挥发分≤37%	千克/吨-原料	2.05	其他（直排）	/	/
				高效选择性催化还原法（SCR）③	78	脱硝设施年实际运行小时数/机组年实际运行小时数
				选择性催化还原法（SCR）	65	
	氮氧化物，煤炭干燥无灰基挥发分＞37%	千克/吨-原料	2.05	其他（直排）	/	/
				高效选择性催化还原法（SCR）③	78	脱硝设施年实际运行小时数/机组年实际运行小时数
				选择性催化还原法（SCR）	65	

续表

工艺名称	污染物指标项	单位	产污系数	末端治理技术	末端治理技术效率（%）	末端治理设施实际运行率（k值）参考计算公式
循环流化床锅炉	氮氧化物（SNCR，煤炭干燥无灰基挥发分≤10%）	千克/吨-原料	0.82	其他（直排）	/	/
				高效选择性催化还原法（SCR）③	65	脱硝设施年实际运行小时数/机组年实际运行小时数
				选择性催化还原法（SCR）	50	
	氮氧化物（SNCR，10%＜煤炭干燥无灰基挥发分≤20%）	千克/吨-原料	0.82	其他（直排）	/	/
				高效选择性催化还原法（SCR）③	65	脱硝设施年实际运行小时数/机组年实际运行小时数
				选择性催化还原法（SCR）	50	
	氮氧化物（SNCR，20%＜煤炭干燥无灰基挥发分≤37%）	千克/吨-原料	1.01	其他（直排）	/	/
				高效选择性催化还原法（SCR）③	70	脱硝设施年实际运行小时数/机组年实际运行小时数
				选择性催化还原法（SCR）	50	
	氮氧化物（SNCR，煤炭干燥无灰基挥发分＞37%）	千克/吨-原料	1.01	其他（直排）	/	/
				高效选择性催化还原法（SCR）③	70	脱硝设施年实际运行小时数/机组年实际运行小时数
				选择性催化还原法（SCR）	50	

表9-19　35~74兆瓦热电联产行业废气、废水污染物系数表（6）

工艺名称	污染物指标项	单位	产污系数	末端治理技术	末端治理技术效率（%）	末端治理设施实际运行率（k值）参考计算公式
煤粉锅炉或循环流化床锅炉	工业废气量	标立方米/吨-原料	7558	其他（直排）	/	/
煤粉锅炉	烟尘	千克/吨-原料	9.36Aar+10.44	高效静电除尘①	0.0017Aar+99.918	除尘设施年实际运行小时数/机组年实际运行小时数
				高效电袋组合①	0.0016Aar+99.928	
				高效袋式除尘①	0.0015Aar+99.93	
				高效静电除尘+其他（湿法脱硫协同）①	0.00068Aar+99.9672	
				高效电袋组合+其他（湿法脱硫协同）①	0.00064Aar+99.9712	
				高效袋式除尘+其他（湿法脱硫协同）①	0.0006Aar+99.972	
				高效静电除尘+其他（湿式电除尘）①	0.00034Aar+99.9836	
				高效电袋组合+其他（湿式电除尘）①	0.00032Aar+99.9856	
				高效袋式除尘+其他（湿式电除尘）①	0.0003Aar+99.986	
				高效静电除尘+其他（湿法脱硫协同）+其他（湿式电除尘）①	0.000136Aar+99.9934	
				高效电袋组合+其他（湿法脱硫协同）+其他（湿式电除尘）①	0.000128Aar+99.9942	
				高效袋式除尘+其他（湿法脱硫协同）+其他（湿式电除尘）①	0.00012Aar+99.9944	
				静电除尘	0.0051Aar+99.75	

续表

工艺名称	污染物指标项	单位	产污系数	末端治理技术	末端治理技术效率（%）	末端治理设施实际运行率（k值）参考计算公式
煤粉锅炉	烟尘	千克/吨–原料	9.36Aar+10.44	电袋组合	0.0048Aar+99.78	除尘设施年实际运行小时数/机组年实际运行小时数
				袋式除尘	0.0045Aar+99.79	
				静电除尘+其他（湿法脱硫协同）	0.00204Aar+99.902	
				电袋组合+其他（湿法脱硫协同）	0.00192Aar+99.914	
				袋式除尘+其他（湿法脱硫协同）	0.0018Aar+99.916	
				静电除尘+其他（湿式电除尘）	0.00102Aar+99.951	
				电袋组合+其他（湿式电除尘）	0.00096Aar+99.957	
				袋式除尘+其他（湿式电除尘）	0.0009Aar+99.958	
				静电除尘+其他（湿法脱硫协同）+其他（湿式电除尘）	0.000408Aar+99.98	
				电袋组合+其他（湿法脱硫协同）+其他（湿式电除尘）	0.000384Aar+99.983	
				袋式除尘+其他（湿法脱硫协同）+其他（湿式电除尘）	0.00036Aar+99.983	
	二氧化硫	千克/吨–原料	16.78S_{ar}	高效石灰石/石膏法[2]	0.5S_{ar}+98.3	脱硫设施年实际运行小时数/机组年实际运行小时数
				高效石灰/石膏法[2]	0.5S_{ar}+98.3	
				高效海水脱硫法[2]	0.6S_{ar}+97.8	
				高效氨法[2]	0.3S_{ar}+98.6	
				高效氧化镁法[2]	0.5S_{ar}+98.2	
				高效烟气循环流化床法[2]	0.95S_{ar}+97.5	

续表

工艺名称	污染物指标项	单位	产污系数	末端治理技术	末端治理技术效率（%）	末端治理设施实际运行率（k值）参考计算公式
煤粉锅炉	二氧化硫	千克/吨-原料	$16.78S_{ar}$	其他（高效电石渣法）②	$0.75S_{ar}+97.8$	脱硫设施年实际运行小时数/机组年实际运行小时数
				石灰石/石膏法	$1.4286S_{ar}+95.14$	
				石灰/石膏法	$1.4286S_{ar}+95.14$	
				海水脱硫法	$1.7143S_{ar}+93.71$	
				氨法	$0.8571S_{ar}+96$	
				氧化镁法	$1.4286S_{ar}+94.86$	
				双碱法	$1.8571S_{ar}+94.29$	
				烟气循环流化床法	$2.7143S_{ar}+92.86$	
				其他（电石渣法）	$2.1429S_{ar}+93.71$	
				其他（钠碱法）	$1.8571S_{ar}+94.29$	
	氮氧化物（低氮燃烧法，10%＜煤炭干燥无灰基挥发分≤20%）	千克/吨-原料	4.53	其他（直排）	/	/
				高效选择性催化还原法（SCR）③	87.5	脱硝设施年实际运行小时数/机组年实际运行小时数
				选择性催化还原法（SCR）	83	
	氮氧化物（低氮燃烧法，20%＜煤炭干燥无灰基挥发分≤37%）	千克/吨-原料	3.2	其他（直排）	/	/
				高效选择性催化还原法（SCR）③	85	脱硝设施年实际运行小时数/机组年实际运行小时数
				选择性催化还原法（SCR）	75	
	氮氧化物（低氮燃烧法，煤炭干燥无灰基挥发分＞37%）	千克/吨-原料	3.04	其他（直排）	/	/
				高效选择性催化还原法（SCR）③	83	脱硝设施年实际运行小时数/机组年实际运行小时数
				选择性催化还原法（SCR）	75	

续表

工艺名称	污染物指标项	单位	产污系数	末端治理技术	末端治理技术效率（%）	末端治理设施实际运行率（k值）参考计算公式
煤粉锅炉	氮氧化物（低氮燃烧法-SNCR，10%＜煤炭干燥无灰基挥发分≤20%）	千克/吨-原料	2.78	其他（直排）	/	/
				高效选择性催化还原法（SCR）③	85	脱硝设施年实际运行小时数/机组年实际运行小时数
				选择性催化还原法（SCR）	75	
煤粉锅炉	氮氧化物（低氮燃烧法-SNCR，20%＜煤炭干燥无灰基挥发分≤37%）	千克/吨-原料	2.26	其他（直排）	/	/
				高效选择性催化还原法（SCR）③	81	脱硝设施年实际运行小时数/机组年实际运行小时数
				选择性催化还原法（SCR）	70	
	氮氧化物（低氮燃烧法-SNCR，煤炭干燥无灰基挥发分＞37%）	千克/吨-原料	1.98	其他（直排）	/	/
				高效选择性催化还原法（SCR）③	80	脱硝设施年实际运行小时数/机组年实际运行小时数
				选择性催化还原法（SCR）	70	
循环流化床锅炉	烟尘	千克/吨-原料	$6.24A_{ar}+7.24+61.94S_{ar}$	高效静电除尘①	$0.001A_{ar}+0.009S_{ar}+99.923$	除尘设施年实际运行小时数/机组年实际运行小时数
				高效电袋组合①	$0.001A_{ar}+0.0084S_{ar}+99.928$	
				高效袋式除尘①	$0.001A_{ar}+0.008S_{ar}+99.93$	
				高效静电除尘+其他（湿法脱硫协同）①	$0.0004A_{ar}+0.0036S_{ar}+99.9692$	
				高效电袋组合+其他（湿法脱硫协同）①	$0.0004A_{ar}+0.00336S_{ar}+99.9712$	

续表

工艺名称	污染物指标项	单位	产污系数	末端治理技术	末端治理技术效率（%）	末端治理设施实际运行率（k值）参考计算公式
循环流化床锅炉	烟尘	千克/吨-原料	$6.24A_{ar}+7.24+61.94S_{ar}$	高效袋式除尘+其他（湿法脱硫协同）①	$0.0004A_{ar}+0.0032S_{ar}+99.972$	除尘设施年实际运行小时数/机组年实际运行小时数
				高效静电除尘+其他（湿式电除尘）①	$0.0002A_{ar}+0.0018S_{ar}+99.9846$	
				高效电袋组合+其他（湿式电除尘）①	$0.0002A_{ar}+0.00168S_{ar}+99.9856$	
				高效袋式除尘+其他（湿式电除尘）①	$0.0002A_{ar}+0.0016S_{ar}+99.986$	
				高效静电除尘+其他（湿法脱硫协同）+其他（湿式电除尘）①	$0.00008A_{ar}+0.00072S_{ar}+99.9938$	
				高效电袋组合+其他（湿法脱硫协同）+其他（湿式电除尘）①	$0.00008A_{ar}+0.000672S_{ar}+99.9942$	
				高效袋式除尘+其他（湿法脱硫协同）+其他（湿式电除尘）①	$0.00008A_{ar}+0.00064S_{ar}+99.9944$	
				静电除尘	$0.003A_{ar}+0.027S_{ar}+99.77$	
				电袋组合	$0.003A_{ar}+0.0252S_{ar}+99.78$	
				袋式除尘	$0.003A_{ar}+0.024S_{ar}+99.79$	
				静电除尘+其他（湿法脱硫协同）	$0.0012A_{ar}+0.0108S_{ar}+99.908$	
				电袋组合+其他（湿法脱硫协同）	$0.0012A_{ar}+0.01008S_{ar}+99.914$	
				袋式除尘+其他（湿法脱硫协同）	$0.0012A_{ar}+0.0096S_{ar}+99.916$	
				静电除尘+其他（湿式电除尘）	$0.0006A_{ar}+0.0054S_{ar}+99.954$	
				电袋组合+其他（湿式电除尘）	$0.0006A_{ar}+0.00504S_{ar}+99.957$	
				袋式除尘+其他（湿式电除尘）	$0.0006A_{ar}+0.0048S_{ar}+99.958$	

续表

工艺名称	污染物指标项	单位	产污系数	末端治理技术	末端治理技术效率（%）	末端治理设施实际运行率（k值）参考计算公式
循环流化床锅炉	烟尘	千克/吨-原料	$6.24A_{ar}+7.24+61.94S_{ar}$	静电除尘+其他（湿法脱硫协同）+其他（湿式电除尘）	$0.00024A_{ar}+0.00216S_{ar}+99.981$	除尘设施年实际运行小时数/机组年实际运行小时数
				电袋组合+其他（湿法脱硫协同）+其他（湿式电除尘）	$0.00024A_{ar}+0.00202S_{ar}+99.983$	
				袋式除尘+其他（湿法脱硫协同）+其他（湿式电除尘）	$0.00024A_{ar}+0.00192S_{ar}+99.983$	
	二氧化硫	千克/吨-原料	$5.87S_{ar}$	高效石灰石/石膏法②	$0.5S_{ar}+97$	脱硫设施年实际运行小时数/机组年实际运行小时数
				高效石灰/石膏法②	$0.5S_{ar}+97$	
				高效氨法②	$0.4S_{ar}+97.3$	
				高效氧化镁法②	$0.65S_{ar}+96.6$	
				高效烟气循环流化床法②	$0.85S_{ar}+96$	
				其他（高效电石渣法）②	$0.85S_{ar}+96$	
				石灰石/石膏法	$1.8571S_{ar}+88.86$	
				石灰/石膏法	$1.8571S_{ar}+88.86$	
				氨法	$1.4857S_{ar}+89.97$	
				双碱法	$2.4143S_{ar}+87$	
				氧化镁法	$2.4143S_{ar}+87.37$	
				烟气循环流化床法	$3.1571S_{ar}+85.14$	
				其他（电石渣法）	$3.1571S_{ar}+85.14$	
				其他（钠碱法）	$2.4143S_{ar}+87$	
	氮氧化物，煤炭干燥无灰基挥发分≤10%	千克/吨-原料	2.11	其他（直排）	/	/
				高效选择性催化还原法（SCR）③	78	脱硝设施年实际运行小时数/机组年实际运行小时数
				选择性催化还原法（SCR）	65	

续表

工艺名称	污染物指标项	单位	产污系数	末端治理技术	末端治理技术效率（%）	末端治理设施实际运行率（k值）参考计算公式
循环流化床锅炉	氮氧化物，10%＜煤炭干燥无灰基挥发分≤20%	千克/吨-原料	2.11	其他（直排）	/	/
				高效选择性催化还原法（SCR）③	78	脱硝设施年实际运行小时数/机组年实际运行小时数
				选择性催化还原法（SCR）	65	
	氮氧化物，20%＜煤炭干燥无灰基挥发分≤37%	千克/吨-原料	2.26	其他（直排）	/	/
				高效选择性催化还原法（SCR）③	78	脱硝设施年实际运行小时数/机组年实际运行小时数
				选择性催化还原法（SCR）	65	
	氮氧化物，煤炭干燥无灰基挥发分＞37%	千克/吨-原料	2.26	其他（直排）	/	/
				高效选择性催化还原法（SCR）③	78	脱硝设施年实际运行小时数/机组年实际运行小时数
				选择性催化还原法（SCR）	65	
	氮氧化物（SNCR，煤炭干燥无灰基挥发分≤10%）	千克/吨-原料	1.05	其他（直排）	/	/
				高效选择性催化还原法（SCR）③	70	脱硝设施年实际运行小时数/机组年实际运行小时数
				选择性催化还原法（SCR）	50	
	氮氧化物（SNCR，10%＜煤炭干燥无灰基挥发分≤20%）	千克/吨-原料	1.05	其他（直排）	/	/
				高效选择性催化还原法（SCR）③	70	脱硝设施年实际运行小时数/机组年实际运行小时数
				选择性催化还原法（SCR）	50	

续表

工艺名称	污染物指标项	单位	产污系数	末端治理技术	末端治理技术效率（%）	末端治理设施实际运行率（k值）参考计算公式
循环流化床锅炉	氮氧化物（SNCR，20%＜煤炭干燥无灰基挥发分≤37%）	千克/吨-原料	1.13	其他（直排）	/	/
				高效选择性催化还原法（SCR）③	70	脱硝设施年实际运行小时数/机组年实际运行小时数
				选择性催化还原法（SCR）	50	
	氮氧化物（SNCR，煤炭干燥无灰基挥发分＞37%）	千克/吨-原料	1.13	其他（直排）	/	/
				高效选择性催化还原法（SCR）③	70	脱硝设施年实际运行小时数/机组年实际运行小时数
				选择性催化还原法（SCR）	50	

表9-20　20~34兆瓦热电联产行业废气、废水污染物系数表（7）

工艺名称	污染物指标项	单位	产污系数	末端治理技术	末端治理技术效率（%）	末端治理设施实际运行率（k值）参考计算公式
煤粉锅炉或循环流化床锅炉	工业废气量	标立方米/吨-原料	7729	其他（直排）	/	/
煤粉锅炉	烟尘	千克/吨-原料	9.16Aar+0.45	高效静电除尘①	0.0017Aar+99.918	除尘设施年实际运行小时数/机组年实际运行小时数
				高效电袋组合①	0.0016Aar+99.928	
				高效袋式除尘①	0.0015Aar+99.93	
				高效静电除尘+其他（湿法脱硫协同）①	0.00068Aar+99.9672	

续表

工艺名称	污染物指标项	单位	产污系数	末端治理技术	末端治理技术效率（%）	末端治理设施实际运行率（k值）参考计算公式
煤粉锅炉	烟尘	千克/吨–原料	9.16Aar+0.45	高效电袋组合+其他（湿法脱硫协同）①	0.00064Aar+99.9712	除尘设施年实际运行小时数/机组年实际运行小时数
				高效袋式除尘+其他（湿法脱硫协同）①	0.0006Aar+99.972	
				高效静电除尘+其他（湿式电除尘）①	0.00034Aar+99.9836	
				高效电袋组合+其他（湿式电除尘）①	0.00032Aar+99.9856	
				高效袋式除尘+其他（湿式电除尘）①	0.0003Aar+99.986	
				高效静电除尘+其他（湿法脱硫协同）+其他（湿式电除尘）①	0.000136Aar+99.9934	
				高效电袋组合+其他（湿法脱硫协同）+其他（湿式电除尘）①	0.000128Aar+99.9942	
				高效袋式除尘+其他（湿法脱硫协同）+其他（湿式电除尘）①	0.00012Aar+99.9944	
				静电除尘	0.0051Aar+99.75	
				电袋组合	0.0048Aar+99.78	
				袋式除尘	0.0045Aar+99.79	
				静电除尘+其他（湿法脱硫协同）	0.00204Aar+99.902	
				电袋组合+其他（湿法脱硫协同）	0.00192Aar+99.914	
				袋式除尘+其他（湿法脱硫协同）	0.0018Aar+99.916	
				静电除尘+其他（湿式电除尘）	0.00102Aar+99.951	
				电袋组合+其他（湿式电除尘）	0.00096Aar+99.957	

续表

工艺名称	污染物指标项	单位	产污系数	末端治理技术	末端治理技术效率（%）	末端治理设施实际运行率（k值）参考计算公式
煤粉锅炉	烟尘	千克/吨-原料	$9.16A_{ar}+0.45$	袋式除尘+其他（湿式电除尘）	$0.0009A_{ar}+99.958$	除尘设施年实际运行小时数/机组年实际运行小时数
				静电除尘+其他（湿法脱硫协同）+其他（湿式电除尘）	$0.000408A_{ar}+99.98$	
				电袋组合+其他（湿法脱硫协同）+其他（湿式电除尘）	$0.000384A_{ar}+99.983$	
				袋式除尘+其他（湿法脱硫协同）+其他（湿式电除尘）	$0.00036A_{ar}+99.983$	
	二氧化硫	千克/吨-原料	$16.64S_{ar}+0.24$	高效石灰石/石膏法[②]	$0.5S_{ar}+98.3$	脱硫设施年实际运行小时数/机组年实际运行小时数
				高效石灰/石膏法[②]	$0.5S_{ar}+98.3$	
				高效氨法[②]	$0.3S_{ar}+98.6$	
				高效氧化镁法[②]	$0.5S_{ar}+98.2$	
				高效烟气循环流化床法[②]	$0.95S_{ar}+97.5$	
				其他（高效电石渣法）[②]	$0.75S_{ar}+97.8$	
				石灰石/石膏法	$1.4286S_{ar}+95.14$	
				石灰/石膏法	$1.4286S_{ar}+95.14$	
				氨法	$0.8571S_{ar}+96$	
				氧化镁法	$1.4286S_{ar}+94.86$	
				双碱法	$1.8571S_{ar}+94.29$	
				烟气循环流化床法	$2.7143S_{ar}+92.86$	
				其他（电石渣法）	$2.1429S_{ar}+93.71$	
				其他（钠碱法）	$1.8571S_{ar}+94.29$	

续表

工艺名称	污染物指标项	单位	产污系数	末端治理技术	末端治理技术效率（%）	末端治理设施实际运行率（k值）参考计算公式
煤粉锅炉	氮氧化物（低氮燃烧法，10%＜煤炭干燥无灰基挥发分≤20%）	千克/吨-原料	4.2	其他（直排）	/	/
				高效选择性催化还原法（SCR）③	86	脱硝设施年实际运行小时数/机组年实际运行小时数
				选择性催化还原法（SCR）	75	
	氮氧化物（低氮燃烧法，20%＜煤炭干燥无灰基挥发分≤37%）	千克/吨-原料	3.09	其他（直排）	/	/
				高效选择性催化还原法（SCR）③	85	脱硝设施年实际运行小时数/机组年实际运行小时数
				选择性催化还原法（SCR）	75	
	氮氧化物（低氮燃烧法，煤炭干燥无灰基挥发分＞37%）	千克/吨-原料	2.47	其他（直排）	/	/
				高效选择性催化还原法（SCR）③	83	脱硝设施年实际运行小时数/机组年实际运行小时数
				选择性催化还原法（SCR）	75	
	氮氧化物（低氮燃烧法-SNCR，10%＜煤炭干燥无灰基挥发分≤20%）	千克/吨-原料	2.4	其他（直排）	/	/
				高效选择性催化还原法（SCR）③	83	脱硝设施年实际运行小时数/机组年实际运行小时数
				选择性催化还原法（SCR）	70	

续表

工艺名称	污染物指标项	单位	产污系数	末端治理技术	末端治理技术效率（%）	末端治理设施实际运行率（k值）参考计算公式
煤粉锅炉	氮氧化物（低氮燃烧法-SNCR，20%＜煤炭干燥无灰基挥发分≤37%）	千克/吨-原料	2.24	其他（直排）	/	/
				高效选择性催化还原法（SCR）③	82	脱硝设施年实际运行小时数/机组年实际运行小时数
				选择性催化还原法（SCR）	70	
	氮氧化物（低氮燃烧法-SNCR，煤炭干燥无灰基挥发分＞37%）	千克/吨-原料	1.99	其他（直排）	/	/
				高效选择性催化还原法（SCR）③	80	脱硝设施年实际运行小时数/机组年实际运行小时数
				选择性催化还原法（SCR）	70	
循环流化床锅炉	烟尘	千克/吨-原料	$6.3A_{ar}+7.79+61.94S_{ar}$	高效静电除尘①	$0.001A_{ar}+0.009S_{ar}+99.923$	除尘设施年实际运行小时数/机组年实际运行小时数
				高效电袋组合①	$0.001A_{ar}+0.0084S_{ar}+99.928$	
				高效袋式除尘①	$0.001A_{ar}+0.008S_{ar}+99.93$	
				高效静电除尘+其他（湿法脱硫协同）①	$0.0004A_{ar}+0.0036S_{ar}+99.9692$	
				高效电袋组合+其他（湿法脱硫协同）①	$0.0004A_{ar}+0.00336S_{ar}+99.9712$	
				高效袋式除尘+其他（湿法脱硫协同）①	$0.0004A_{ar}+0.0032S_{ar}+99.972$	
				高效静电除尘+其他（湿式电除尘）①	$0.0002A_{ar}+0.0018S_{ar}+99.9846$	
				高效电袋组合+其他（湿式电除尘）①	$0.0002A_{ar}+0.00168S_{ar}+99.9856$	
				高效袋式除尘+其他（湿式电除尘）①	$0.0002A_{ar}+0.0016S_{ar}+99.986$	

续表

工艺名称	污染物指标项	单位	产污系数	末端治理技术	末端治理技术效率（%）	末端治理设施实际运行率（k值）参考计算公式
循环流化床锅炉	烟尘	千克/吨-原料	$6.3A_{ar}+7.79+61.94S_{ar}$	高效静电除尘+其他（湿法脱硫协同）+其他（湿式电除尘）[①]	$0.00008A_{ar}+0.00072S_{ar}+99.9938$	除尘设施年实际运行小时数/机组年实际运行小时数
				高效电袋组合+其他（湿法脱硫协同）+其他（湿式电除尘）[①]	$0.00008A_{ar}+0.000672S_{ar}+99.9942$	
				高效袋式除尘+其他（湿法脱硫协同）+其他（湿式电除尘）[①]	$0.00008A_{ar}+0.00064S_{ar}+99.9944$	
				静电除尘	$0.003A_{ar}+0.027S_{ar}+99.77$	
				电袋组合	$0.003A_{ar}+0.0252S_{ar}+99.78$	
				袋式除尘	$0.003A_{ar}+0.024S_{ar}+99.79$	
				静电除尘+其他（湿法脱硫协同）	$0.0012A_{ar}+0.0108S_{ar}+99.908$	
				电袋组合+其他（湿法脱硫协同）	$0.0012A_{ar}+0.01008S_{ar}+99.914$	
				袋式除尘+其他（湿法脱硫协同）	$0.0012A_{ar}+0.0096S_{ar}+99.916$	
				静电除尘+其他（湿式电除尘）	$0.0006A_{ar}+0.0054S_{ar}+99.954$	
				电袋组合+其他（湿式电除尘）	$0.0006A_{ar}+0.00504S_{ar}+99.957$	
				袋式除尘+其他（湿式电除尘）	$0.0006A_{ar}+0.0048S_{ar}+99.958$	
				静电除尘+其他（湿法脱硫协同）+其他（湿式电除尘）	$0.00024A_{ar}+0.00216S_{ar}+99.981$	
				电袋组合+其他（湿法脱硫协同）+其他（湿式电除尘）	$0.00024A_{ar}+0.00202S_{ar}+99.983$	
				袋式除尘+其他（湿法脱硫协同）+其他（湿式电除尘）	$0.00024A_{ar}+0.00192S_{ar}+99.983$	

续表

工艺名称	污染物指标项	单位	产污系数	末端治理技术	末端治理技术效率（%）	末端治理设施实际运行率（k值）参考计算公式
循环流化床锅炉	二氧化硫	千克/吨–原料	$5.83S_{ar}+0.083$	高效石灰石/石膏法②	$0.5S_{ar}+97$	脱硫设施年实际运行小时数/机组年实际运行小时数
				高效石灰/石膏法②	$0.5S_{ar}+97$	
				高效氨法②	$0.4S_{ar}+97.3$	
				高效氧化镁法②	$0.65S_{ar}+96.6$	
				高效烟气循环流化床法②	$0.85S_{ar}+96$	
				其他（高效电石渣法）②	$0.85S_{ar}+96$	
				石灰石/石膏法	$1.8571S_{ar}+88.86$	
				石灰/石膏法	$1.8571S_{ar}+88.86$	
				氨法	$1.4857S_{ar}+89.97$	
				双碱法	$2.4143S_{ar}+87$	
				氧化镁法	$2.4143S_{ar}+87.37$	
				烟气循环流化床法	$3.1571S_{ar}+85.14$	
				其他（电石渣法）	$3.1571S_{ar}+85.14$	
				其他（钠碱法）	$2.4143S_{ar}+87$	
	氮氧化物，煤炭干燥无灰基挥发分≤10%	千克/吨–原料	2.16	其他（直排）	/	/
				高效选择性催化还原法（SCR）③	78	脱硝设施年实际运行小时数/机组年实际运行小时数
				选择性催化还原法（SCR）	65	
	氮氧化物，10%＜煤炭干燥无灰基挥发分≤20%	千克/吨–原料	2.16	其他（直排）	/	/
				高效选择性催化还原法（SCR）③	78	脱硝设施年实际运行小时数/机组年实际运行小时数
				选择性催化还原法（SCR）	65	

续表

工艺名称	污染物指标项	单位	产污系数	末端治理技术	末端治理技术效率（%）	末端治理设施实际运行率（k值）参考计算公式
循环流化床锅炉	氮氧化物，20%＜煤炭干燥无灰基挥发分≤37%	千克/吨-原料	2.39	其他（直排）	/	/
				高效选择性催化还原法（SCR）③	78	脱硝设施年实际运行小时数/机组年实际运行小时数
				选择性催化还原法（SCR）	65	
	氮氧化物，煤炭干燥无灰基挥发分＞37%	千克/吨-原料	2.39	其他（直排）	/	/
				高效选择性催化还原法（SCR）③	78	脱硝设施年实际运行小时数/机组年实际运行小时数
				选择性催化还原法（SCR）	65	
	氮氧化物（SNCR，煤炭干燥无灰基挥发分≤10%）	千克/吨-原料	1.08	其他（直排）	/	/
				高效选择性催化还原法（SCR）③	70	脱硝设施年实际运行小时数/机组年实际运行小时数
				选择性催化还原法（SCR）	50	
	氮氧化物（SNCR，10%＜煤炭干燥无灰基挥发分≤20%）	千克/吨-原料	1.08	其他（直排）	/	/
				高效选择性催化还原法（SCR）③	70	脱硝设施年实际运行小时数/机组年实际运行小时数
				选择性催化还原法（SCR）	50	

续表

工艺名称	污染物指标项	单位	产污系数	末端治理技术	末端治理技术效率（%）	末端治理设施实际运行率（k值）参考计算公式
循环流化床锅炉	氮氧化物（SNCR，20%<煤炭干燥无灰基挥发分≤37%）	千克/吨–原料	1.2	其他（直排）	/	/
				高效选择性催化还原法（SCR）③	70	脱硝设施年实际运行小时数/机组年实际运行小时数
				选择性催化还原法（SCR）	50	
	氮氧化物（SNCR，煤炭干燥无灰基挥发分>37%）	千克/吨–原料	1.2	其他（直排）	/	/
				高效选择性催化还原法（SCR）③	70	脱硝设施年实际运行小时数/机组年实际运行小时数
				选择性催化还原法（SCR）	50	

表9-21　9~19兆瓦热电联产行业废气、废水污染物系数表（8）

工艺名称	污染物指标项	单位	产污系数	末端治理技术	末端治理技术效率（%）	末端治理设施实际运行率（k值）参考计算公式
煤粉锅炉或循环流化床锅炉或层燃炉	工业废气量	标立方米/吨–原料	7958	其他（直排）	/	/

续表

工艺名称	污染物指标项	单位	产污系数	末端治理技术	末端治理技术效率（%）	末端治理设施实际运行率（k值）参考计算公式
煤粉锅炉	烟尘	千克/吨－原料	9.18Aar+7.56	高效静电除尘①	0.0017Aar+99.918	除尘设施年实际运行小时数/机组年实际运行小时数
				高效电袋组合①	0.0016Aar+99.928	
				高效袋式除尘①	0.0015Aar+99.93	
				高效静电除尘＋其他（湿法脱硫协同）①	0.00068Aar+99.9672	
				高效电袋组合＋其他（湿法脱硫协同）①	0.00064Aar+99.9712	
				高效袋式除尘＋其他（湿法脱硫协同）①	0.0006Aar+99.972	
				高效静电除尘＋其他（湿式电除尘）①	0.00034Aar+99.9836	
				高效电袋组合＋其他（湿式电除尘）①	0.00032Aar+99.9856	
				高效袋式除尘＋其他（湿式电除尘）①	0.0003Aar+99.986	
				高效静电除尘＋其他（湿法脱硫协同）＋其他（湿式电除尘）①	0.000136Aar+99.9934	
				高效电袋组合＋其他（湿法脱硫协同）＋其他（湿式电除尘）①	0.000128Aar+99.9942	
				高效袋式除尘＋其他（湿法脱硫协同）＋其他（湿式电除尘）①	0.00012Aar+99.9944	
				静电除尘	0.0051Aar+99.75	
				电袋组合	0.0048Aar+99.78	
				袋式除尘	0.0045Aar+99.79	
				静电除尘＋其他（湿法脱硫协同）	0.00204Aar+99.902	
				电袋组合＋其他（湿法脱硫协同）	0.00192Aar+99.914	
				袋式除尘＋其他（湿法脱硫协同）	0.0018Aar+99.916	

续表

工艺名称	污染物指标项	单位	产污系数	末端治理技术	末端治理技术效率（%）	末端治理设施实际运行率（k值）参考计算公式
煤粉锅炉	烟尘	千克/吨-原料	9.18Aar+7.56	静电除尘+其他（湿式电除尘）	0.00102Aar+99.951	除尘设施年实际运行小时数/机组年实际运行小时数
				电袋组合+其他（湿式电除尘）	0.00096Aar+99.957	
				袋式除尘+其他（湿式电除尘）	0.0009Aar+99.958	
				静电除尘+其他（湿法脱硫协同）+其他（湿式电除尘）	0.000408Aar+99.98	
				电袋组合+其他（湿法脱硫协同）+其他（湿式电除尘）	0.000384Aar+99.983	
				袋式除尘+其他（湿法脱硫协同）+其他（湿式电除尘）	0.00036Aar+99.983	
	二氧化硫	千克/吨-原料	16.5S_{ar}	高效石灰石/石膏法[②]	0.5S_{ar}+98.3	脱硫设施年实际运行小时数/机组年实际运行小时数
				高效石灰/石膏法[②]	0.5S_{ar}+98.3	
				高效氨法[②]	0.3S_{ar}+98.6	
				高效氧化镁法[②]	0.5S_{ar}+98.2	
				高效烟气循环流化床法[②]	0.95S_{ar}+97.5	
				其他（高效电石渣法）[②]	0.75S_{ar}+97.8	
				石灰石/石膏法	1.4286S_{ar}+95.14	
				石灰/石膏法	1.4286S_{ar}+95.14	
				氨法	0.8571S_{ar}+96	
				氧化镁法	1.4286S_{ar}+94.86	
				双碱法	1.8571S_{ar}+94.29	
				烟气循环流化床法	2.7143S_{ar}+92.86	
				其他（电石渣法）	2.1429S_{ar}+93.71	
				其他（钠碱法）	1.8571S_{ar}+94.29	

续表

工艺名称	污染物指标项	单位	产污系数	末端治理技术	末端治理技术效率（%）	末端治理设施实际运行率（k值）参考计算公式
煤粉锅炉	氮氧化物（低氮燃烧法，10%＜煤炭干燥无灰基挥发分≤20%）	千克/吨-原料	3.58	其他（直排）	/	/
				高效选择性催化还原法（SCR）[3]	86	脱硝设施年实际运行小时数/机组年实际运行小时数
				选择性催化还原法（SCR）	75	
	氮氧化物（低氮燃烧法，20%＜煤炭干燥无灰基挥发分≤37%）	千克/吨-原料	2.57	其他（直排）	/	/
				高效选择性催化还原法（SCR）[3]	83	脱硝设施年实际运行小时数/机组年实际运行小时数
				选择性催化还原法（SCR）	70	
	氮氧化物（低氮燃烧法，煤炭干燥无灰基挥发分＞37%）	千克/吨-原料	2.47	其他（直排）	/	/
				高效选择性催化还原法（SCR）[3]	81	脱硝设施年实际运行小时数/机组年实际运行小时数
				选择性催化还原法（SCR）	70	
	氮氧化物（低氮燃烧法-SNCR，10%＜煤炭干燥无灰基挥发分≤20%）	千克/吨-原料	2.2	其他（直排）	/	/
				高效选择性催化还原法（SCR）[3]	82	脱硝设施年实际运行小时数/机组年实际运行小时数
				选择性催化还原法（SCR）	70	
	氮氧化物（低氮燃烧法-SNCR，20%＜煤炭干燥无灰基挥发分≤37%）	千克/吨-原料	1.67	其他（直排）	/	/
				高效选择性催化还原法（SCR）[3]	75	脱硝设施年实际运行小时数/机组年实际运行小时数
				选择性催化还原法（SCR）	65	

续表

工艺名称	污染物指标项	单位	产污系数	末端治理技术	末端治理技术效率（%）	末端治理设施实际运行率（k值）参考计算公式
煤粉锅炉	氮氧化物（低氮燃烧法-SNCR，煤炭干燥无灰基挥发分>37%）	千克/吨-原料	1.6	其他（直排）	/	/
				高效选择性催化还原法（SCR）[3]	75	脱硝设施年实际运行小时数/机组年实际运行小时数
				选择性催化还原法（SCR）	65	
循环流化床锅炉	烟尘	千克/吨-原料	$6.3A_{ar}+8.97+61.94S_{ar}$	高效静电除尘[1]	$0.001A_{ar}+0.009S_{ar}+99.923$	除尘设施年实际运行小时数/机组年实际运行小时数
				高效电袋组合[1]	$0.001A_{ar}+0.0084S_{ar}+99.928$	
				高效袋式除尘[1]	$0.001A_{ar}+0.008S_{ar}+99.93$	
				高效静电除尘+其他（湿法脱硫协同）[1]	$0.0004A_{ar}+0.0036S_{ar}+99.9692$	
				高效电袋组合+其他（湿法脱硫协同）[1]	$0.0004A_{ar}+0.00336S_{ar}+99.9712$	
				高效袋式除尘+其他（湿法脱硫协同）[1]	$0.0004A_{ar}+0.0032S_{ar}+99.972$	
				高效静电除尘+其他（湿式电除尘）[1]	$0.0002A_{ar}+0.0018S_{ar}+99.9846$	
				高效电袋组合+其他（湿式电除尘）[1]	$0.0002A_{ar}+0.00168S_{ar}+99.9856$	
				高效袋式除尘+其他（湿式电除尘）[1]	$0.0002A_{ar}+0.0016S_{ar}+99.986$	
				高效静电除尘+其他（湿法脱硫协同）+其他（湿式电除尘）[1]	$0.00008A_{ar}+0.00072S_{ar}+99.9938$	
				高效电袋组合+其他（湿法脱硫协同）+其他（湿式电除尘）[1]	$0.00008A_{ar}+0.000672S_{ar}+99.9942$	

续表

工艺名称	污染物指标项	单位	产污系数	末端治理技术	末端治理技术效率（%）	末端治理设施实际运行率（k值）参考计算公式
循环流化床锅炉	烟尘	千克/吨–原料	$6.3A_{ar}+8.97+61.94S_{ar}$	高效袋式除尘+其他（湿法脱硫协同）+其他（湿式电除尘）①	$0.00008A_{ar}+0.00064S_{ar}+99.9944$	除尘设施年实际运行小时数/机组年实际运行小时数
				静电除尘	$0.003A_{ar}+0.027S_{ar}+99.77$	
				电袋组合	$0.003A_{ar}+0.0252S_{ar}+99.78$	
				袋式除尘	$0.003A_{ar}+0.024S_{ar}+99.79$	
				静电除尘+其他（湿法脱硫协同）	$0.0012A_{ar}+0.0108S_{ar}+99.908$	
				电袋组合+其他（湿法脱硫协同）	$0.0012A_{ar}+0.01008S_{ar}+99.914$	
				袋式除尘+其他（湿法脱硫协同）	$0.0012A_{ar}+0.0096S_{ar}+99.916$	
				静电除尘+其他（湿式电除尘）	$0.0006A_{ar}+0.0054S_{ar}+99.954$	
				电袋组合+其他（湿式电除尘）	$0.0006A_{ar}+0.00504S_{ar}+99.957$	
				袋式除尘+其他（湿式电除尘）	$0.0006A_{ar}+0.0048S_{ar}+99.958$	
				静电除尘+其他（湿法脱硫协同）+其他（湿式电除尘）	$0.00024A_{ar}+0.00216S_{ar}+99.981$	
				电袋组合+其他（湿法脱硫协同）+其他（湿式电除尘）	$0.00024A_{ar}+0.00202S_{ar}+99.983$	
				袋式除尘+其他（湿法脱硫协同）+其他（湿式电除尘）	$0.00024A_{ar}+0.00192S_{ar}+99.983$	

续表

工艺名称	污染物指标项	单位	产污系数	末端治理技术	末端治理技术效率（%）	末端治理设施实际运行率（k值）参考计算公式
循环流化床锅炉	二氧化硫	千克/吨–原料	$5.77S_{ar}$	高效石灰石/石膏法②	$0.5S_{ar}+97$	脱硫设施年实际运行小时数/机组年实际运行小时数
				高效石灰/石膏法②	$0.5S_{ar}+97$	
				高效氨法②	$0.4S_{ar}+97.3$	
				高效氧化镁法②	$0.65S_{ar}+96.6$	
				高效烟气循环流化床法②	$0.85S_{ar}+96$	
				其他（高效电石渣法）②	$0.85S_{ar}+96$	
				石灰石/石膏法	$1.8571S_{ar}+88.86$	
				石灰/石膏法	$1.8571S_{ar}+88.86$	
				氨法	$1.48579S_{ar}+89.97$	
				双碱法	$2.4143S_{ar}+87$	
				氧化镁法	$2.4143S_{ar}+87.37$	
				烟气循环流化床法	$3.1571S_{ar}+85.14$	
				其他（电石渣法）	$3.1571S_{ar}+85.14$	
				其他（钠碱法）	$2.4143S_{ar}+87$	
	氮氧化物，煤炭干燥无灰基挥发分≤10%	千克/吨–原料	2.29	其他（直排）	/	/
				高效选择性催化还原法（SCR）③	78	脱硝设施年实际运行小时数/机组年实际运行小时数
				选择性催化还原法（SCR）	65	
	氮氧化物，10%＜煤炭干燥无灰基挥发分≤20%	千克/吨–原料	2.29	其他（直排）	/	/
				高效选择性催化还原法（SCR）③	78	脱硝设施年实际运行小时数/机组年实际运行小时数
				选择性催化还原法（SCR）	65	

续表

工艺名称	污染物指标项	单位	产污系数	末端治理技术	末端治理技术效率（%）	末端治理设施实际运行率（k值）参考计算公式
循环流化床锅炉	氮氧化物，20%＜煤炭干燥无灰基挥发分≤37%	千克/吨-原料	2.39	其他（直排）	/	/
				高效选择性催化还原法（SCR）③	78	脱硝设施年实际运行小时数/机组年实际运行小时数
				选择性催化还原法（SCR）	65	
	氮氧化物，煤炭干燥无灰基挥发分＞37%	千克/吨-原料	2.39	其他（直排）	/	/
				高效选择性催化还原法（SCR）③	78	脱硝设施年实际运行小时数/机组年实际运行小时数
				选择性催化还原法（SCR）	65	
	氮氧化物（SNCR，煤炭干燥无灰基挥发分≤10%）	千克/吨-原料	1.15	其他（直排）	/	/
				高效选择性催化还原法（SCR）③	70	脱硝设施年实际运行小时数/机组年实际运行小时数
				选择性催化还原法（SCR）	50	
	氮氧化物（SNCR，10%＜煤炭干燥无灰基挥发分≤20%）	千克/吨-原料	1.15	其他（直排）	/	/
				高效选择性催化还原法（SCR）③	70	脱硝设施年实际运行小时数/机组年实际运行小时数
				选择性催化还原法（SCR）	50	
	氮氧化物（SNCR，20%＜煤炭干燥无灰基挥发分≤37%）	千克/吨-原料	1.2	其他（直排）	/	/
				高效选择性催化还原法（SCR）③	70	脱硝设施年实际运行小时数/机组年实际运行小时数
				选择性催化还原法（SCR）	50	

续表

工艺名称	污染物指标项	单位	产污系数	末端治理技术	末端治理技术效率（%）	末端治理设施实际运行率（k值）参考计算公式
循环流化床锅炉	氮氧化物（SNCR，煤炭干燥无灰基挥发分>37%）	千克/吨-原料	1.2	其他（直排）	/	/
				高效选择性催化还原法（SCR）[3]	70	脱硝设施年实际运行小时数/机组年实际运行小时数
				选择性催化还原法（SCR）	50	
层燃炉	烟尘（烟煤）	千克/吨-原料	1.60Aar	高效静电除尘[1]	0.0098Aar+99.55	除尘设施年实际运行小时数/机组年实际运行小时数
				高效电袋组合[1]	0.0093Aar+99.6	
				高效袋式除尘[1]	0.0088Aar+99.62	
				高效静电除尘+其他（湿法脱硫协同）[1]	0.00392Aar+99.82	
				高效电袋组合+其他（湿法脱硫协同）[1]	0.00372Aar+99.84	
				高效袋式除尘+其他（湿法脱硫协同）[1]	0.00352Aar+99.848	
				高效静电除尘+其他（湿式电除尘）[1]	0.00196Aar+99.91	
				高效电袋组合+其他（湿式电除尘）[1]	0.00186Aar+99.92	
				高效袋式除尘+其他（湿式电除尘）[1]	0.00176Aar+99.924	
				高效静电除尘+其他（湿法脱硫协同）+其他（湿式电除尘）[1]	0.000784Aar+99.964	
				高效电袋组合+其他（湿法脱硫协同）+其他（湿式电除尘）[1]	0.000744Aar+99.968	
				高效袋式除尘+其他（湿法脱硫协同）+其他（湿式电除尘）[1]	0.000704Aar+99.9696	
				静电除尘	0.0294Aar+98.65	
				电袋组合	0.0279Aar+98.8	

续表

工艺名称	污染物指标项	单位	产污系数	末端治理技术	末端治理技术效率（%）	末端治理设施实际运行率（k值）参考计算公式
层燃炉	烟尘（烟煤）	千克/吨–原料	1.60Aar	袋式除尘	0.0264Aar+98.86	除尘设施年实际运行小时数/机组年实际运行小时数
				静电除尘+其他（湿法脱硫协同）	0.01176Aar+99.46	
				电袋组合+其他（湿法脱硫协同）	0.01116Aar+99.52	
				袋式除尘+其他（湿法脱硫协同）	0.01056Aar+99.544	
				静电除尘+其他（湿式电除尘）	0.00588Aar+99.73	
				电袋组合+其他（湿式电除尘）	0.00558Aar+99.76	
				袋式除尘+其他（湿式电除尘）	0.00528Aar+99.772	
				静电除尘+其他（湿法脱硫协同）+其他（湿式电除尘）	0.002352Aar+99.892	
				电袋组合+其他（湿法脱硫协同）+其他（湿式电除尘）	0.002232Aar+99.904	
				袋式除尘+其他（湿法脱硫协同）+其他（湿式电除尘）	0.002112Aar+99.909	
	烟尘（无烟煤）	千克/吨–原料	1.856Aar	高效静电除尘[①]	0.0098Aar+99.55	
				高效电袋组合[①]	0.0093Aar+99.6	
				高效袋式除尘[①]	0.0088Aar+99.62	
				高效静电除尘+其他（湿法脱硫协同）[①]	0.00392Aar+99.82	
				高效电袋组合+其他（湿法脱硫协同）[①]	0.00372Aar+99.84	
				高效袋式除尘+其他（湿法脱硫协同）[①]	0.00352Aar+99.848	

续表

工艺名称	污染物指标项	单位	产污系数	末端治理技术	末端治理技术效率（%）	末端治理设施实际运行率（k值）参考计算公式
层燃炉	烟尘（无烟煤）	千克/吨-原料	1.856Aar	高效静电除尘+其他（湿式电除尘）①	0.00196Aar+99.91	除尘设施年实际运行小时数/机组年实际运行小时数
				高效电袋组合+其他（湿式电除尘）①	0.00186Aar+99.92	
				高效袋式除尘+其他（湿式电除尘）①	0.00176Aar+99.924	
				高效静电除尘+其他（湿法脱硫协同）+其他（湿式电除尘）①	0.000784Aar+99.964	
				高效电袋组合+其他（湿法脱硫协同）+其他（湿式电除尘）①	0.000744Aar+99.968	
				高效袋式除尘+其他（湿法脱硫协同）+其他（湿式电除尘）①	0.000704Aar+99.9696	
				静电除尘	0.0294Aar+98.65	
				电袋组合	0.0279Aar+98.8	
				袋式除尘	0.0264Aar+98.86	
				静电除尘+其他（湿法脱硫协同）	0.01176Aar+99.46	
				电袋组合+其他（湿法脱硫协同）	0.01116Aar+99.52	
				袋式除尘+其他（湿法脱硫协同）	0.01056Aar+99.544	
				静电除尘+其他（湿式电除尘）	0.00588Aar+99.73	
				电袋组合+其他（湿式电除尘）	0.00558Aar+99.76	
				袋式除尘+其他（湿式电除尘）	0.00528Aar+99.772	
				静电除尘+其他（湿法脱硫协同）+其他（湿式电除尘）	0.002352Aar+99.892	

续表

工艺名称	污染物指标项	单位	产污系数	末端治理技术	末端治理技术效率（%）	末端治理设施实际运行率（k值）参考计算公式
层燃炉	烟尘（无烟煤）	千克/吨-原料	1.856Aar	电袋组合+其他（湿法脱硫协同）+其他（湿式电除尘）	0.002232Aar+99.904	除尘设施年实际运行小时数/机组年实际运行小时数
				袋式除尘+其他（湿法脱硫协同）+其他（湿式电除尘）	0.002112Aar+99.909	
	颗粒物（褐煤）	千克/吨-原料	1.60Aar	高效静电除尘①	0.0098Aar+99.55	
				高效电袋组合①	0.0093Aar+99.6	
				高效袋式除尘①	0.0088Aar+99.62	
				高效静电除尘+其他（湿法脱硫协同）①	0.00392Aar+99.82	
				高效电袋组合+其他（湿法脱硫协同）①	0.00372Aar+99.84	
				高效袋式除尘+其他（湿法脱硫协同）①	0.00352Aar+99.848	
				高效静电除尘+其他（湿式电除尘）①	0.00196Aar+99.91	
				高效电袋组合+其他（湿式电除尘）①	0.00186Aar+99.92	
				高效袋式除尘+其他（湿式电除尘）①	0.00176Aar+99.924	
				高效静电除尘+其他（湿法脱硫协同）+其他（湿式电除尘）①	0.000784Aar+99.964	
				高效电袋组合+其他（湿法脱硫协同）+其他（湿式电除尘）①	0.000744Aar+99.968	
				高效袋式除尘+其他（湿法脱硫协同）+其他（湿式电除尘）①	0.000704Aar+99.9696	
				静电除尘	0.0294Aar+98.65	
				电袋组合	0.0279Aar+98.8	

续表

工艺名称	污染物指标项	单位	产污系数	末端治理技术	末端治理技术效率（%）	末端治理设施实际运行率（k值）参考计算公式
层燃炉	颗粒物（褐煤）	千克/吨–原料	1.60Aar	袋式除尘	0.0264Aar+98.86	除尘设施年实际运行小时数/机组年实际运行小时数
				静电除尘+其他（湿法脱硫协同）	0.01176Aar+99.46	
				电袋组合+其他（湿法脱硫协同）	0.01116Aar+99.52	
				袋式除尘+其他（湿法脱硫协同）	0.01056Aar+99.544	
				静电除尘+其他（湿式电除尘）	0.00588Aar+99.73	
				电袋组合+其他（湿式电除尘）	0.00558Aar+99.76	
				袋式除尘+其他（湿式电除尘）	0.00528Aar+99.772	
				静电除尘+其他（湿法脱硫协同）+其他（湿式电除尘）	0.002352Aar+99.892	
				电袋组合+其他（湿法脱硫协同）+其他（湿式电除尘）	0.002232Aar+99.904	
				袋式除尘+其他（湿法脱硫协同）+其他（湿式电除尘）	0.002112Aar+99.909	
	二氧化硫（无炉内脱硫）	千克/吨–原料	15.95S_{ar}	高效石灰石/石膏法[2]	0.5S_{ar}+98.2	脱硫设施年实际运行小时数/机组年实际运行小时数
				高效石灰/石膏法[2]	0.5S_{ar}+98.2	
				高效氨法[2]	0.5S_{ar}+98.2	
				高效氧化镁法[2]	0.5S_{ar}+98.2	
				高效烟气循环流化床法[2]	0.95S_{ar}+97.5	
				其他（高效电石渣法）[2]	0.6S_{ar}+98	
				石灰石/石膏法	1.4286S_{ar}+94.86	

续表

工艺名称	污染物指标项	单位	产污系数	末端治理技术	末端治理技术效率（%）	末端治理设施实际运行率（k值）参考计算公式
层燃炉	二氧化硫（无炉内脱硫）	千克/吨–原料	$15.95S_{ar}$	石灰/石膏法	$1.4286S_{ar}+94.86$	脱硫设施年实际运行小时数/机组年实际运行小时数
				氨法	$1.4286S_{ar}+94.86$	
				双碱法	$1.7143S_{ar}+94.29$	
				氧化镁法	$1.4286S_{ar}+94.86$	
				烟气循环流化床法	$2.7143S_{ar}+92.86$	
				其他（电石渣法）	$1.7143S_{ar}+94.29$	
				其他（钠碱法）	$1.7143S_{ar}+94.29$	
				其他（湿法脱硫除尘一体化）	$1.4286S_{ar}+94.86$	
	二氧化硫（有炉内脱硫）	千克/吨–原料	$11.2S_{ar}$	高效石灰石/石膏法[②]	$0.5S_{ar}+97.8$	
				高效石灰/石膏法[②]	$0.5S_{ar}+97.8$	
				高效氨法[②]	$0.5S_{ar}+97.8$	
				高效氧化镁法[②]	$0.5S_{ar}+97.8$	
				高效烟气循环流化床法[②]	$0.95S_{ar}+97$	
				其他（高效电石渣法）[②]	$0.6S_{ar}+97.6$	
				石灰石/石膏法	$1.4286S_{ar}+93.71$	
				石灰/石膏法	$1.4286S_{ar}+93.71$	
				氨法	$1.4286S_{ar}+93.71$	
				双碱法	$1.7143S_{ar}+93.14$	
				氧化镁法	$1.4286S_{ar}+93.71$	
				烟气循环流化床法	$2.7143S_{ar}+91.43$	
				其他（电石渣法）	$1.7143S_{ar}+93.14$	
				其他（钠碱法）	$1.7143S_{ar}+93.14$	
				其他（湿法脱硫除尘一体化）	$1.4286S_{ar}+93.71$	

续表

工艺名称	污染物指标项	单位	产污系数	末端治理技术	末端治理技术效率（%）	末端治理设施实际运行率（k值）参考计算公式
层燃炉	氮氧化物，10%＜煤炭干燥无灰基挥发分≤20%	千克/吨-原料	3.98	其他（直排）	/	/
				高效选择性催化还原法（SCR）③	85	脱硝设施年实际运行小时数/机组年实际运行小时数
				选择性催化还原法（SCR）	75	
	氮氧化物，20%＜煤炭干燥无灰基挥发分≤37%	千克/吨-原料	3.19	其他（直排）	/	/
				高效选择性催化还原法（SCR）③	83	脱硝设施年实际运行小时数/机组年实际运行小时数
				选择性催化还原法（SCR）	72	
	氮氧化物，煤炭干燥无灰基挥发分＞37%	千克/吨-原料	2.39	其他（直排）	/	/
				高效选择性催化还原法（SCR）③	80	脱硝设施年实际运行小时数/机组年实际运行小时数
				选择性催化还原法（SCR）	70	
	氮氧化物（SNCR，10%＜煤炭干燥无灰基挥发分≤20%）	千克/吨-原料	2.78	其他（直排）	/	/
				高效选择性催化还原法（SCR）③	83	脱硝设施年实际运行小时数/机组年实际运行小时数
				选择性催化还原法（SCR）	72	
	氮氧化物（SNCR，20%＜煤炭干燥无灰基挥发分≤37%）	千克/吨-原料	1.6	其他（直排）	/	/
				高效选择性催化还原法（SCR）③	75	脱硝设施年实际运行小时数/机组年实际运行小时数
				选择性催化还原法（SCR）	65	

续表

工艺名称	污染物指标项	单位	产污系数	末端治理技术	末端治理技术效率（%）	末端治理设施实际运行率（k值）参考计算公式
层燃炉	氮氧化物（SNCR，煤炭干燥无灰基挥发分>37%）	千克/吨-原料	1.44	其他（直排）	/	/
				高效选择性催化还原法（SCR）③	75	脱硝设施年实际运行小时数/机组年实际运行小时数
				选择性催化还原法（SCR）	65	

表9-22 ≤8兆瓦热电联产行业废气、废水污染物系数表（9）

工艺名称	污染物指标项	单位	产污系数	末端治理技术	末端治理技术效率（%）	末端治理设施实际运行率（k值）参考计算公式
层燃炉	工业废气量（烟煤）	标立方米/吨-原料	10290	其他（直排）	/	/
	工业废气量（无烟煤）	标立方米/吨-原料	10197	其他（直排）	/	/
	工业废气量（褐煤）	标立方米/吨-原料	5915	其他（直排）	/	/
煤粉锅炉	工业废气量（烟煤）	标立方米/吨-原料	9186	其他（直排）	/	/
	工业废气量（褐煤）	标立方米/吨-原料	5915	其他（直排）	/	/
循环流化床锅炉	工业废气量（烟煤）	标立方米/吨-原料	9415	其他（直排）	/	/
	工业废气量（无烟煤）	标立方米/吨-原料	11034	其他（直排）	/	/

续表

工艺名称	污染物指标项	单位	产污系数	末端治理技术	末端治理技术效率（%）	末端治理设施实际运行率（k值）参考计算公式
煤粉锅炉	烟尘（烟煤）	千克/吨-原料	8.93Aar	高效静电除尘①	0.0017Aar+99.918	除尘设施年实际运行小时数/机组年实际运行小时数
				高效电袋组合①	0.0016Aar+99.928	
				高效袋式除尘①	0.0015Aar+99.93	
				高效静电除尘+其他（湿法脱硫协同）①	0.00068Aar+99.9672	
				高效电袋组合+其他（湿法脱硫协同）①	0.00064Aar+99.9712	
				高效袋式除尘+其他（湿法脱硫协同）①	0.0006Aar+99.972	
				高效静电除尘+其他（湿式电除尘）①	0.00034Aar+99.9836	
				高效电袋组合+其他（湿式电除尘）①	0.00032Aar+99.9856	
				高效袋式除尘+其他（湿式电除尘）①	0.0003Aar+99.986	
				高效静电除尘+其他（湿法脱硫协同）+其他（湿式电除尘）①	0.000136Aar+99.9934	
				高效电袋组合+其他（湿法脱硫协同）+其他（湿式电除尘）①	0.000128Aar+99.9942	
				高效袋式除尘+其他（湿法脱硫协同）+其他（湿式电除尘）①	0.00012Aar+99.9944	
				静电除尘	0.0085Aar+99.59	
				电袋组合	0.008Aar+99.64	
				袋式除尘	0.0075Aar+99.65	
				静电除尘+其他（湿法脱硫协同）	0.0034Aar+99.836	
				电袋组合+其他（湿法脱硫协同）	0.0032Aar+99.856	

续表

工艺名称	污染物指标项	单位	产污系数	末端治理技术	末端治理技术效率（%）	末端治理设施实际运行率（k值）参考计算公式
煤粉锅炉	烟尘（烟煤）	千克/吨–原料	8.93Aar	袋式除尘+其他（湿法脱硫协同）	0.003Aar+99.860	除尘设施年实际运行小时数/机组年实际运行小时数
				静电除尘+其他（湿式电除尘）	0.0017Aar+99.918	
				电袋组合+其他（湿式电除尘）	0.0016Aar+99.928	
				袋式除尘+其他（湿式电除尘）	0.0015Aar+99.930	
				静电除尘+其他（湿法脱硫协同）+其他（湿式电除尘）	0.00068Aar+99.967	
				电袋组合+其他（湿法脱硫协同）+其他（湿式电除尘）	0.00064Aar+99.971	
				袋式除尘+其他（湿法脱硫协同）+其他（湿式电除尘）	0.0006Aar+99.972	
	烟尘（褐煤）	千克/吨–原料	8.93Aar	高效静电除尘[①]	0.0017Aar+99.918	
				高效电袋组合[①]	0.0016Aar+99.928	
				高效袋式除尘[①]	0.0015Aar+99.93	
				静电除尘	0.0085Aar+99.59	
				电袋组合	0.008Aar+99.64	
				袋式除尘	0.0075Aar+99.65	
	二氧化硫（烟煤）	千克/吨–原料	17S_{ar}	高效石灰石/石膏法[②]	0.5S_{ar}+98.3	脱硫设施年实际运行小时数/机组年实际运行小时数
				高效石灰/石膏法[②]	0.5S_{ar}+98.3	
				高效海水脱硫法[②]	0.6S_{ar}+97.8	
				高效氨法[②]	0.3S_{ar}+98.6	
				高效氧化镁法[②]	0.5S_{ar}+98.2	
				高效烟气循环流化床法[②]	0.95S_{ar}+97.5	

续表

工艺名称	污染物指标项	单位	产污系数	末端治理技术	末端治理技术效率（%）	末端治理设施实际运行率（k值）参考计算公式
煤粉锅炉	二氧化硫（烟煤）	千克/吨－原料	$17S_{ar}$	其他（高效电石渣法）[②]	$0.75S_{ar}+97.8$	脱硫设施年实际运行小时数/机组年实际运行小时数
				石灰石/石膏法	$4.2857S_{ar}+85.43$	
				石灰/石膏法	$4.2857S_{ar}+85.43$	
				海水脱硫法	$5.1429S_{ar}+81.14$	
				氨法	$2.5714S_{ar}+88.00$	
				双碱法	$5.5714S_{ar}+82.86$	
				氧化镁法	$4.2857S_{ar}+84.57$	
				烟气循环流化床法	$8.1429S_{ar}+78.57$	
				其他（电石渣法）	$6.4286S_{ar}+81.14$	
				其他（钠碱法）	$5.5714S_{ar}+82.86$	
	二氧化硫（褐煤，无炉内脱硫）	千克/吨－原料	$17S_{ar}$	高效石灰石/石膏法[②]	$0.5S_{ar}+98.3$	
				高效石灰/石膏法[②]	$0.5S_{ar}+98.3$	
				高效海水脱硫法[②]	$0.6S_{ar}+97.8$	
				高效氨法[②]	$0.3S_{ar}+98.6$	
				高效氧化镁法[②]	$0.5S_{ar}+98.2$	
				高效烟气循环流化床法[②]	$0.95S_{ar}+97.5$	
				其他（高效电石渣法）[②]	$0.75S_{ar}+97.8$	
				石灰石/石膏法	$4.2857S_{ar}+85.43$	
				石灰/石膏法	$4.2857S_{ar}+85.43$	
				海水脱硫法	$5.1429S_{ar}+81.14$	
				氨法	$2.5714S_{ar}+88.00$	
				氧化镁法	$4.2857S_{ar}+84.57$	
				双碱法	$5.5714S_{ar}+82.86$	
				烟气循环流化床法	$8.1429S_{ar}+78.57$	
				其他（电石渣法）	$6.4286S_{ar}+81.14$	
				其他（钠碱法）	$5.5714S_{ar}+82.86$	

续表

工艺名称	污染物指标项	单位	产污系数	末端治理技术	末端治理技术效率（%）	末端治理设施实际运行率（k值）参考计算公式
煤粉锅炉	二氧化硫（褐煤，有炉内脱硫）	千克/吨–原料	$11.9S_{ar}$	高效石灰石/石膏法②	$0.5S_{ar}+98$	脱硫设施年实际运行小时数/机组年实际运行小时数
				高效石灰/石膏法②	$0.5S_{ar}+98$	
				高效海水脱硫法②	$0.6S_{ar}+97.3$	
				高效氨法②	$0.3S_{ar}+98.4$	
				高效氧化镁法②	$0.45S_{ar}+98$	
				高效烟气循环流化床法②	$0.95S_{ar}+97.2$	
				其他（高效电石渣法）②	$0.75S_{ar}+97.5$	
				石灰石/石膏法	$4.2857S_{ar}+82.86$	
				石灰/石膏法	$4.2857S_{ar}+82.86$	
				海水脱硫法	$5.1429S_{ar}+76.86$	
				氨法	$2.5714S_{ar}+86.29$	
				双碱法	$5.5714S_{ar}+79.43$	
				氧化镁法	$3.8571S_{ar}+82.86$	
				烟气循环流化床法	$8.1429S_{ar}+76.0$	
				其他（电石渣法）	$6.4286S_{ar}+78.57$	
				其他（钠碱法）	$5.5714S_{ar}+79.43$	
	氮氧化物（低氮燃烧法，20%＜煤炭干燥无灰基挥发分≤37%）	千克/吨–原料	3.68	其他（直排）	/	/
				高效选择性催化还原法（SCR）③	80	脱硝设施年实际运行小时数/机组年实际运行小时数
				选择性催化还原法（SCR）	75	
	氮氧化物（低氮燃烧法–SNCR，20%＜煤炭干燥无灰基挥发分≤37%）	千克/吨–原料	2.21	其他（直排）	/	/
				高效选择性催化还原法（SCR）③	78	脱硝设施年实际运行小时数/机组年实际运行小时数
				选择性催化还原法（SCR）	70	

续表

工艺名称	污染物指标项	单位	产污系数	末端治理技术	末端治理技术效率（%）	末端治理设施实际运行率（k值）参考计算公式
煤粉锅炉	氮氧化物（低氮燃烧法，煤炭干燥无灰基挥发分＞37%）	千克/吨-原料	2.36	其他（直排）	/	/
				高效选择性催化还原法（SCR）③	80	脱硝设施年实际运行小时数/机组年实际运行小时数
				选择性催化还原法（SCR）	75	
煤粉锅炉	氮氧化物（低氮燃烧法-SNCR，煤炭干燥无灰基挥发分＞37%）	千克/吨-原料	1.45	其他（直排）	/	/
				高效选择性催化还原法（SCR）③	75	脱硝设施年实际运行小时数/机组年实际运行小时数
				选择性催化还原法（SCR）	70	
循环流化床锅炉	烟尘（烟煤）	千克/吨-原料	5.19Aar	高效静电除尘①	0.003Aar+99.85	除尘设施年实际运行小时数/机组年实际运行小时数
				高效电袋组合①	0.0029Aar+99.87	
				高效袋式除尘①	0.0027Aar+99.88	
				高效静电除尘+其他（湿法脱硫协同）①	0.0012Aar+99.954	
				高效电袋组合+其他（湿法脱硫协同）①	0.00116Aar+99.948	
				高效袋式除尘+其他（湿法脱硫协同）①	0.00108Aar+99.952	
				高效静电除尘+其他（湿式电除尘）①	0.0006Aar+99.97	
				高效电袋组合+其他（湿式电除尘）①	0.00058Aar+99.974	
				高效袋式除尘+其他（湿式电除尘）①	0.00054Aar+99.976	
				高效静电除尘+其他（湿法脱硫协同）+其他（湿式电除尘）①	0.00024Aar+99.988	

续表

工艺名称	污染物指标项	单位	产污系数	末端治理技术	末端治理技术效率（%）	末端治理设施实际运行率（k值）参考计算公式
循环流化床锅炉	烟尘（烟煤）	千克/吨-原料	5.19Aar	高效电袋组合+其他（湿法脱硫协同）+其他（湿式电除尘）①	0.000232Aar+99.9896	除尘设施年实际运行小时数/机组年实际运行小时数
				高效袋式除尘+其他（湿法脱硫协同）+其他（湿式电除尘）①	0.000216Aar+99.9904	
				静电除尘	0.015Aar+99.25	
				电袋组合	0.0145Aar+99.35	
				袋式除尘	0.0135Aar+99.40	
				静电除尘+其他（湿法脱硫协同）	0.006Aar+99.77	
				电袋组合+其他（湿法脱硫协同）	0.0058Aar+99.74	
				袋式除尘+其他（湿法脱硫协同）	0.0054Aar+99.76	
				静电除尘+其他（湿式电除尘）	0.003Aar+99.85	
				电袋组合+其他（湿式电除尘）	0.0029Aar+99.87	
				袋式除尘+其他（湿式电除尘）	0.0027Aar+99.88	
				静电除尘+其他（湿法脱硫协同）+其他（湿式电除尘）	0.0012Aar+99.94	
				电袋组合+其他（湿法脱硫协同）+其他（湿式电除尘）	0.00116Aar+99.948	
				袋式除尘+其他（湿法脱硫协同）+其他（湿式电除尘）	0.00108Aar+99.952	

续表

工艺名称	污染物指标项	单位	产污系数	末端治理技术	末端治理技术效率（%）	末端治理设施实际运行率（k值）参考计算公式
循环流化床锅炉	烟尘（无烟煤）	千克/吨-原料	4.63Aar	高效静电除尘①	0.003Aar+99.85	除尘设施年实际运行小时数/机组年实际运行小时数
				高效电袋组合①	0.0029Aar+99.87	
				高效袋式除尘①	0.0027Aar+99.88	
				静电除尘	0.015Aar+99.25	
				电袋组合	0.0145Aar+99.35	
				袋式除尘	0.0135Aar+99.40	
	烟尘（褐煤）	千克/吨-原料	4.63Aar	高效静电除尘①	0.003Aar+99.85	
				高效电袋组合①	0.0029Aar+99.87	
				高效袋式除尘①	0.0027Aar+99.88	
				静电除尘	0.015Aar+99.25	
				电袋组合	0.0145Aar+99.35	
				袋式除尘	0.0135Aar+99.40	
	二氧化硫（烟煤，无脱硫剂）	千克/吨-原料	$15S_{ar}$	高效石灰石/石膏法②	$0.5S_{ar}+98.2$	脱硫设施年实际运行小时数/机组年实际运行小时数
				高效石灰/石膏法②	$0.5S_{ar}+98.2$	
				高效氨法②	$0.5S_{ar}+98.2$	
				高效氧化镁法②	$0.5S_{ar}+98.2$	
				高效烟气循环流化床法②	$0.95S_{ar}+97.5$	
				其他（高效电石渣法）②	$0.6S_{ar}+98$	
				石灰石/石膏法	$4.2857S_{ar}+84.57$	
				石灰/石膏法	$4.2857S_{ar}+84.57$	
				氨法	$4.2857S_{ar}+84.57$	
				双碱法	$5.1429S_{ar}+82.86$	
				氧化镁法	$4.2857S_{ar}+84.57$	
				烟气循环流化床法	$8.1429S_{ar}+78.57$	
				其他（电石渣法）	$5.1429S_{ar}+82.86$	
				其他（钠碱法）	$5.1429S_{ar}+82.86$	
				其他（湿法脱硫除尘一体化）	$4.2857S_{ar}+84.57$	

续表

工艺名称	污染物指标项	单位	产污系数	末端治理技术	末端治理技术效率（%）	末端治理设施实际运行率（k值）参考计算公式
循环流化床锅炉	二氧化硫（烟煤，有脱硫剂）	千克/吨-原料	$4.5S_{ar}$	高效石灰石/石膏法②	$0.5S_{ar}+96.5$	脱硫设施年实际运行小时数/机组年实际运行小时数
				高效石灰/石膏法②	$0.5S_{ar}+96.5$	
				高效氨法②	$0.5S_{ar}+96.5$	
				高效氧化镁法②	$0.5S_{ar}+96.5$	
				高效烟气循环流化床法②	$0.75S_{ar}+96$	
				其他（高效电石渣法）②	$0.6S_{ar}+96$	
				石灰石/石膏法	$4.2857S_{ar}+70.0$	
				石灰/石膏法	$4.2857S_{ar}+70.0$	
				氨法	$4.2857S_{ar}+70.0$	
				双碱法	$5.5714S_{ar}+70.00$	
				氧化镁法	$4.2857S_{ar}+70.00$	
				烟气循环流化床法	$6.0000S_{ar}+65.71$	
				其他（电石渣法）	$5.1429S_{ar}+65.71$	
				其他（钠碱法）	$5.5714S_{ar}+70.00$	
				其他（湿法脱硫除尘一体化）	$4.2857S_{ar}+70.00$	
	二氧化硫（无烟煤，无脱硫剂）	千克/吨-原料	$15S_{ar}$	高效石灰石/石膏法②	$0.5S_{ar}+98.2$	
				高效石灰/石膏法②	$0.5S_{ar}+98.2$	
				高效氨法②	$0.5S_{ar}+98.2$	
				高效氧化镁法②	$0.5S_{ar}+98.2$	
				高效烟气循环流化床法②	$0.95S_{ar}+97.5$	
				其他（高效电石渣法）②	$0.6S_{ar}+98$	
				石灰石/石膏法	$4.2857S_{ar}+84.57$	
				石灰/石膏法	$4.2857S_{ar}+84.57$	
				氨法	$4.2857S_{ar}+84.57$	

续表

工艺名称	污染物指标项	单位	产污系数	末端治理技术	末端治理技术效率（%）	末端治理设施实际运行率（k值）参考计算公式
循环流化床锅炉	二氧化硫（无烟煤，无脱硫剂）	千克/吨-原料	$15S_{ar}$	双碱法	$5.1429S_{ar}+82.86$	
				氧化镁法	$4.2857S_{ar}+84.57$	
				烟气循环流化床法	$8.1429S_{ar}+78.57$	
				其他（电石渣法）	$5.1429S_{ar}+82.86$	
				其他（钠碱法）	$5.1429S_{ar}+82.86$	
				其他（湿法脱硫除尘一体化）	$4.2857S_{ar}+84.57$	
	二氧化硫（无烟煤，有脱硫剂）	千克/吨-原料	$4.5S_{ar}$	高效石灰石/石膏法②	$0.5S_{ar}+96.5$	脱硫设施年实际运行小时数/机组年实际运行小时数
				高效石灰/石膏法②	$0.5S_{ar}+96.5$	
				高效氨法②	$0.5S_{ar}+96.5$	
				高效氧化镁法②	$0.5S_{ar}+96.5$	
				高效烟气循环流化床法②	$0.75S_{ar}+96$	
				其他（高效电石渣法）②	$0.6S_{ar}+96$	
				石灰石/石膏法	$4.2857S_{ar}+70.0$	
				石灰/石膏法	$4.2857S_{ar}+70.0$	
				氨法	$4.2857S_{ar}+70.0$	
				双碱法	$5.5714S_{ar}+70.00$	
				氧化镁法	$4.2857S_{ar}+70.00$	
				烟气循环流化床法	$6.0000S_{ar}+65.71$	
				其他（电石渣法）	$5.1429S_{ar}+65.71$	
				其他（钠碱法）	$5.5714S_{ar}+70.00$	
				其他（湿法脱硫除尘一体化）	$4.2857S_{ar}+70.00$	

续表

工艺名称	污染物指标项	单位	产污系数	末端治理技术	末端治理技术效率（%）	末端治理设施实际运行率（k值）参考计算公式
循环流化床锅炉	氮氧化物，煤炭干燥无灰基挥发分≤10%	千克/吨-原料	3.31	其他（直排）	/	/
				高效选择性催化还原法（SCR）③	80	脱硝设施年实际运行小时数/机组年实际运行小时数
				选择性催化还原法（SCR）	70	
	氮氧化物，10%＜煤炭干燥无灰基挥发分≤20%	千克/吨-原料	2.82	其他（直排）	/	/
				高效选择性催化还原法（SCR）③	80	脱硝设施年实际运行小时数/机组年实际运行小时数
				选择性催化还原法（SCR）	70	
	氮氧化物，20%＜煤炭干燥无灰基挥发分≤37%	千克/吨-原料	3.29	其他（直排）	/	/
				高效选择性催化还原法（SCR）③	75	脱硝设施年实际运行小时数/机组年实际运行小时数
				选择性催化还原法（SCR）	72	
	氮氧化物（SNCR，煤炭干燥无灰基挥发分≤10%）	千克/吨-原料	1.11	其他（直排）	/	/
				高效选择性催化还原法（SCR）③	65	脱硝设施年实际运行小时数/机组年实际运行小时数
				选择性催化还原法（SCR）	50	

续表

工艺名称	污染物指标项	单位	产污系数	末端治理技术	末端治理技术效率（%）	末端治理设施实际运行率（k值）参考计算公式
循环流化床锅炉	氮氧化物（SNCR，10%＜煤炭干燥无灰基挥发分≤20%）	千克/吨-原料	0.95	其他（直排）	/	/
				高效选择性催化还原法（SCR）③	65	脱硝设施年实际运行小时数/机组年实际运行小时数
				选择性催化还原法（SCR）	50	
	氮氧化物（SNCR，20%＜煤炭干燥无灰基挥发分≤37%）	千克/吨-原料	0.95	其他（直排）	/	/
				高效选择性催化还原法（SCR）③	65	脱硝设施年实际运行小时数/机组年实际运行小时数
				选择性催化还原法（SCR）	50	
层燃炉	烟尘（烟煤）	千克/吨-原料	1.25Aar	高效静电除尘①	0.0098Aar+99.55	除尘设施年实际运行小时数/机组年实际运行小时数
				高效电袋组合①	0.0093Aar+99.6	
				高效袋式除尘①	0.0088Aar+99.62	
				高效静电除尘+其他（湿法脱硫协同）①	0.00392Aar+99.82	
				高效电袋组合+其他（湿法脱硫协同）①	0.00372Aar+99.84	
				高效袋式除尘+其他（湿法脱硫协同）①	0.00352Aar+99.848	
				高效静电除尘+其他（湿式电除尘）①	0.00196Aar+99.91	
				高效电袋组合+其他（湿式电除尘）①	0.00186Aar+99.92	
				高效袋式除尘+其他（湿式电除尘）①	0.00176Aar+99.924	
				高效静电除尘+其他（湿法脱硫协同）+其他（湿式电除尘）①	0.000784Aar+99.964	

续表

工艺名称	污染物指标项	单位	产污系数	末端治理技术	末端治理技术效率（%）	末端治理设施实际运行率（k值）参考计算公式
层燃炉	烟尘（烟煤）	千克/吨-原料	1.25Aar	高效电袋组合+其他（湿法脱硫协同）+其他（湿式电除尘）[①]	0.000744Aar+99.968	除尘设施年实际运行小时数/机组年实际运行小时数
				高效袋式除尘+其他（湿法脱硫协同）+其他（湿式电除尘）[①]	0.000704Aar+99.9696	
				静电除尘	0.049Aar+97.75	
				电袋组合	0.0465Aar+98.0	
				袋式除尘	0.044Aar+98.1	
				静电除尘+其他（湿法脱硫协同）	0.0196Aar+99.10	
				电袋组合+其他（湿法脱硫协同）	0.0186Aar+99.20	
				袋式除尘+其他（湿法脱硫协同）	0.0176Aar+99.24	
				静电除尘+其他（湿式电除尘）	0.0098Aar+99.55	
				电袋组合+其他（湿式电除尘）	0.0093Aar+99.60	
				袋式除尘+其他（湿式电除尘）	0.0088Aar+99.62	
				静电除尘+其他（湿法脱硫协同）+其他（湿式电除尘）	0.00392Aar+99.82	
				电袋组合+其他（湿法脱硫协同）+其他（湿式电除尘）	0.00372Aar+99.84	
				袋式除尘+其他（湿法脱硫协同）+其他（湿式电除尘）	0.00352Aar+99.848	

续表

工艺名称	污染物指标项	单位	产污系数	末端治理技术	末端治理技术效率（%）	末端治理设施实际运行率（k值）参考计算公式
层燃炉	烟尘（无烟煤）	千克/吨-原料	1.84Aar	高效静电除尘①	0.0098Aar+99.55	除尘设施年实际运行小时数/机组年实际运行小时数
				高效电袋组合①	0.0093Aar+99.6	
				高效袋式除尘①	0.0088Aar+99.62	
				静电除尘	0.049Aar+97.75	
				电袋组合	0.0465Aar+98.0	
				袋式除尘	0.044Aar+98.1	
	烟尘（褐煤）	千克/吨-原料	1.25Aar	高效静电除尘①	0.0098Aar+99.55	
				高效电袋组合①	0.0093Aar+99.6	
				高效袋式除尘①	0.0088Aar+99.62	
				静电除尘	0.049Aar+97.75	
				电袋组合	0.0465Aar+98.0	
				袋式除尘	0.044Aar+98.1	
	二氧化硫（烟煤，无炉内脱硫）	千克/吨-原料	$16S_{ar}$	高效石灰石/石膏法②	$0.5S_{ar}$+98.2	脱硫设施年实际运行小时数/机组年实际运行小时数
				高效石灰/石膏法②	$0.5S_{ar}$+98.2	
				高效氨法②	$0.5S_{ar}$+98.2	
				高效氧化镁法②	$0.5S_{ar}$+98.2	
				高效烟气循环流化床法②	$0.95S_{ar}$+97.5	
				其他（高效电石渣法）②	$0.6S_{ar}$+98	
				石灰石/石膏法	$4.2857S_{ar}$+84.57	
				石灰/石膏法	$4.2857S_{ar}$+84.57	
				氨法	$4.2857S_{ar}$+84.57	
				双碱法	$5.1429S_{ar}$+82.86	
				氧化镁法	$4.2857S_{ar}$+84.57	
				烟气循环流化床法	$8.1429S_{ar}$+78.57	
				其他（电石渣法）	$5.1429S_{ar}$+82.86	
				其他（钠碱法）	$5.1429S_{ar}$+82.86	
				其他（湿法脱硫除尘一体化）	$4.2857S_{ar}$+84.57	

续表

工艺名称	污染物指标项	单位	产污系数	末端治理技术	末端治理技术效率（%）	末端治理设施实际运行率（k值）参考计算公式
层燃炉	二氧化硫（烟煤，炉内脱硫）	千克/吨–原料	$11.2S_{ar}$	高效石灰石/石膏法[②]	$0.5S_{ar}+97.8$	脱硫设施年实际运行小时数/机组年实际运行小时数
				高效石灰/石膏法[②]	$0.5S_{ar}+97.8$	
				高效氨法[②]	$0.5S_{ar}+97.8$	
				高效氧化镁法[②]	$0.5S_{ar}+97.8$	
				高效烟气循环流化床法[②]	$0.95S_{ar}+97$	
				其他（高效电石渣法）[②]	$0.6S_{ar}+97.6$	
				石灰石/石膏法	$4.2857S_{ar}+81.14$	
				石灰/石膏法	$4.2857S_{ar}+81.14$	
				氨法	$4.2857S_{ar}+81.14$	
				双碱法	$5.1429S_{ar}+79.43$	
				氧化镁法	$4.2857S_{ar}+81.14$	
				烟气循环流化床法	$8.1429S_{ar}+74.29$	
				其他（电石渣法）	$5.1429S_{ar}+79.43$	
				其他（钠碱法）	$5.1429S_{ar}+79.43$	
				其他（湿法脱硫除尘一体化）	$4.2857S_{ar}+81.14$	
	二氧化硫（无烟煤，无炉内脱硫）	千克/吨–原料	$16S_{ar}$	高效石灰石/石膏法[②]	$0.5S_{ar}+98.2$	
				高效石灰/石膏法[②]	$0.5S_{ar}+98.2$	
				高效氨法[②]	$0.5S_{ar}+98.2$	
				高效氧化镁法[②]	$0.5S_{ar}+98.2$	
				高效烟气循环流化床法[②]	$0.95S_{ar}+97.5$	
				其他（高效电石渣法）[②]	$0.6S_{ar}+98$	
				石灰石/石膏法	$4.2857S_{ar}+84.57$	
				石灰/石膏法	$4.2857S_{ar}+84.57$	
				氨法	$4.2857S_{ar}+84.57$	

续表

工艺名称	污染物指标项	单位	产污系数	末端治理技术	末端治理技术效率（%）	末端治理设施实际运行率（k值）参考计算公式
层燃炉	二氧化硫（无烟煤，无炉内脱硫）	千克/吨-原料	$16S_{ar}$	双碱法	$5.1429S_{ar}+82.86$	脱硫设施年实际运行小时数/机组年实际运行小时数
				氧化镁法	$4.2857S_{ar}+84.57$	
				烟气循环流化床法	$8.1429S_{ar}+78.57$	
				其他（电石渣法）	$5.1429S_{ar}+82.86$	
				其他（钠碱法）	$5.1429S_{ar}+82.86$	
				其他（湿法脱硫除尘一体化）	$4.2857S_{ar}+84.57$	
	二氧化硫（无烟煤，炉内脱硫）	千克/吨-原料	$11.2S_{ar}$	高效石灰石/石膏法②	$0.5S_{ar}+97.8$	
				高效石灰/石膏法②	$0.5S_{ar}+97.8$	
				高效氨法②	$0.5S_{ar}+97.8$	
				高效氧化镁法②	$0.5S_{ar}+97.8$	
				高效烟气循环流化床法②	$0.95S_{ar}+97$	
				其他（高效电石渣法）②	$0.6S_{ar}+97.6$	
				石灰石/石膏法	$4.2857S_{ar}+81.14$	
				石灰/石膏法	$4.2857S_{ar}+81.14$	
				氨法	$4.2857S_{ar}+81.14$	
				双碱法	$5.1429S_{ar}+79.43$	
				氧化镁法	$4.2857S_{ar}+81.14$	
				烟气循环流化床法	$8.1429S_{ar}+74.29$	
				其他（电石渣法）	$5.1429S_{ar}+79.43$	
				其他（钠碱法）	$5.1429S_{ar}+79.43$	
				其他（湿法脱硫除尘一体化）	$4.2857S_{ar}+81.14$	

续表

工艺名称	污染物指标项	单位	产污系数	末端治理技术	末端治理技术效率（%）	末端治理设施实际运行率（k值）参考计算公式
层燃炉	二氧化硫（褐煤，无炉内脱硫）	千克/吨-原料	$15S_{ar}$	高效石灰石/石膏法[②]	$0.5S_{ar}+98.2$	脱硫设施年实际运行小时数/机组年实际运行小时数
				高效石灰/石膏法[②]	$0.5S_{ar}+98.2$	
				高效氨法[②]	$0.5S_{ar}+98.2$	
				高效氧化镁法[②]	$0.5S_{ar}+98.2$	
				高效烟气循环流化床法[②]	$0.95S_{ar}+97.5$	
				其他（高效电石渣法）[②]	$0.6S_{ar}+98$	
				石灰石/石膏法	$4.2857S_{ar}+84.57$	
				石灰/石膏法	$4.2857S_{ar}+84.57$	
				氨法	$4.2857S_{ar}+84.57$	
				双碱法	$5.1429S_{ar}+82.86$	
				氧化镁法	$4.2857S_{ar}+84.57$	
				烟气循环流化床法	$8.1429S_{ar}+78.57$	
				其他（电石渣法）	$5.1429S_{ar}+82.86$	
				其他（钠碱法）	$5.1429S_{ar}+82.86$	
				其他（湿法脱硫除尘一体化）	$4.2857S_{ar}+84.57$	
	二氧化硫（褐煤，炉内脱硫）	千克/吨-原料	$10.5S_{ar}$	高效石灰石/石膏法[②]	$0.5S_{ar}+97.8$	
				高效石灰/石膏法[②]	$0.5S_{ar}+97.8$	
				高效氨法[②]	$0.5S_{ar}+97.8$	
				高效氧化镁法[②]	$0.5S_{ar}+97.8$	
				高效烟气循环流化床法[②]	$0.95S_{ar}+97$	
				其他（高效电石渣法）[②]	$0.6S_{ar}+97.6$	
				石灰石/石膏法	$4.2857S_{ar}+81.14$	
				石灰/石膏法	$4.2857S_{ar}+81.14$	
				氨法	$4.2857S_{ar}+81.14$	

续表

工艺名称	污染物指标项	单位	产污系数	末端治理技术	末端治理技术效率（%）	末端治理设施实际运行率（k值）参考计算公式
层燃炉	二氧化硫（褐煤，炉内脱硫）	千克/吨–原料	$10.5S_{ar}$	双碱法	$5.1429S_{ar}+79.43$	脱硫设施年实际运行小时数/机组年实际运行小时数
				氧化镁法	$4.2857S_{ar}+81.14$	
				烟气循环流化床法	$8.1429S_{ar}+74.29$	
				其他（电石渣法）	$5.1429S_{ar}+79.43$	
				其他（钠碱法）	$5.1429S_{ar}+79.43$	
				其他（湿法脱硫除尘一体化）	$4.2857S_{ar}+81.14$	
	氮氧化物，煤炭干燥无灰基挥发分≤10%	千克/吨–原料	3.06	其他（直排）	/	/
				高效选择性催化还原法（SCR）③	80	脱硝设施年实际运行小时数/机组年实际运行小时数
				选择性催化还原法（SCR）	75	
	氮氧化物，10%＜煤炭干燥无灰基挥发分≤20%	千克/吨–原料	3.06	其他（直排）	/	/
				高效选择性催化还原法（SCR）③	80	脱硝设施年实际运行小时数/机组年实际运行小时数
				选择性催化还原法（SCR）	75	
	氮氧化物，20%＜煤炭干燥无灰基挥发分≤37%	千克/吨–原料	3.09	其他（直排）	/	/
				高效选择性催化还原法（SCR）③	80	脱硝设施年实际运行小时数/机组年实际运行小时数
				选择性催化还原法（SCR）	75	

续表

工艺名称	污染物指标项	单位	产污系数	末端治理技术	末端治理技术效率（%）	末端治理设施实际运行率（k值）参考计算公式
层燃炉	氮氧化物，煤炭干燥无灰基挥发分＞37%	千克/吨-原料	1.75	其他（直排）	/	/
				高效选择性催化还原法（SCR）③	80	脱硝设施年实际运行小时数/机组年实际运行小时数
				选择性催化还原法（SCR）	75	脱硝设施年实际运行小时数/机组年实际运行小时数
层燃炉	氮氧化物（SNCR，煤炭干燥无灰基挥发分≤10%）	千克/吨-原料	1.83	其他（直排）	/	/
				高效选择性催化还原法（SCR）③	72	脱硝设施年实际运行小时数/机组年实际运行小时数
				选择性催化还原法（SCR）	65	脱硝设施年实际运行小时数/机组年实际运行小时数
层燃炉	氮氧化物（SNCR，10%＜煤炭干燥无灰基挥发分≤20%）	千克/吨-原料	1.83	其他（直排）	/	/
				高效选择性催化还原法（SCR）③	72	脱硝设施年实际运行小时数/机组年实际运行小时数
				选择性催化还原法（SCR）	65	脱硝设施年实际运行小时数/机组年实际运行小时数
层燃炉	氮氧化物（SNCR，20%＜煤炭干燥无灰基挥发分≤37%）	千克/吨-原料	1.52	其他（直排）	/	/
				高效选择性催化还原法（SCR）③	70	脱硝设施年实际运行小时数/机组年实际运行小时数
				选择性催化还原法（SCR）	65	脱硝设施年实际运行小时数/机组年实际运行小时数

续表

工艺名称	污染物指标项	单位	产污系数	末端治理技术	末端治理技术效率（%）	末端治理设施实际运行率（k值）参考计算公式
层燃炉	氮氧化物（SNCR，煤炭干燥无灰基挥发分＞37%）	千克/吨-原料	0.89	其他（直排）	/	/
				高效选择性催化还原法（SCR）③	70	脱硝设施年实际运行小时数/机组年实际运行小时数
				选择性催化还原法（SCR）	65	

注：① 高效颗粒物末端治理技术：《火电厂污染防治可行技术指南》（HJ 2301—2017）推荐的高效电源供电、低低温电除尘、超净电袋、高效袋式除尘、湿法脱硫协同、湿式电除尘等超低排放技术。
② 高效二氧化硫末端治理技术：《火电厂污染防治可行技术指南》（HJ 2301—2017）推荐的空塔提效、单塔双pH值分区等超低排放技术。
③ 高效氮氧化物末端治理技术：《火电厂污染防治可行技术指南》（HJ 2301—2017）推荐的高效低氮燃烧技术、增设脱硝催化剂层数等超低排放技术。
说明：表9-14至表9-21的注释同上。

需要注意以下事项：

第一，在电厂锅炉额定出力小于670蒸吨/小时情况下，按公式"0.303×锅炉额定出力（单位：蒸吨/小时）-11.348"估算对应的规模等级（单位：兆瓦），670蒸吨/小时及以上机组容量按照实际装机规模等级（单位：兆瓦）确定。例如，620蒸吨/小时锅炉按公式估算其装机规模等级，0.303×620-11.348≈177（兆瓦），属于150~249兆瓦等级。

第二，除尘去除效率为与收到基灰分、收到基含硫量相关的函数。燃料为煤炭，10%≤灰分（A_{ar}）≤40%、0.3%≤收到基含硫量（S_{ar}）≤3%时，直接以数值（不含百分号）带入计算；收到基灰分、收到基含硫量低于下限值时以下限值带入计算，高于上限值时以上限值带入计算。

第三，脱硫去除效率为与收到基含硫量相关的函数。其中：石灰石/石膏法、石灰/石膏法、氨法、钠碱法、双碱法、湿法脱硫除尘一体化措施在0.3%≤收到基含硫量（S_{ar}）≤3%时，直接以数值（不含百分号）带入计算；电石渣法、烟气循环流化床法、氧化镁法在0.3%≤收到基含硫量（S_{ar}）≤2.5%时，直接以数值（不含百分号）带入计算；海水脱硫法在收到基含硫量不超过1%时，直接以数值（不含百分号）带入计算；

收到基含硫量低于下限值时以下限值带入计算，高于上限值时以上限值带入计算。

第四，为体现相同产污水平条件下，采用相同环保治理设施的不同企业对同一污染物去除效果的差异，引入末端治理设施实际运行率（k）对污染治理技术的实际去除率进行修正。k值反映的是污染治理设施运行的状态，越稳定运行，k值越高；在取值上，若定义连续稳定运行的理想状态为1，则k值取值在0~1之间。

（2）启动锅炉排放口的二氧化硫、氮氧化物及颗粒物（烟尘）排放量计算方法。

详见本书第4部分"工业锅炉环境保护税征收管理操作指南"。

（3）机组锅炉及启动锅炉排放口一氧化碳排放量核算。

若机组锅炉排放口或启动锅炉排放口一氧化碳未进行手工监测，2021年4月30日之前可以沿用排污收费的系数核算污染物的排放量，2021年5月1日以后不再沿用排污收费时的相关系数。

系数选取依据《排污申报登记实用手册》，机组锅炉一氧化碳排污系数选取电站锅炉的排污系数，即0.23kg/t。

【实例9-3】某火电厂装机规模为2台300MW供热发电机组配2×1050t/h煤粉炉，燃煤为烟煤。在线监测设备已验收并与当地生态环境主管部门联网，2019年第一季度1号炉排放口在线监测设备未进行比对监测，该厂1月份1号炉燃煤量为80000吨，入炉煤煤质化验加权统计报表详见表9-23。该厂烟气除尘、脱硫及脱硝效率分别为99.5%、92%和85%，请核算该厂1月份1号炉废气排放口烟尘、二氧化硫和氮氧化物的排放量。

表9-23　入炉煤煤质化验加权统计报表

月份	吨	全水	内水	空干基灰分	收到基灰分	干基灰	空干基挥发分	干燥无灰基挥发分	收到基低热	收到基硫分	固定碳
	—	Wt	Wmin	Aad	Aar	Ad	Vad	Vdaf	Qnet.ar	Star	Fcad
	t	%	%	%	%	%	%	%	kcal/kg	%	%
1	80000	10.51	1.85	21.83	15.00	17.23	28.81	38.20	5069	0.42	47.52
2	78900	10.63	2.21	22.18	20.46	22.67	28.16	37.30	4972	0.49	47.45
3	79543	11.83	2.99	21.68	19.77	22.37	29.35	39.02	4943	0.66	45.84
4	78880	11.80	2.56	20.17	18.27	20.70	29.02	37.81	5000	0.56	48.22
5	80122	12.44	3.63	19.16	17.42	19.88	29.62	38.37	4990	0.65	47.59
6	77889	10.55	2.87	22.69	20.90	23.34	29.10	39.10	4902	0.57	45.34

【解析】(1) 确定核算方法。由于1号炉在线监测设备第一季度未进行比对监测，故采用物料衡算和系数法核算污染物排放量。

（2）核算污染物排放量。二氧化硫排放量采用物料衡算方法核算，核算方法见81号公告。烟尘和氮氧化物采用系数法核算。相关系数的选取依据企业煤质化验统计报表中收到基灰分、收到基硫分、干燥无灰基挥发分以及炉型、装机规模、煤种等参数。

二氧化硫的排放量 $=2×$ 燃煤量 $×（1-q_4/100）×S_{t,ar}/100×K×1000×（1-$ 脱硫效率$）$

其中，q_4 为锅炉机械不完全燃烧热损失，依据81号公告火电行业核算方法第5页表1，该企业煤种是烟煤，干燥无灰基挥发分38.2＞25，查取 q_4 为1.5；查取表2，该企业锅炉是煤粉炉，K 值为0.9，根据企业提供的煤质化验统计表，1月收到基硫分为0.42%。

二氧化硫排放量 $=2×$ 燃煤量 $×（1-q_4/100）×S_{t,ar}/100×K×1000×（1-$ 脱硫效率$）$
　　　　　　　$=2×80000×（1-1.5/100）×0.42/100×0.9×1000×（1-0.92）$
　　　　　　　$=47658.24\text{kg}$

根据81号公告附录A查取烟尘和氮氧化物的产污系数。

该机组装机规模为300MW，查取250~449MW煤粉炉烟尘和氮氧化物的产污系数，如表9-24所示。

表9-24　烟尘和氮氧化物产污系数

煤粉炉		烟尘	千克/吨－原料	921Aar+11.13
循环流化床锅炉		烟尘	千克/吨－原料	6.31Aar+7.54
煤粉炉	250~449兆瓦	氮氧化物	千克/吨－原料	8.01
				6.65
				5.82
				4.07

烟尘的产污系数 $=9.21×$ Aar$+11.13=149.28$，依据企业提供的入炉煤化验统计表，收到基灰分为15%。

氮氧化物有如下四档系数，根据企业的干燥无灰基挥发分选取：
①煤炭干燥无灰基挥发分为 Vdaf（%）≤10；
②煤炭干燥无灰基挥发分为 10＜Vdaf（%）≤20；
③煤炭干燥无灰基挥发分为 20＜Vdaf（%）≤37；
④煤炭干燥无灰基挥发分为 Vdaf（%）＞37。

该企业的干燥无灰基挥发分为38.2＞37，故取第四档系数。

氮氧化物的产污系数=4.07

烟尘排放量=80000×149.28×(1-0.995)=59712kg

氮氧化物排放量=80000×4.07×(1-0.85)=48840kg

（4）非正常时段排放量计算方法。

自动监控设施发生故障需要维修或更换，按要求在48小时内恢复正常运行，且在此期间按照《污染源自动监控设施运行管理办法》（环发〔2008〕6号）及《火电行业排污许可证申请与核发技术规范》开展手工监测并报送手工监测数据的，根据手工监测结果核算该时段实际排放量。对于未按要求开展手工监测并报送数据的，或未能按要求及时恢复设施正常运行的，采用物料衡算法或产（排）污系数法按照直排核算该时段实际排放量。

对于自动监测数据缺失时段超过25%，或者要求安装使用自动监控设施而未安装使用的，或者没有与生态环境主管部门进行联网的，采用物料衡算法核算二氧化硫排放量，核算时根据原辅燃料消耗量、含硫率，按直排进行核算；采用产污系数法核算颗粒物、氮氧化物排放量，根据单位产品污染物的产生量，按直排进行核算。

9.2.2　一般排放口应税污染物排放量的核算方法

燃煤电厂的一般排放口主要涉及输煤转运站除尘器排放口、碎煤机室除尘器排放口、原煤仓除尘器排放口、灰库与渣库除尘器排放口、石灰石粉仓除尘器排放口、煤制样间通风口、燃煤筒仓除尘器排放口等。根据是否对上述排放口进行委托监测，确定核算方法。可能会涉及两种计算方法：手工监测法和物料衡算、系数法。

1.手工监测法

当季度有监测报告的，按照监测报告检测的数据计算，计算公式为：

一般排放口月应税污染物排放量（kg）=手工监测的平均浓度值×小时烟气排放量（Nm³）/10000×运行时间（小时）/100

2.物料衡算、系数法

如无监测报告，则采用物料衡算、系数法。

（1）一般排放口核算系数（2021年5月以前核算系数）。

各级转运站除尘器排放口：

一般性粉尘排放量（kg）=燃煤转运量（t）×60/1.4/1000×(1-除尘效率)

碎煤机室除尘器排放口：

一般性粉尘排放量（kg）=燃煤破碎量（t）×80/1.4/1000×(1-除尘效率)

煤制样间排放口：

一般性粉尘排放量（kg）=煤制样量（t）×80/1.4/1000

燃煤筒仓除尘器排放口：

$$一般性粉尘排放量（kg）=筒仓燃煤贮存量（t）\times 0.016$$

煤仓间原煤仓除尘器排放口：

$$一般性粉尘排放量（kg）=原煤仓煤量（t）\times 0.016$$

石灰石粉仓除尘器排放口：

$$一般性粉尘排放量（kg）=石灰石贮存量（t）\times 0.016$$

灰库除尘器排放口：

$$一般性粉尘排放量（kg）=粉煤灰贮存量（t）\times 0.016$$

渣库除尘器排放口：

$$一般性粉尘排放量（kg）=炉渣贮存量（t）\times 0.016$$

系数选取依据如表9-25、表9-26所示。

表9-25 不同产生源的排放粉尘量

产生源		排放粉尘量	产生源		排放粉尘量
（1）翻车装置		60	（5）破碎	初破碎	20
				终破碎	80
（2）受煤		40	（6）配煤		20
（3）煤场	露天	300	（7）配煤运输		60
	封闭	40			
（4）运输		60			

表9-26 原料系统一般排放口排污系数

生产单元	控制措施要求	一般排放口排污系数
原料系统	污染控制措施满足或整体优于以下措施要求： a）原料全部采用封闭料仓、料棚、料库储存； b）料场地面全部硬化，原料场出口配备车轮和车身清洗装置； c）大宗物料及煤、焦粉等燃料采用封闭式皮带运输，需用车辆运输的粉料，采取密闭措施； d）原燃料转运卸料点设置密闭罩，并配备高效袋式除尘器； e）除尘灰采用真空罐车、气力输送方式运输。	0.016kg/t原料

（2）一般排放口核算系数（2021年7月以后核算系数，选自24号公告）。

各级转运站除尘器排放口：

$$一般性粉尘排放量（kg）=燃煤转运量（t）\times 0.34 \times （1-0.99）$$

系数选取依据如表9-27所示。

表9-27　2522煤制合成气生产行业

工段名称	产品名称	原料名称	工艺名称	规模等级	污染物类别	污染物指标	单位	产污系数	末端治理技术	末端治理技术平均去除效率（%）	参考k值计算公式
备煤及储运系统	合成	原料	备煤及储运	所有规模	废气	工业废气量	万标立方米/吨-原料	0.014	—	/	—
						颗粒物	千克/吨-原料	0.34	袋式除尘	99	k=除尘设备耗电量（千瓦时）/[除尘设备额定功率（千瓦）×除尘设备运行时间（小时）]
									直排	0	—

碎煤机室除尘器排放口：

一般性粉尘排放量（kg）=燃煤破碎量（t）×0.67×（1-除尘效率）

煤制样间排放口：

一般性粉尘排放量=煤制样量（t）×0.67

系数选取依据如表9-28所示。

表9-28　0610烟煤和无烟煤开采业产污系数表

工段名称	产品名称	原料名称	工艺名称	规模等级	污染物类别	污染物指标项	单位	产污系数	末端治理技术	末端治理技术平均去除效率（%）	参考k值计算公式
筛分破碎车间	洗混煤	烟煤和无烟煤	块煤入洗、末煤不入洗	>1000万吨/年	废气	颗粒物	千克/吨-原料	0.85	袋式除尘	90	k=除尘设备耗电量（千瓦·时/年）/[除尘设备额定功率（千瓦）×企业正常运转天数（小时/年）]
									旋风除尘	89	
									组合式除尘	95	
									喷淋	80	
									直排	0	
				120~1000万吨/年				0.75	袋式除尘	90	
									旋风除尘	89	
									组合式除尘	95	
									喷淋	80	
									直排	0	
				30~120万吨/年				0.67	袋式除尘	90	
									旋风除尘	89	
									组合式除尘	95	
									喷淋	80	
									直排	0	

燃煤筒仓除尘器排放口：

$$一般性粉尘排放量（kg）=筒仓燃煤贮存量（t）\times 0.016$$

煤仓间原煤仓除尘器排放口：

$$一般性粉尘排放量（kg）=原煤仓煤量（t）\times 0.016$$

【注意】有几个原煤仓核算几个。

石灰石粉仓除尘器排放口：

$$一般性粉尘排放量（kg）=石灰石贮存量（t）\times 0.016$$

灰库除尘器排放口：

$$一般性粉尘排放量（kg）=粉煤灰贮存量（t）\times 0.016$$

渣库除尘器排放口：

$$一般性粉尘排放量（kg）=炉渣贮存量（t）\times 0.016$$

【注意】燃煤转运量、原煤仓煤量、碎煤机室煤破碎量、筒仓燃煤贮存量均取自企业的生产月报表的燃煤消耗量。

表9-29是火电厂每个月向省电力公司报送的月报表，其中灰底的是每个月的发电耗用原煤量和供热耗用原煤量，二者加和即为该月的燃煤消耗量。转运站煤的转运量、碎煤机室煤的破碎量、原煤仓煤量就是当月燃煤消耗量。

表9-29　火电厂生产月报表

表号：LNBC001号
制表机关：国网辽宁省电力有限公司
批准文号：辽电发意〔2017〕10号

联合填报单位：

指标名称	单位	本月	累计	指标名称	单位	本月	累计
××电厂	—	—	—	发电用油折标煤	吨		
电厂个数	个			发电用气折标煤	吨		
装机容量	千瓦			发电用其他折标煤	吨		
其中：抽水蓄能容量	千瓦			发电用标准煤耗	克/千瓦时		
综合可能出力	千瓦			供电用标准煤耗	克/千瓦时		
可调出力	千瓦			发电用标准煤量	吨		
期末发电设备台数	台			供热设备台数	台		
发电最高负荷	千瓦			供热最高负荷	吨/小时		

续表

指标名称	单位	本月	累计	指标名称	单位	本月	累计
发电量	万千瓦时			期末供热设备容量	千瓦		
	万千瓦时			供热量	吉焦		
试运行发电量	万千瓦时			供热用厂用电量	万千瓦时		
发电设备平均容量	万千瓦			供热用厂用电率	千瓦时/吉焦		
发电设备平均利用小时	小时			供热用标准煤量	吨		
发电用厂用电量	万千瓦时			供热用煤折标煤	吨		
发电用厂用电率	万千瓦时			供热用油折标煤	吨		
综合厂用电量	万千瓦时			供热用气折标煤	吨		
综合厂用电率	%			供热用原煤量	吨		
上网电量	万千瓦时			供热用燃油量	吨		
试运行上网电量	万千瓦时			供热用燃气量	万立方米		
自发自用电量	万千瓦时			供热标准煤耗	千克/吉焦		
其他电量	万千瓦时			余热机组发电量	万千瓦时		
抽水蓄能耗电量	万千瓦时			余热机组厂用电量	万千瓦时		
平均上网电价	元/万千瓦时			热电比	%		
发电单位成本	元/万千瓦时			计划平均停运容量	千瓦		
发电用原煤量	吨			非计划平均停运容量	千瓦		
发电用燃油量	吨			降低出力等效停运容量	千瓦		
发电用燃气量	万立方米			电厂等效可用系数	%		
发电用煤折标煤	吨			购网电量	万千瓦时		

【实例9-4】某火电厂燃煤转运过程中经过6个输煤转运站，每个转运站各配有2台布袋除尘器，每个除尘器对应一个排放口，有2台碎煤机，每台各配有1台布袋除尘器，每个布袋除尘器均对应一个排放口。该厂共有2台锅炉，每台炉配备6座原煤仓，每座煤粉仓均配置布袋除尘装置及对应排放口，布袋除尘器效率为96.2%。2019年1月，该企业1号炉6座原煤仓的原煤贮存量分别为34845吨、36071吨、38293吨、39011吨、34855吨、25081吨，2号炉6座原煤仓的原煤贮存量分别为21938吨、28124吨、16082吨、26466吨、21892吨、20066吨，1月份该企业燃煤量为341922吨。请核算该电厂1月份备煤及转运环节每个排放口的环境保护税应纳税额。（应税大气污染物税率为1.8元/当量）

【解析】1号转运站1号排放口应纳税额：341922/2×60/1.4×0.038/1000/4×1.8=125.29（元）

1号转运站2号排放口应纳税额：341922/2×60/1.4×0.038/1000/4×1.8=125.29（元）

2号转运站1号排放口应纳税额：341922/2×60/1.4×0.038/1000/4×1.8=125.29（元）
2号转运站2号排放口应纳税额：341922/2×60/1.4×0.038/1000/4×1.8=125.29（元）
3号转运站1号排放口应纳税额：341922/2×60/1.4×0.038/1000/4×1.8=125.29（元）
3号转运站2号排放口应纳税额：341922/2×60/1.4×0.038/1000/4×1.8=125.29（元）
1号碎煤机排放口应纳税额：341922/2×80/1.4×0.038/1000/4×1.8=167.05（元）
2号碎煤机排放口应纳税额：341922/2×80/1.4×0.038/1000/4×1.8=167.05（元）
1号炉A原煤仓排放口应纳税额：34845×0.016/4×1.8=250.88（元）
1号炉B原煤仓排放口应纳税额：36071×0.016/4×1.8=259.71（元）
1号炉C原煤仓排放口应纳税额：38293×0.016/4×1.8=275.71（元）
1号炉D原煤仓排放口应纳税额：39011×0.016/4×1.8=280.88（元）
1号炉E原煤仓排放口应纳税额：34855×0.016/4×1.8=250.96（元）
1号炉F原煤仓排放口应纳税额：25081×0.016/4×1.8=180.58（元）
2号炉A原煤仓排放口应纳税额：21938×0.016/4×1.8=157.95（元）
2号炉B原煤仓排放口应纳税额：28124×0.016/4×1.8=202.49（元）
2号炉C原煤仓排放口应纳税额：16082×0.016/4×1.8=115.79（元）
2号炉D原煤仓排放口应纳税额：26466×0.016/4×1.8=190.56（元）
2号炉E原煤仓排放口应纳税额：21892×0.016/4×1.8=157.62（元）
2号炉F原煤仓排放口应纳税额：20066×0.016/4×1.8=144.48（元）

9.2.3 无排放口应税污染物排放量的核算方法

燃煤电厂的无排放口排放主要涉及燃煤装卸和贮存、盐酸储罐、硫酸储罐、氨水储罐、液氨储罐、尿素溶液热解罐、柴油储罐等。

1.储罐（盐酸、硫酸、氨水、液氨）排放量计算

该系数为排污收费系数，2021年4月30日以前可使用。计算公式为：

$$应税污染物排放量（kg）=月采购量（吨）\times 1000 \times 浓度 \times 2/10000$$

如采用尿素稀解法制氨，则公式为：

$$应税污染物氨排放量（kg）=月消耗量（吨）\times 1000 \times 34/60 \times 2/10000$$

2.燃煤及石灰石等其他散流物料装卸和贮存的一般性粉尘无组织排放量计算

（1）2018年1月至2021年4月。

①燃煤主要采用各省抽样测算方法及原国家环境保护总局编著的《排污申报登记实用手册》中的相应系数。详见本书第2部分"水泥工业环境保护税征收管理操作指南"之燃煤装卸、贮存一般性粉尘无组织排放量计算。

②除煤炭以外其他散流货物装卸、堆存无组织排放，主要采用各省制定的抽样测

算方法计算散流物料装卸、贮存无组织排放的一般性粉尘或者采用各地以前征收排放费时使用的方法。

（2）2021年5—6月，燃煤及石灰石等其他散流物料装卸和贮存的一般性粉尘主要采用各省抽样测算方法中明确的方法。

（3）2021年7月以后，一般性粉尘依据24号公告中的《固体物料堆存颗粒物产排污核算系数手册》的相应系数核算。详见本书第2部分"水泥工业环境保护税征收管理操作指南"之燃煤装卸、贮存一般性粉尘无组织排放量计算。

【实例9-5】某火电厂燃煤通过汽车运输的方式运至企业煤场，企业煤场为露天煤场，煤场周边设有高于堆场的抑尘网，煤场设置洒水抑尘装置，设置洒水喷枪，抑制煤尘扩散。2018年6月企业采购原煤18.06万吨。请计算该企业6月份煤场装卸和贮存环节的环境保护税应纳税额。

【解析】（1）煤炭装卸环节。

一般性粉尘排放量：18.06×10000×3.53×（1-0.3-0.2）=318759kg

一般性粉尘污染当量数：318759/4=79689.75

应纳税额为：79689.75×1.2=95627.7（元）

（2）煤炭贮存环节。

一般性粉尘排放量：18.06×10000×1.48/365×30×（1-0.3-0.2）=10984.44kg

一般性粉尘污染当量数：10984.44/4=2746.11

应纳税额为：2746.11×1.2=3295.33（元）

装卸、贮存环节应纳税额合计：3295.33+95627.7=98923.03（元）

【实例9-6】某火电厂燃煤（非褐煤）通过汽车运输的方式运至企业煤场，企业煤场为露天煤场，煤场周边设有高于堆场的抑尘网，煤场设置洒水抑尘装置，设置洒水喷枪，抑制煤尘扩散。2021年9月企业采购原煤18.06万吨，煤堆场的占地面积为10000平方米，请计算该企业9月份煤场装卸和贮存环节的环境保护税应纳税额。

【解析】纳税发生时间是2021年9月，故核算方法和排污系数应该依据24号公告中的《固体物料堆存颗粒物产排污核算系数手册》确定。

查询24号公告，颗粒物产生量核算公式如下：

$$P = ZC_y + FC_y = \{N_c \times D \times (a/b) + 2 \times E_f \times S\}$$

通过查取上面手册可知 $a=0.0015$，$b=0.0054$，$E_f=31.1418$

故9月份煤场装卸和贮存环节一般性粉尘的排放量为：

$P=$（18.06×10000×0.0015/0.0054+2×31.1418×10000/365×30）×（1-0.6）×（1-0.74）=10541.30kg

应纳税额=10541.3/4×1.2=3162.39（元）

3.事故灰场一般性粉尘排放量计算

粉煤灰和炉渣在事故灰场装卸和贮存过程中会产生一般性粉尘,具体的排污系数,在2021年4月30日前可参考81号公告的钢铁行业原料系统无组织排放系数,根据事故灰场污染防治设施配备的实际情况,确定对应的系数,一般选用系数为0.112kg/t或0.2kg/t。2021年7月1日以后要根据24号公告相应的排污系数核算装卸、贮存环节的环境保护税。具体核算系数选取方法同上。

4.柴油储罐无组织排放排放量计算

柴油在装卸和贮存过程中会直接向环境排放苯、甲苯和二甲苯。应采用物料衡算方法进行核算,核算方法参考《石化行业VOCs污染源排查工作指南》及各省的抽样测算方法。

2021年7月1日以后挥发性有机物排放量核算详见24号公告,但是由于没有相应的应税污染物的排污系数,暂无法核算应税污染物的排放量。

5.施工扬尘排放量计算

根据各省的抽样测算方法进行计算。

6.钢结构焊接、下料、表面预处理一般性粉尘排放量

钢结构在焊接、下料、表面预处理的过程中会直接向环境排放一般性粉尘,采用系数法核算一般性粉尘的排放量。

详见本书第2部分"水泥工业环境保护税征收管理操作指南"之钢结构焊接、下料、表面预处理一般性粉尘排放量计算。

7.防腐工程苯、甲苯和二甲苯排放量计算

苯、甲苯、二甲苯、甲醛的排放量详见本书第2部分"水泥工业环境保护税征收管理操作指南"之防腐工程苯、甲苯和二甲苯排放量计算。

9.3 应税水污染物排放量的核算方法

若燃煤电厂将处理后的生活污水用于绿化、降尘,属于直接向环境排放应税污染物;若燃煤电厂脱硫采用海水脱硫的工艺,将脱硫废水和直流冷却海水一起直接排海,也属于直接向环境排放应税污染物。只要存在直接向环境排放应税污染物的行为,都需要进行纳税申报。依据《火电行业排污许可证申请与核发技术规范》的相关要求,燃煤电厂废水总排放口需要监测的应税污染物有COD_{cr}、氨氮、悬浮物、总磷、石油类、氟化物、硫化物、挥发酚,脱硫废水排放口需要监测的应税污染物有总砷、总铅、总汞、总镉。

1.在线监测数据计算

具体见燃煤电厂大气污染物在线监测计算方法。

2.应税水污染物的排放量计算

应税水污染物的排放量计算基本上采用手工监测法，其计算公式为：

应税水污染物排放量（kg）=手工监测的平均浓度值（mg/L）× 水排放量（吨）/1000

3.系数法

（1）2021年4月30日前。

相关系数依据81号公告选取，见表9-30。

表9-30　燃煤电厂水污染物排放系数表

工艺名称	规模等级	污染物指标	单位	产污系数	末端处理技术名称	排污系数
煤粉炉	≥750兆瓦	化学需氧量	克/吨-原料	17.6	物理+化学法	0
	450~749兆瓦	化学需氧量	克/吨-原料	20.5	物理+化学法	0
煤粉炉或循环流化床锅炉	250~449兆瓦	化学需氧量	克/吨-原料	27.7	物理+化学法	重复利用 0
						循环利用+直排 6.7
	150~249兆瓦	化学需氧量	克/吨-原料	28.7	物理+化学法	重复利用 0
						循环利用+直排 7.5
	75~149兆瓦	化学需氧量	克/吨-原料	31.5	物理+化学法	重复利用 0
						循环利用+直排 7.6
	35~74兆瓦	化学需氧量	克/吨-原料	36.7	物理+化学法	重复利用 0
						循环利用+直排 11.8
	20~34兆瓦	化学需氧量	克/吨-原料	37.8	直排	37.8
					物理+化学法	重复利用 0
						循环利用+直排 15.8
煤粉炉或循环流化床锅炉或层燃炉	9~19兆瓦	化学需氧量	克/吨-原料	74.5	直排	74.5
					物理+化学法	重复利用 0
						循环利用+直排 26.1
全部类型锅炉（锅内水处理）	≤8兆瓦	化学需氧量	克/吨-原料	70	直排	70
					物理+化学	重复利用 0
						循环利用+直排 20
全部类型锅炉（锅外水处理）	≤8兆瓦	化学需氧量	克/吨-原料	90	直排	90
					物理+化学	重复利用 0
						循环利用+直排 30

(2)2021年5—6月。

相关系数按照16号公告附件2《生态环境部已发布的排放源统计调查制度排（产）污系数清单》中4411火力发电行业的相关排污系数核算，见表9-31。

表9-31 燃煤电厂水污染物排放系数表

工艺名称	规模等级	污染物指标	单位	产污系数	末端处理技术名称	排污系数	
煤粉炉	≥750兆瓦	工业废水量	吨/吨-原料	0.392	重复利用	0	
					利用+直排	0.196	
		化学需氧量	克/吨-原料	17.6	物理+化学法	0	
	450~749兆瓦	工业废水量	吨/吨-原料	0.569	重复利用	0	
		化学需氧量	克/吨-原料	20.5	物理+化学法	0	
煤粉炉或循环流化床锅炉	250~449兆瓦	工业废水量	吨/吨-原料	0.669	重复利用	0	
					循环利用+直排①	0.335	
		化学需氧量	克/吨-原料	27.7	物理+化学法	重复利用	0
						循环利用+直排	6.7
	150~249兆瓦	工业废水量	吨/吨-原料	0.6	重复利用	0	
					循环利用+直排	0.3	
		化学需氧量	克/吨-原料	28.7	物理+化学法	重复利用	0
						循环利用+直排	7.5
	75~149兆瓦	工业废水量	吨/吨-原料	0.505	重复利用	0	
					循环利用+直排	0.253	
		化学需氧量	克/吨-原料	31.5	物理+化学法	重复利用	0
						循环利用+直排	7.6
	35~74兆瓦	工业废水量	吨/吨-原料	0.734	重复利用	0	
					循环利用+直排	0.367	
		化学需氧量	克/吨-原料	36.7	物理+化学法	重复利用	0
						循环利用+直排	11.8

续表

工艺名称	规模等级	污染物指标	单位	产污系数	末端处理技术名称	排污系数
煤粉炉或循环流化床锅炉	20~34兆瓦	工业废水量	吨/吨-原料	0.932	直排	0.932
					重复利用	0
					循环利用+直排	0.466
		化学需氧量	克/吨-原料	37.8	直排	37.8
					物理+化学法 重复利用	0
					循环利用+直排	15.8
煤粉炉或循环流化床锅炉或层燃炉	9~19兆瓦	工业废水量	吨/吨-原料	1.489	直排	1.489
					重复利用	0
					循环利用+直排	0.745
		化学需氧量	克/吨-原料	74.5	直排	74.5
					物理+化学法 重复利用	0
					循环利用+直排	26.1
全部类型锅炉（锅内水处理）	≤8兆瓦	工业废水量	吨/吨-原料	0.44（锅炉排污水）	直排	0.44
					重复利用	0
					循环利用+直排	0.22
		化学需氧量	克/吨-原料	70	直排	70
					物理+化学 重复利用	0
					循环利用+直排	20
全部类型锅炉（锅外水处理）	≤8兆瓦	工业废水量	吨/吨-原料	0.605（锅炉排污水+软化处理废水）	直排	0.605
					重复利用	0
					利用+直排	0.302
		化学需氧量	克/吨-原料	90	直排	90
					物理+化学 重复利用	0
					循环利用+直排	30

注：①工业废水若为部分利用，利用率一般介于40%~60%，此工况下适用末端处理技术为"利用+直排"的排污系数。

(3) 2021年7月以后。

2021年7月1日开始，使用24号公告中的"4411火力发电行业""4412热电联产行业"系数手册的相关产污系数核算，见表9-32。计算公式为：

$$排放量=燃煤消耗量 \times 产污系数 \times (1-末端治理技术的去除效率 \times k)$$

表9-32　燃煤电厂水污染物排放系数表

工艺名称	规模等级	污染物指标项	单位	产污系数	末端治理技术效率	(%)	末端治理设施实际运行率（k值）参考计算公式
煤粉锅炉	≥750兆瓦	工业废水量	吨/吨-原料	0.19	其他（重复利用）	100	/
					/	0	
		化学需氧量	克/吨-原料	26.75	其他（物理处理法+化学处理法）	100	（机组年实际运行小时数-废水总排口年事故排放小时数）/机组年实际运行小时数
		氨氮	克/吨-原料	5.49	其他（物理处理法+化学处理法）	100	
煤粉锅炉或循环流化床锅炉	450~749兆瓦	化学需氧量	克/吨-原料	34.08	其他（物理处理法+化学处理法）	100	
		氨氮	克/吨-原料	2.65	其他（物理处理法+化学处理法）	100	
	250~449兆瓦	工业废水量	吨/吨-原料	0.46	其他（重复利用）	100	/
					/	0	
		化学需氧量	克/吨-原料	49.29	其他（物理处理法+化学处理法）	46.82	（机组年实际运行小时数-废水总排口年事故排放小时数）/机组年实际运行小时数
		氨氮	克/吨-原料	9.08	其他（物理处理法+化学处理法）	73.59	
	150~249兆瓦	工业废水量	吨/吨-原料	0.65	其他（重复利用）	100	/
					/	0	
		化学需氧量	克/吨-原料	65.83	其他（物理处理法+化学处理法）	51.93	（机组年实际运行小时数-废水总排口年事故排放小时数）/机组年实际运行小时数
		氨氮	克/吨-原料	13.9	其他（物理处理法+化学处理法）	77.01	

续表

工艺名称	规模等级	污染物指标项	单位	产污系数	末端治理技术效率（%）		末端治理设施实际运行率（k值）参考计算公式
煤粉锅炉或循环流化床锅炉	75~149兆瓦	工业废水量	吨/吨-原料	1.32	其他（重复利用）	100	/
					/	0	
		化学需氧量	克/吨-原料	161.01	其他（物理处理法+化学处理法）	76.11	（机组年实际运行小时数-废水总排口年事故排放小时数）/机组年实际运行小时数
		氨氮	克/吨-原料	36.5	其他（物理处理法+化学处理法）	90.03	
	35~74兆瓦	工业废水量	吨/吨-原料	0.76	其他（重复利用）	100	/
					/	0	
		化学需氧量	克/吨-原料	75.55	其他（物理处理法+化学处理法）	58.64	（机组年实际运行小时数-废水总排口年事故排放小时数）/机组年实际运行小时数
		氨氮	克/吨-原料	15.55	其他（物理处理法+化学处理法）	78.84	
	20~34兆瓦	工业废水量	吨/吨-原料	1.67	其他（重复利用）	100	/
					/	0	
		化学需氧量	克/吨-原料	150.39	其他（物理处理法+化学处理法）	53.98	（机组年实际运行小时数-废水总排口年事故排放小时数）/机组年实际运行小时数
		氨氮	克/吨-原料	32.06	其他（物理处理法+化学处理法）	79.34	
煤粉锅炉或循环流化床锅炉或层燃炉	9~19兆瓦	工业废水量	吨/吨-原料	0.56	其他（重复利用）	100	/
					/	0	
		化学需氧量	克/吨-原料	66.38	其他（物理处理法+化学处理法）	48.6	（机组年实际运行小时数-废水总排口年事故排放小时数）/机组年实际运行小时数
		氨氮	克/吨-原料	12.77	其他（物理处理法+化学处理法）	76.88	
全部类型锅炉（锅外水处理）	≤8兆瓦	工业废水量	吨/吨-原料	1.38	其他（重复利用）	100	/
					/	0	
		化学需氧量	克/吨-原料	124.48	其他（物理处理法+化学处理法）	55.12	（机组年实际运行小时数-废水总排口年事故排放小时数）/机组年实际运行小时数
		氨氮	克/吨-原料	27.56	其他（物理处理法+化学处理法）	80.37	

生活污水污染物排放量计算详见本书第2部分中水泥工业企业生活污水排放系数。

9.4 应税固体废物排放量的核算方法

燃煤电厂的应税固体废物包括一般固体废物和危险废物。一般固体废物主要包含粉煤灰、炉渣和石子煤（煤矸石，一般煤粉炉产生）。危险废物主要有生产过程中产生的废催化剂、废润滑油、废油漆桶、废离子交换树脂、废石棉板、废化学试剂及包装物、废日光灯管、废铅蓄电池等。应税固体废物的排放量为当期应税固体废物的产生量减去当期应税固体废物贮存量、处置量、综合利用量的余额。一般固体废物只要合规贮存就不需要进行纳税申报，综合利用的固体废物要进行免税申报，并且证明综合利用的纳税凭证要齐备，须有综合利用评价报告。针对危险废物而言，涉税环节主要有贮存和处置环节。只要贮存、处置环节符合相关规定就不用进行纳税申报。应税固体废物排放量计算公式为：

应税固体废物排放量（吨）=当月产生量（吨）−当月贮存量（吨）−当月处置量（吨）

粉煤灰和炉渣的产生量计算具体如下。

（1）2021年4月30日之前，按照《火电行业源强核算规范》（HJ 888—2018）的核算方法核算；2021年5月1日以后，依据16号公告中火电行业的相关系数核算；2021年7月1日以后依据24号公告中火电行业的相关系数核算。

2021年4月30日以前粉煤灰、炉渣产生量的计算公式为：

粉煤灰：

$$N_h = B_g \times \left[\frac{A_{ar}}{100} + \frac{q_4 \times Q_{net,ar}}{100 \times 33870} \right] \times \frac{\eta_c}{100} \times \alpha_{fh}$$

式中：N_h——核算时段内飞灰产生量，t；

B_g——核算时段内锅炉燃料耗量，t；

A_{ar}——收到基灰分的质量分数，%，循环流化床锅炉添加石灰石等脱硫剂时应采用折算灰分A_{zs}代入；

q_4——锅炉机械不完全燃烧热损失，%；

$Q_{net,ar}$——收到基低位发热量，kJ/kg；

η_c——除尘器除尘效率，%；

α_{fh}——锅炉烟气带出的飞灰份额。

炉渣：

$$N_z = B_g \times \left[\frac{A_{ar}}{100} + \frac{q_4 \times Q_{net,ar}}{100 \times 33870} \right] \times \alpha_{lz}$$

式中：N_z——核算时段内炉渣产生量，t；

B_g——核算时段内锅炉燃料耗量，t；

A_{ar}——收到基灰分的质量分数，%，循环流化床锅炉添加石灰石等脱硫剂时应采折算灰分 A_{zs} 代入；

q_4——锅炉机械不完全燃烧热损失，%；

$Q_{net,ar}$——收到基低位发热量，kJ/kg；

α_{lz}——炉渣占燃料灰分的份额。

上述计算公式中收到基灰分、收到基低位发热量可以从企业的入炉煤煤质化验加权平均值月报表中取得，q_4、α_{fh} 和 α_{lz} 取值可以查取下表（见表9-33）。

表9-33　A.1 燃煤锅炉机械不完全燃烧热损失 q_4 的一般取值

锅炉型式	煤　种	q_4/%
固态排渣煤粉炉	无烟煤	4
	贫煤	2
	烟煤（Vdaf≤25%）	2
	烟煤（Vdaf＞25%）	1.5
	褐煤	0.5
	洗煤（Vdaf≤25%）	3
	洗煤（Vdaf＞25%）	2.5
液态排渣煤粉炉	无烟煤	2~3
	烟煤	1~1.5
	褐煤	0.5
循环流化床锅炉	烟煤	2~2.5
	无烟煤	2.5~3.5

注：燃油、燃气 q_4 取值为0。

锅炉烟气带出的飞灰、炉渣份额可参考表9-34。

表9-34　A.2 锅炉灰分平衡的推荐值

锅炉类型		飞灰 α_{fh}	炉渣 α_{lz}
固态排渣煤粉炉		0.85~0.95	0.05~0.15
液态排渣煤粉炉	无烟煤	0.85	0.15
	贫煤	0.80	0.20
	烟煤	0.80	0.20
	褐煤	0.70~0.80	0.20~0.30
循环流化床锅炉		0.4~0.6	0.4~0.6

（2）2021年5月1日至6月30日依据16号公告附件2中火电行业的相关系数核算，具体系数如表9-35所示。

表9-35 固体废物产污系数表

原料名称	工艺名称	规模等级	污染物指标	单位	产污系数
煤炭	煤粉炉	≥750兆瓦	工业固体废物（粉煤灰）	千克/吨－原料	9.22Aar+8.58
	煤粉炉	≥750兆瓦	工业固体废物（炉渣）	千克/吨－原料	0.71Aar+0.63
	煤粉炉	≥750兆瓦	工业固体废物（脱硫石膏）	千克/吨－原料	$0.61S_{ar}^2+41.6S_{ar}+0.11$
	煤粉炉	450~749兆瓦	工业固体废物（粉煤灰）	千克/吨－原料	9.19Aar+8.95
	煤粉炉	450~749兆瓦	工业固体废物（炉渣）	千克/吨－原料	0.72Aar+0.62
	煤粉炉	450~749兆瓦	工业固体废物（脱硫石膏）	千克/吨－原料	$0.61S_{ar}^2+41.23S_{ar}$
	煤粉炉	250~449兆瓦	工业固体废物（粉煤灰）	千克/吨－原料	9.2Aar+10.76
	循环流化床锅炉	250~449兆瓦	工业固体废物（粉煤灰）	千克/吨－原料	$6.29Aar+7.26+61.82S_{ar}$
	煤粉炉	250~449兆瓦	工业固体废物（炉渣）	千克/吨－原料	0.715Aar+0.61
	循环流化床锅炉	250~449兆瓦	工业固体废物（炉渣）	千克/吨－原料	$3.43Aar+2.42+32.29S_{ar}$
	煤粉炉	250~449兆瓦	工业固体废物（脱硫石膏）	千克/吨－原料	$0.61S_{ar}^2+41.23S_{ar}$
	煤粉炉	150~249兆瓦	工业固体废物（粉煤灰）	千克/吨－原料	9.31Aar+7.31
	循环流化床锅炉	150~249兆瓦	工业固体废物（粉煤灰）	千克/吨－原料	$6.22Aar+7.551+61.75S_{ar}$
	煤粉炉	150~249兆瓦	工业固体废物（炉渣）	千克/吨－原料	0.712Aar+0.407
	循环流化床锅炉	150~249兆瓦	工业固体废物（炉渣）	千克/吨－原料	$3.21Aar+2.63+32.29S_{ar}$
	煤粉炉	150~249兆瓦	工业固体废物（脱硫石膏）	千克/吨－原料	$0.6S_{ar}^2+41.03S_{ar}$

续表

原料名称	工艺名称	规模等级	污染物指标	单位	产污系数	
煤炭	煤粉炉	75~149兆瓦	工业固体废物（粉煤灰）	千克/吨-原料	文丘里水膜除尘法	9.02Aar+8.72
					湿式除尘法	7.47Aar+7.35
					湿式除尘脱硫一体化	8.73Aar+8.54
					静电除尘法	9.26Aar+9.13
					静电除尘法+石灰石石膏法	9.38Aar+9.16
	循环流化床锅炉	75~149兆瓦	工业固体废物（粉煤灰）	千克/吨-原料	静电除尘法	6.28Aar+7.24+61.69S_{ar}
	煤粉炉	75~149兆瓦	工业固体废物（炉渣）	千克/吨-原料	1.08Aar+1.02	
	循环流化床锅炉	75~149兆瓦	工业固体废物（炉渣）	千克/吨-原料	3.28Aar+2.44+32.29S_{ar}	
	煤粉炉	75~149兆瓦	工业固体废物（脱硫石膏）	千克/吨-原料	0.6S_{ar}^2+40.98S_{ar}	
	煤粉炉	35~74兆瓦	工业固体废物（粉煤灰）	千克/吨-原料	文丘里水膜除尘法	8.87Aar+9.92
					湿式除尘法	7.41Aar+8.35
					湿式除尘脱硫一体化	8.68Aar+9.71
					静电除尘法	9.31Aar+10.39
					炉内喷钙	9.31Aar+10.39+61.8S_{ar}
					静电除尘法+石灰石石膏法	9.34Aar+10.42
					静电除尘法+氨法脱硫	9.37Aar+10.42
	循环流化床锅炉	35~74兆瓦	工业固体废物（粉煤灰）	千克/吨-原料	静电除尘法	6.2Aar+7.2+61.63S_{ar}
	煤粉炉	35~74兆瓦	工业固体废物（炉渣）	千克/吨-原料	1.09Aar+1.16	
	循环流化床锅炉	35~74兆瓦	工业固体废物（炉渣）	千克/吨-原料	3.32Aar+2.38+32.29S_{ar}	
	煤粉炉	35~74兆瓦	工业固体废物（脱硫石膏）	千克/吨-原料	0.6S_{ar}^2+40.6S_{ar}	

续表

原料名称	工艺名称	规模等级	污染物指标	单位	产污系数	
煤炭	煤粉炉	20~34兆瓦	工业固体废物（粉煤灰）	千克/吨-原料	文丘里水膜除尘法	8.71Aar+0.43
					湿式除尘法	7.33Aar+0.36
					除尘脱硫一体化	8.52Aar+0.42
					静电除尘法	9.07Aar+0.45
	循环流化床锅炉	20~34兆瓦	工业固体废物（粉煤灰）	千克/吨-原料	静电除尘法	$6.23Aar+7.71+61.32S_{ar}$
	煤粉炉	20~34兆瓦	工业固体废物（炉渣）	千克/吨-原料	1.02Aar+0.052	
	循环流化床锅炉	20~34兆瓦	工业固体废物（炉渣）	千克/吨-原料	$3.34Aar+2.68+32.29S_{ar}$	
	煤粉炉	9~19兆瓦	工业固体废物（粉煤灰）	千克/吨-原料	文丘里水膜除尘法	8.72Aar+7.18
					湿式除尘法	7.34Aar+6.05
					除尘脱硫一体化	8.53Aar+7.03
					多管或旋风除尘法	6.88Aar+5.67
					静电除尘法	9.08Aar+7.49
	循环流化床锅炉	9~19兆瓦	工业固体废物（粉煤灰）	千克/吨-原料	静电除尘法	$6.24Aar+8.88+62.32S_{ar}$
	层燃炉	9~19兆瓦	工业固体废物（粉煤灰）	千克/吨-原料	1.67Aar	
	煤粉炉	9~19兆瓦	工业固体废物（炉渣）	千克/吨-原料	1.62Aar+1.34	
	层燃炉	9~19兆瓦	工业固体废物（炉渣）	千克/吨-原料	8.45Aar	
	循环流化床锅炉	9~19兆瓦	工业固体废物（炉渣）	千克/吨-原料	$3.58Aar+3.47+32.29S_{ar}$	
	层燃炉	≤8兆瓦	工业固体废物（粉煤灰）	千克/吨-原料	1.01Aar	
			工业固体废物（炉渣）	千克/吨-原料	9.24Aar	
	煤粉炉	≤8兆瓦	工业固体废物（粉煤灰）	千克/吨-原料	8.51Aar	
			工业固体废物（炉渣）	千克/吨-原料	1.05Aar	
	循环流化床锅炉	≤8兆瓦	工业固体废物（粉煤灰）	千克/吨-原料	4.73Aar	
			工业固体废物（炉渣）	千克/吨-原料	5.25Aar	

（3）2021年7月1日以后依据24号公告中火电行业的相关系数核算，具体系数如表9-36至表9-40所示。

表9-36　炉渣产污系数表

工艺名称	规模等级	污染物	单 位	产污系数
煤粉锅炉	≥750兆瓦	炉渣	千克/吨-原料	0.71Aar+0.63
煤粉锅炉	450~749兆瓦	炉渣	千克/吨-原料	0.72Aar+0.62
循环流化床锅炉		炉渣	千克/吨-原料	3.25Aar+2.46+32.29S_{ar}
煤粉锅炉	250~449兆瓦	炉渣	千克/吨-原料	0.715Aar+0.61
循环流化床锅炉		炉渣	千克/吨-原料	3.43Aar+2.42+32.29S_{ar}
煤粉锅炉	150~249兆瓦	炉渣	千克/吨-原料	0.712Aar+0.407
循环流化床锅炉		炉渣	千克/吨-原料	3.21Aar+2.63+32.29S_{ar}
煤粉锅炉	75~149兆瓦	炉渣	千克/吨-原料	1.08Aar+1.02
循环流化床锅炉		炉渣	千克/吨-原料	3.28Aar+2.44+32.29S_{ar}
煤粉锅炉	35~74兆瓦	炉渣	千克/吨-原料	1.09Aar+1.16
循环流化床锅炉		炉渣	千克/吨-原料	3.32Aar+2.38+32.29S_{ar}
煤粉锅炉	20~34兆瓦	炉渣	千克/吨-原料	1.02Aar+0.052
循环流化床锅炉		炉渣	千克/吨-原料	3.34Aar+2.68+32.29S_{ar}
煤粉锅炉	9~19兆瓦	炉渣	千克/吨-原料	1.62Aar+1.34
循环流化床锅炉		炉渣	千克/吨-原料	3.58Aar+3.47+32.29S_{ar}
层燃炉		炉渣	千克/吨-原料	8.45Aar
煤粉锅炉	≤8兆瓦	炉渣	千克/吨-原料	1.05Aar
循环流化床锅炉		炉渣	千克/吨-原料	5.25Aar
层燃炉		炉渣	千克/吨-原料	9.24Aar

表9-37　粉煤灰产污系数表

工艺名称	规模等级	污染物	单 位	产污系数
煤粉锅炉	≥750兆瓦	粉煤灰	千克/吨-原料	9.22Aar+8.75
煤粉锅炉	450~749兆瓦	粉煤灰	千克/吨-原料	9.19Aar+9.32
循环流化床锅炉		粉煤灰	千克/吨-原料	5.99Aar+61.88S_{ar}+6.99
煤粉锅炉	250~449兆瓦	粉煤灰	千克/吨-原料	9.20Aar+11.12
循环流化床锅炉		粉煤灰	千克/吨-原料	6.31Aar+61.90S_{ar}+7.53
煤粉锅炉	150~249兆瓦	粉煤灰	千克/吨-原料	9.32Aar+7.76
循环流化床锅炉		粉煤灰	千克/吨-原料	6.24Aar+61.90S_{ar}+7.56

续表

工艺名称	规模等级	污染物	单 位	产污系数
煤粉锅炉	75~149兆瓦	粉煤灰	千克/吨-原料	9.30Aar+9.17
循环流化床锅炉		粉煤灰	千克/吨-原料	6.31Aar+61.90S_{ar}+7.26
煤粉锅炉	35~74兆瓦	粉煤灰	千克/吨-原料	9.35Aar+10.43
循环流化床锅炉		粉煤灰	千克/吨-原料	6.24Aar+61.89S_{ar}+7.23
煤粉锅炉	20~34兆瓦	粉煤灰	千克/吨-原料	9.15Aar+0.45
循环流化床锅炉		粉煤灰	千克/吨-原料	6.30Aar+61.89S_{ar}+7.78
煤粉锅炉	9~19兆瓦	粉煤灰	千克/吨-原料	9.17Aar+7.55
循环流化床锅炉		粉煤灰	千克/吨-原料	6.30Aar+61.89S_{ar}+8.96
层燃炉		粉煤灰（烟煤）	千克/吨-原料	1.59Aar
层燃炉		粉煤灰（无烟煤）	千克/吨-原料	1.84Aar
层燃炉		粉煤灰（褐煤）	千克/吨-原料	1.59Aar
煤粉锅炉	≤8兆瓦	粉煤灰（烟煤）	千克/吨-原料	8.92Aar
煤粉锅炉		粉煤灰（无烟煤）	千克/吨-原料	8.92Aar
煤粉锅炉		粉煤灰（褐煤）	千克/吨-原料	8.92Aar
循环流化床锅炉		粉煤灰（烟煤）	千克/吨-原料	5.18Aar
循环流化床锅炉		粉煤灰（无烟煤）	千克/吨-原料	4.62Aar
循环流化床锅炉		粉煤灰（褐煤）	千克/吨-原料	4.62Aar
层燃炉		粉煤灰（烟煤）	千克/吨-原料	1.24Aar
层燃炉		粉煤灰（无烟煤）	千克/吨-原料	1.83Aar
层燃炉		粉煤灰（褐煤）	千克/吨-原料	1.24Aar

表9-38 脱硫石膏产污系数表

工艺名称	规模等级	污染物指标项	单位	末端治理技术名称	产污系数
煤粉锅炉	≥750兆瓦	脱硫副产物	千克/吨－原料	石灰石/石膏法	$0.33S_{ar}^2+55.44S_{ar}+0.129$
				石灰/石膏法	$0.33S_{ar}^2+55.44S_{ar}+0.129$
煤粉锅炉	450~749兆瓦	脱硫副产物	千克/吨－原料	石灰石/石膏法	$0.32S_{ar}^2+54.92S_{ar}$
				石灰/石膏法	$0.32S_{ar}^2+54.93S_{ar}$
				其他（电石渣法）	$0.97S_{ar}^2+53.31S_{ar}$
煤粉锅炉	250~449兆瓦	脱硫副产物	千克/吨－原料	石灰石/石膏法	$0.72S_{ar}^2+53.76S_{ar}$
				石灰/石膏法	$0.72S_{ar}^2+53.76S_{ar}$
				双碱法	$0.97S_{ar}^2+53.12S_{ar}$
				烟气循环流化床法	$0.96S_{ar}^2+32.85S_{ar}$
				其他（电石渣法）	$1.21S_{ar}^2+52.79S_{ar}$
循环流化床锅炉	250~449兆瓦	脱硫副产物	千克/吨－原料	石灰石/石膏法	$0.14S_{ar}^2+7.52S_{ar}$
				石灰/石膏法	$0.14S_{ar}^2+7.52S_{ar}$
				烟气循环流化床法	$0.15S_{ar}^2+4.52S_{ar}$
煤粉锅炉	150~249兆瓦	脱硫副产物	千克/吨－原料	石灰石/石膏法	$0.72S_{ar}^2+53.7S_{ar}$
				石灰/石膏法	$0.72S_{ar}^2+53.7S_{ar}$
				氨法	$0.58S_{ar}^2+65.05S_{ar}$
				双碱法	$1.05S_{ar}^2+53.06S_{ar}$
				烟气循环流化床法	$0.96S_{ar}^2+32.81S_{ar}$
				其他（电石渣法）	$1.21S_{ar}^2+52.73S_{ar}$
循环流化床锅炉	150~249兆瓦	脱硫副产物	千克/吨－原料	石灰石/石膏法	$0.28S_{ar}^2+15.01S_{ar}$
				石灰/石膏法	$0.28S_{ar}^2+15.01S_{ar}$
				氨法	$0.3S_{ar}^2+17.77S_{ar}$
				双碱法	$0.41S_{ar}^2+14.38S_{ar}$
				烟气循环流化床法	$0.3S_{ar}^2+9.03S_{ar}$
				其他（电石渣法）	$0.44S_{ar}^2+14.38S_{ar}$
煤粉锅炉	75~149兆瓦	脱硫副产物	千克/吨－原料	石灰石/石膏法	$0.72S_{ar}^2+53.64S_{ar}$
				石灰/石膏法	$0.72S_{ar}^2+53.64S_{ar}$
				氨法	$0.58S_{ar}^2+64.97S_{ar}$
				双碱法	$1.04S_{ar}^2+53S_{ar}$
				烟气循环流化床法	$0.96S_{ar}^2+32.77S_{ar}$
				其他（电石渣法）	$1.2S_{ar}^2+52.67S_{ar}$

续表

工艺名称	规模等级	污染物指标项	单位	末端治理技术名称	产污系数
循环流化床锅炉	75~149兆瓦	脱硫副产物	千克/吨-原料	石灰石/石膏法	$0.28S_{ar}^2+14.98S_{ar}$
				石灰/石膏法	$0.28S_{ar}^2+14.98S_{ar}$
				氨法	$0.3S_{ar}^2+17.73S_{ar}$
				双碱法	$0.41S_{ar}^2+14.35S_{ar}$
				烟气循环流化床法	$0.3S_{ar}^2+9.01S_{ar}$
				其他（电石渣法）	$0.44S_{ar}^2+14.35S_{ar}$
煤粉锅炉	35~74兆瓦	脱硫副产物	千克/吨-原料	石灰石/石膏法	$0.8S_{ar}^2+52.97S_{ar}$
				石灰/石膏法	$0.8S_{ar}^2+52.97S_{ar}$
				氨法	$0.58S_{ar}^2+64.36S_{ar}$
				双碱法	$1.03S_{ar}^2+52.5S_{ar}$
				烟气循环流化床法	$0.95S_{ar}^2+32.46S_{ar}$
				其他（电石渣法）	$1.19S_{ar}^2+52.17S_{ar}$
循环流化床锅炉	35~74兆瓦	脱硫副产物	千克/吨-原料	石灰石/石膏法	$0.36S_{ar}^2+17.31S_{ar}$
				石灰/石膏法	$0.36S_{ar}^2+17.31S_{ar}$
				氨法	$0.35S_{ar}^2+21.1S_{ar}$
				双碱法	$0.47S_{ar}^2+16.94S_{ar}$
				烟气循环流化床法	$0.39S_{ar}^2+10.41S_{ar}$
				其他（电石渣法）	$0.62S_{ar}^2+16.58S_{ar}$
煤粉锅炉	20~34兆瓦	脱硫副产物	千克/吨-原料	石灰石/石膏法	$0.79S_{ar}^2+52.54S_{ar}+0.758$
				石灰/石膏法	$0.79S_{ar}^2+52.54S_{ar}+0.758$
				氨法	$0.57S_{ar}^2+63.83S_{ar}+0.921$
				双碱法	$1.03S_{ar}^2+52.07S_{ar}+0.751$
				烟气循环流化床法	$0.94S_{ar}^2+32.21S_{ar}+0.464$
				其他（电石渣法）	$1.18S_{ar}^2+51.75S_{ar}+0.746$
循环流化床锅炉	20~34兆瓦	脱硫副产物	千克/吨-原料	石灰石/石膏法	$0.36S_{ar}^2+17.19S_{ar}+0.245$
				石灰/石膏法	$0.36S_{ar}^2+17.19S_{ar}+0.245$
				氨法	$0.35S_{ar}^2+20.96S_{ar}+0.298$
				双碱法	$0.47S_{ar}^2+16.84S_{ar}+0.24$
				烟气循环流化床法	$0.38S_{ar}^2+10.35S_{ar}+0.147$
				其他（电石渣法）	$0.61S_{ar}^2+16.48S_{ar}+0.234$

续表

工艺名称	规模等级	污染物指标项	单位	末端治理技术名称	产污系数
煤粉锅炉	9~19兆瓦	脱硫副产物	千克/吨–原料	石灰石/石膏法	$0.78S_{ar}^2+52.09S_{ar}$
				石灰/石膏法	$0.78S_{ar}^2+52.09S_{ar}$
				氨法	$0.57S_{ar}^2+63.29S_{ar}$
				双碱法	$1.02S_{ar}^2+51.62S_{ar}$
				烟气循环流化床法	$0.93S_{ar}^2+31.92S_{ar}$
				其他（电石渣法）	$1.17S_{ar}^2+51.3S_{ar}$
循环流化床锅炉	9~19兆瓦	脱硫副产物	千克/吨–原料	石灰石/石膏法	$0.36S_{ar}^2+17.01S_{ar}$
				石灰/石膏法	$0.36S_{ar}^2+17.01S_{ar}$
				氨法	$0.34S_{ar}^2+20.74S_{ar}$
				双碱法	$0.46S_{ar}^2+16.66S_{ar}$
				烟气循环流化床法	$0.38S_{ar}^2+10.24S_{ar}$
				其他（电石渣法）	$0.6S_{ar}^2+16.3S_{ar}$
层燃炉	9~19兆瓦	脱硫副产物（无炉内脱硫）	千克/吨–原料	石灰石/石膏法	$0.76S_{ar}^2+50.2S_{ar}$
				石灰/石膏法	$0.76S_{ar}^2+50.2S_{ar}$
				氨法	$0.91S_{ar}^2+60.45S_{ar}$
				双碱法	$0.91S_{ar}^2+49.9S_{ar}$
				烟气循环流化床法	$0.9S_{ar}^2+30.86S_{ar}$
				其他（电石渣法）	$0.91S_{ar}^2+49.9S_{ar}$
		脱硫副产物（有炉内脱硫）	千克/吨–原料	石灰石/石膏法	$0.53S_{ar}^2+34.82S_{ar}$
				石灰/石膏法	$0.53S_{ar}^2+34.82S_{ar}$
				氨法	$0.64S_{ar}^2+41.93S_{ar}$
				双碱法	$0.64S_{ar}^2+34.61S_{ar}$
				烟气循环流化床法	$0.63S_{ar}^2+21.33S_{ar}$
				其他（电石渣法）	$0.64S_{ar}^2+34.61S_{ar}$
煤粉锅炉	≤8兆瓦	脱硫副产物（烟煤）	千克/吨–原料	石灰石/石膏法	$2.42S_{ar}^2+48.19S_{ar}$
				石灰/石膏法	$2.42S_{ar}^2+48.19S_{ar}$
				氨法	$1.75S_{ar}^2+59.77S_{ar}$
				双碱法	$3.14S_{ar}^2+46.74S_{ar}$
				烟气循环流化床法	$2.88S_{ar}^2+27.83S_{ar}$
				其他（电石渣法）	$3.63S_{ar}^2+45.77S_{ar}$

续表

工艺名称	规模等级	污染物指标项	单位	末端治理技术名称	产污系数
煤粉锅炉	≤8兆瓦	脱硫副产物（褐煤，无炉内脱硫）	千克/吨-原料	石灰石/石膏法	$2.42S_{ar}^2+48.19S_{ar}$
				石灰/石膏法	$2.42S_{ar}^2+48.19S_{ar}$
				氨法	$1.75S_{ar}^2+59.77S_{ar}$
				双碱法	$3.14S_{ar}^2+46.74S_{ar}$
				烟气循环流化床法	$2.88S_{ar}^2+27.83S_{ar}$
				其他（电石渣法）	$3.63S_{ar}^2+45.77S_{ar}$
		脱硫副产物（褐煤，有炉内脱硫）	千克/吨-原料	石灰石/石膏法	$1.69S_{ar}^2+32.72S_{ar}$
				石灰/石膏法	$1.69S_{ar}^2+32.72S_{ar}$
				氨法	$1.22S_{ar}^2+41.03S_{ar}$
				双碱法	$2.2S_{ar}^2+31.36S_{ar}$
				烟气循环流化床法	$2.02S_{ar}^2+18.84S_{ar}$
				其他（电石渣法）	$2.54S_{ar}^2+31.02S_{ar}$
循环流化床锅炉	≤8兆瓦	脱硫副产物（烟煤，无脱硫）	千克/吨-原料	石灰石/石膏法	$2.13S_{ar}^2+42.09S_{ar}$
				石灰/石膏法	$2.13S_{ar}^2+42.09S_{ar}$
				氨法	$2.57S_{ar}^2+50.68S_{ar}$
				双碱法	$2.56S_{ar}^2+41.24S_{ar}$
				烟气循环流化床法	$2.55S_{ar}^2+24.55S_{ar}$
				其他（电石渣法）	$2.56S_{ar}^2+41.24S_{ar}$
		脱硫副产物（烟煤，有脱硫剂）	千克/吨-原料	石灰石/石膏法	$0.64S_{ar}^2+10.45S_{ar}$
				石灰/石膏法	$0.64S_{ar}^2+10.45S_{ar}$
				氨法	$0.77S_{ar}^2+12.59S_{ar}$
				双碱法	$0.83S_{ar}^2+10.45S_{ar}$
				烟气循环流化床法	$0.56S_{ar}^2+6.16S_{ar}$
				其他（电石渣法）	$0.77S_{ar}^2+9.81S_{ar}$
		脱硫副产物（无烟煤，无脱硫剂）	千克/吨-原料	石灰石/石膏法	$2.13S_{ar}^2+42.09S_{ar}$
				石灰/石膏法	$2.13S_{ar}^2+42.09S_{ar}$
				氨法	$2.57S_{ar}^2+50.68S_{ar}$
				双碱法	$2.56S_{ar}^2+41.24S_{ar}$
				烟气循环流化床法	$2.55S_{ar}^2+24.55S_{ar}$
				其他（电石渣法）	$2.56S_{ar}^2+41.24S_{ar}$

续表

工艺名称	规模等级	污染物指标项	单位	末端治理技术名称	产污系数
循环流化床锅炉	≤8兆瓦	脱硫副产物（无烟煤，有脱硫剂）	千克/吨-原料	石灰石/石膏法	$0.64S_{ar}^2+10.45S_{ar}$
				石灰/石膏法	$0.64S_{ar}^2+10.45S_{ar}$
				氨法	$0.77S_{ar}^2+12.59S_{ar}$
				双碱法	$0.83S_{ar}^2+10.45S_{ar}$
				烟气循环流化床法	$0.56S_{ar}^2+6.16S_{ar}$
				其他（电石渣法）	$0.77S_{ar}^2+9.81S_{ar}$
层燃炉	≤8兆瓦	脱硫副产物（烟煤，无炉内脱硫）	千克/吨-原料	石灰石/石膏法	$2.28S_{ar}^2+44.9S_{ar}$
				石灰/石膏法	$2.28S_{ar}^2+44.9S_{ar}$
				氨法	$2.74S_{ar}^2+54.06S_{ar}$
				双碱法	$2.73S_{ar}^2+43.99S_{ar}$
				烟气循环流化床法	$2.71S_{ar}^2+26.19S_{ar}$
				其他（电石渣法）	$2.73S_{ar}^2+43.99S_{ar}$
		脱硫副产物（烟煤，炉内脱硫）	千克/吨-原料	石灰石/石膏法	$1.59S_{ar}^2+30.15S_{ar}$
				石灰/石膏法	$1.59S_{ar}^2+30.15S_{ar}$
				氨法	$1.92S_{ar}^2+36.31S_{ar}$
				双碱法	$1.91S_{ar}^2+29.52S_{ar}$
				烟气循环流化床法	$1.9S_{ar}^2+17.33S_{ar}$
				其他（电石渣法）	$1.91S_{ar}^2+29.52S_{ar}$
		脱硫副产物（无烟煤，无炉内脱硫）	千克/吨-原料	石灰石/石膏法	$2.28S_{ar}^2+44.9S_{ar}$
				石灰/石膏法	$2.28S_{ar}^2+44.9S_{ar}$
				氨法	$2.74S_{ar}^2+54.06S_{ar}$
				双碱法	$2.73S_{ar}^2+43.99S_{ar}$
				烟气循环流化床法	$2.71S_{ar}^2+26.19S_{ar}$
				其他（电石渣法）	$2.73S_{ar}^2+43.99S_{ar}$
		脱硫副产物（无烟煤，炉内脱硫）	千克/吨-原料	石灰石/石膏法	$1.59S_{ar}^2+30.15S_{ar}$
				石灰/石膏法	$1.59S_{ar}^2+30.15S_{ar}$
				氨法	$1.92S_{ar}^2+36.31S_{ar}$
				双碱法	$1.91S_{ar}^2+29.52S_{ar}$
				烟气循环流化床法	$1.9S_{ar}^2+17.33S_{ar}$
				其他（电石渣法）	$1.91S_{ar}^2+29.52S_{ar}$

续表

工艺名称	规模等级	污染物指标项	单位	末端治理技术名称	产污系数
层燃炉	≤8兆瓦	脱硫副产物（褐煤，无炉内脱硫）	千克/吨–原料	石灰石/石膏法	$2.13S_{ar}^2+42.09S_{ar}$
				石灰/石膏法	$2.13S_{ar}^2+42.09S_{ar}$
				氨法	$2.57S_{ar}^2+50.68S_{ar}$
				双碱法	$2.56S_{ar}^2+41.24S_{ar}$
				烟气循环流化床法	$2.55S_{ar}^2+24.55S_{ar}$
				其他（电石渣法）	$2.56S_{ar}^2+41.24S_{ar}$
		脱硫副产物（褐煤，炉内脱硫）	千克/吨–原料	石灰石/石膏法	$1.49S_{ar}^2+28.27S_{ar}$
				石灰/石膏法	$1.49S_{ar}^2+28.27S_{ar}$
				氨法	$1.8S_{ar}^2+34.04S_{ar}$
				双碱法	$1.79S_{ar}^2+27.67S_{ar}$
				烟气循环流化床法	$1.78S_{ar}^2+16.25S_{ar}$
				其他（电石渣法）	$1.79S_{ar}^2+27.67S_{ar}$

表9-39 脱硝催化剂产污系数（含钛的属于危废）

工艺名称	规模等级	污染物类型	污染物指标项	单 位	产污系数
煤粉锅炉	≥450兆瓦	固废	废脱硝催化剂（煤炭干燥无灰基挥发分≤10%）	立方米/吨–原料	0.00014
			废脱硝催化剂（10%＜煤炭干燥无灰基挥发分≤20%）	立方米/吨–原料	0.00013
			废脱硝催化剂（20%＜煤炭干燥无灰基挥发分≤37%）	立方米/吨–原料	0.00011
			废脱硝催化剂（煤炭干燥无灰基挥发分＞37%）	立方米/吨–原料	0.0001
			废脱硝催化剂（SNCR，煤炭干燥无灰基挥发分≤10%）	立方米/吨–原料	0.00011
			废脱硝催化剂（SNCR，10%＜煤炭干燥无灰基挥发分≤20%）	立方米/吨–原料	0.0001
			废脱硝催化剂（SNCR，20%＜煤炭干燥无灰基挥发分≤37%）	立方米/吨–原料	0.00008
			废脱硝催化剂（SNCR，煤炭干燥无灰基挥发分＞37%）	立方米/吨–原料	0.00007

续表

工艺名称	规模等级	污染物类型	污染物指标项	单 位	产污系数
煤粉锅炉	75~449兆瓦	固废	废脱硝催化剂（煤炭干燥无灰基挥发分≤10%）	立方米/吨-原料	0.00013
			废脱硝催化剂（10%＜煤炭干燥无灰基挥发分≤20%）	立方米/吨-原料	0.00012
			废脱硝催化剂（20%＜煤炭干燥无灰基挥发分≤37%）	立方米/吨-原料	0.0001
			废脱硝催化剂（煤炭干燥无灰基挥发分＞37%）	立方米/吨-原料	0.00009
			废脱硝催化剂（SNCR,煤炭干燥无灰基挥发分≤10%）	立方米/吨-原料	0.0001
			废脱硝催化剂（SNCR,10%＜煤炭干燥无灰基挥发分≤20%）	立方米/吨-原料	0.00009
			废脱硝催化剂（SNCR,20%＜煤炭干燥无灰基挥发分≤37%）	立方米/吨-原料	0.00008
			废脱硝催化剂（SNCR,煤炭干燥无灰基挥发分＞37%）	立方米/吨-原料	0.00007
循环流化床锅炉	75~449兆瓦	固废	废脱硝催化剂（煤炭干燥无灰基挥发分≤10%）	立方米/吨-原料	0.00008
			废脱硝催化剂（10%＜煤炭干燥无灰基挥发分≤20%）	立方米/吨-原料	0.00008
			废脱硝催化剂（20%＜煤炭干燥无灰基挥发分≤37%）	立方米/吨-原料	0.00009
			废脱硝催化剂（煤炭干燥无灰基挥发分＞37%）	立方米/吨-原料	0.00009
			废脱硝催化剂（SNCR,煤炭干燥无灰基挥发分≤10%）	立方米/吨-原料	0.00004
			废脱硝催化剂（SNCR,10%＜煤炭干燥无灰基挥发分≤20%）	立方米/吨-原料	0.00004
			废脱硝催化剂（SNCR,20%＜煤炭干燥无灰基挥发分≤37%）	立方米/吨-原料	0.00005
			废脱硝催化剂（SNCR,煤炭干燥无灰基挥发分＞37%）	立方米/吨-原料	0.00005
煤粉锅炉	9~74兆瓦	固废	废脱硝催化剂（10%＜煤炭干燥无灰基挥发分≤20%）	立方米/吨-原料	0.0001
			废脱硝催化剂（20%＜煤炭干燥无灰基挥发分≤37%）	立方米/吨-原料	0.00008
			废脱硝催化剂（煤炭干燥无灰基挥发分＞37%）	立方米/吨-原料	0.00008

续表

工艺名称	规模等级	污染物类型	污染物指标项	单　位	产污系数
煤粉锅炉	9~74兆瓦	固废	废脱硝催化剂（SNCR，10%＜煤炭干燥无灰基挥发分≤20%）	立方米/吨-原料	0.00008
煤粉锅炉	9~74兆瓦	固废	废脱硝催化剂（SNCR，20%＜煤炭干燥无灰基挥发分≤37%）	立方米/吨-原料	0.00007
煤粉锅炉	9~74兆瓦	固废	废脱硝催化剂（SNCR，煤炭干燥无灰基挥发分＞37%）	立方米/吨-原料	0.00006
循环流化床锅炉	9~74兆瓦	固废	废脱硝催化剂（煤炭干燥无灰基挥发分≤10%）	立方米/吨-原料	0.00007
循环流化床锅炉	9~74兆瓦	固废	废脱硝催化剂（10%＜煤炭干燥无灰基挥发分≤20%）	立方米/吨-原料	0.00007
循环流化床锅炉	9~74兆瓦	固废	废脱硝催化剂（20%＜煤炭干燥无灰基挥发分≤37%）	立方米/吨-原料	0.00007
循环流化床锅炉	9~74兆瓦	固废	废脱硝催化剂（煤炭干燥无灰基挥发分＞37%）	立方米/吨-原料	0.00007
循环流化床锅炉	9~74兆瓦	固废	废脱硝催化剂（SNCR，煤炭干燥无灰基挥发分≤10%）	立方米/吨-原料	0.00003
循环流化床锅炉	9~74兆瓦	固废	废脱硝催化剂（SNCR，10%＜煤炭干燥无灰基挥发分≤20%）	立方米/吨-原料	0.00003
循环流化床锅炉	9~74兆瓦	固废	废脱硝催化剂（SNCR，20%＜煤炭干燥无灰基挥发分≤37%）	立方米/吨-原料	0.00003
循环流化床锅炉	9~74兆瓦	固废	废脱硝催化剂（SNCR，煤炭干燥无灰基挥发分＞37%）	立方米/吨-原料	0.00003
层燃炉	9~19兆瓦	固废	废脱硝催化剂（10%＜煤炭干燥无灰基挥发分≤20%）	立方米/吨-原料	0.00009
层燃炉	9~19兆瓦	固废	废脱硝催化剂（20%＜煤炭干燥无灰基挥发分≤37%）	立方米/吨-原料	0.00009
层燃炉	9~19兆瓦	固废	废脱硝催化剂（煤炭干燥无灰基挥发分＞37%）	立方米/吨-原料	0.00008
层燃炉	9~19兆瓦	固废	废脱硝催化剂（SNCR，10%＜煤炭干燥无灰基挥发分≤20%）	立方米/吨-原料	0.00007
层燃炉	9~19兆瓦	固废	废脱硝催化剂（SNCR，20%＜煤炭干燥无灰基挥发分≤37%）	立方米/吨-原料	0.00006
层燃炉	9~19兆瓦	固废	废脱硝催化剂（SNCR，煤炭干燥无灰基挥发分＞37%）	立方米/吨-原料	0.00005

续表

工艺名称	规模等级	污染物类型	污染物指标项	单 位	产污系数
煤粉锅炉	≤8兆瓦	固废	废脱硝催化剂（20＜煤炭干燥无灰基挥发分≤37%）	立方米/吨－原料	0.00013
			废脱硝催化剂（SNCR，20＜煤炭干燥无灰基挥发分≤37%）	立方米/吨－原料	0.0001
			废脱硝催化剂（煤炭干燥无灰基挥发分＞37%）	立方米/吨－原料	0.00012
			废脱硝催化剂（SNCR，煤炭干燥无灰基挥发分＞37%）	立方米/吨－原料	0.00009
循环流化床锅炉	≤8兆瓦	固废	废脱硝催化剂（煤炭干燥无灰基挥发分≤10%）	立方米/吨－原料	0.0001
			废脱硝催化剂（10%＜煤炭干燥无灰基挥发分≤20%）	立方米/吨－原料	0.0001
			废脱硝催化剂（20%＜煤炭干燥无灰基挥发分≤37%）	立方米/吨－原料	0.00011
			废脱硝催化剂（SNCR，煤炭干燥无灰基挥发分≤10%）	立方米/吨－原料	0.00005
			废脱硝催化剂（SNCR，10%＜煤炭干燥无灰基挥发分≤20%）	立方米/吨－原料	0.00005
			废脱硝催化剂（SNCR，20%＜煤炭干燥无灰基挥发分≤37%）	立方米/吨－原料	0.00005
层燃炉	≤8兆瓦	固废	废脱硝催化剂（煤炭干燥无灰基挥发分≤10%）	立方米/吨－原料	0.00012
			废脱硝催化剂（10%＜煤炭干燥无灰基挥发分≤20%）	立方米/吨－原料	0.00012
			废脱硝催化剂（20%＜煤炭干燥无灰基挥发分≤37%）	立方米/吨－原料	0.00012
			废脱硝催化剂（煤炭干燥无灰基挥发分＞37%）	立方米/吨－原料	0.0001
			废脱硝催化剂（SNCR，煤炭干燥无灰基挥发分≤10%）	立方米/吨－原料	0.00009
			废脱硝催化剂（SNCR，10%＜煤炭干燥无灰基挥发分≤20%）	立方米/吨－原料	0.00009
			废脱硝催化剂（SNCR，20%＜煤炭干燥无灰基挥发分≤37%）	立方米/吨－原料	0.00008
			废脱硝催化剂（SNCR，煤炭干燥无灰基挥发分＞37%）	立方米/吨－原料	0.00007

表9-40 脱硝催化剂产污系数（含钛的属于危废）

工艺名称	规模等级	污染物类型	污染物指标项	单位	产污系数
煤粉锅炉/循环流化床锅炉/层燃炉	所有规模	危废	废矿物油	克/吨–原料	9.5

从上述表格可以看出，只要确定锅炉的类型（煤粉炉/循环流化床炉/层燃炉）、机组的装机规模，就可以查到粉煤灰、炉渣、脱硫石膏、脱硝催化剂、废矿物油等的产污系数。从不同炉型、不同装机规模对应的产污系数可以发现，粉煤灰、炉渣的产污系数和燃煤的收到基灰分和收到基硫分有关。燃煤的收到基灰分和收到基硫分的数值可以从企业每月的入炉煤煤质化验加权统计月报表中查到。

9.5 应税噪声排放量的核算方法

详见本书第2部分中水泥工业企业应税噪声排放量的核算方法。

【实例9-7】某工业企业位于工业开发区内，其厂界长度超过100米有两处以上噪声源，1月份厂界有多点位超标，昼间噪声标准限值为65分贝，夜间标准限值为55分贝。经监测，其1月份噪声超标天数为10天，昼间最高分贝为77.6，夜间最高分贝为60，该企业1月份噪声污染应缴纳多少环境保护税？

【解析】应税噪声的应纳税额为超过国家规定标准的分贝数对应的具体适用税额。应税噪声超标的分贝数不是整数的，按四舍五入取整。

当沿边界长度超过100米有两处以上噪声超标的，按照两个单位计算应纳税额；声源一个月内超标不足15天的，减半计算应纳税额。

该企业1月噪声超标10天，不足15天，减半计算应纳税额。昼间超标值：77.6-65=12.6（分贝），取13分贝；夜间超标值：60-55=5（分贝）。（超标4~6分贝，税额为每月700元；超标13~15分贝，税额为每月5600元。）

该月其环境保护税应缴金额=（5600+700）×0.5×2=6300（元）

第10章　减税和免税

10.1　一般规定

详见本书第2部分中水泥工业企业一般规定。

10.2　具体规定

1. 应税大气污染物、水污染物减免条件

详见本书第2部分中水泥工业企业应税大气污染物、水污染物减免条件。

2. 应税固体废物减免条件

关于"纳税人综合利用固体废物，符合国家和地方环境保护标准的"，《环境保护税法实施条例》第五条明确："固体废物的综合利用量，是指按照国务院发展改革、工业和信息化主管部门关于资源综合利用要求以及国家和地方环境保护标准进行综合利用的固体废物数量"。

《财政部　税务总局　生态环境部关于环境保护税有关问题的通知》（财税〔2018〕23号）第三条明确规定，纳税人对应税固体废物进行综合利用的，应当符合工业和信息化部制定的工业固体废物综合利用评价管理规范。《中华人民共和国工业和信息化部公告》（2018年第26号）明确了《工业固体废物资源综合利用评价管理暂行办法》及《国家工业固体废物综合利用产品名录》。各省级工信厅也下发了《关于做好工业固体废物资源综合利用评价工作的通知》，通知中明确，"开展工业固体废物资源综合利用评价的企业，可依据评价结果，按照《财政部　税务总局　生态环境部关于环境保护税有关问题的通知》（财税〔2018〕23号）和有关规定，申请暂予免征环境保护税，以及减免增值税、所得税等相关产业扶持优惠政策"。

3. 重点关注事项

重点关注申报减税的执行标准是否准确、污染物排放执行标准是否按最新出台的国家或地方的污染物排放标准核算减税。如果有地方省政府下发的更严格的排放标准，应该执行地方排放标准。具体可根据其持有的排污许可证进行判断。详见本书第2部分中水泥工业企业的相关要求。

第 4 部分
工业锅炉环境保护税征收管理操作指南

第11章 锅炉燃烧企业总体概述

锅炉燃烧企业是指以自有设施利用燃烧燃料从事热力生产和供应的企业，自有热力设施指主要使用燃煤、燃油、燃气及燃生物质和醇基燃料等燃料的锅炉。就目前来看，锅炉燃烧企业主要包括专门从事热力生产的单位、自供暖的物业管理公司、房地产开发企业、提供住宿服务的酒店等。

锅炉燃烧企业作为排放应税污染物的大户，主要以燃烧煤炭、油、天然气、生物质、醇基燃料提供热能，主要污染物为氮氧化物、二氧化硫、烟尘、汞及其化合物和一氧化碳，在燃料装卸、贮存、转运、堆存环节以及灰渣在渣场装卸、贮存环节主要排放一般性粉尘。降低二氧化硫排放浓度主要采用氧化镁湿法等脱硫工艺，降低氮氧化物主要采取尿素还原法，灰渣作为各类水泥、砖制品原材料进行综合利用或者进行填埋处置。

第12章　通过排污许可证获取税源、税目信息

12.1　排污许可证概述及查询方式

排污许可证，是指排污单位向生态环境主管部门提出申请后，生态环境主管部门经审查发放的允许排污单位排放一定数量污染物的凭证。依据《排污许可管理条例》相关规定，按照法律规定实行排污许可证管理的企业事业单位和其他生产经营者，应当依照该条例规定申请取得排污许可证；未取得排污许可证的，不得排放污染物。

企业排污许可证具体信息可通过全国排污许可证管理信息平台进行查询。依据相关规定，排污许可证记载信息包括：排放口信息、污染物种类、许可排放标准、监测要求等，可通过排污许可证副本进行查询。登录查询网址（http://permit.mee.gov.cn/permitExt/defaults/default-index!getInformation.action），点击"许可信息公开"，选择省市后输入单位名称即可进行排污许可证信息查询。

12.2　排污许可证中涉及环境保护税的内容

《排污许可证》包含环境保护税管理所需必要信息，主要涉及《排污许可证》副本首页、《排污许可单位基本信息表》、《大气排放口基本情况表》、《大气污染物有组织排放》、《大气污染物无组织排放》、《废水间接排放口基本情况表》、《废水污染物排放》、《噪声排放信息》、《固体废物排放信息》、《自行监测及记录表》等。上述各表与《环境保护税税源明细表》数据对照情况详见12.3节《排污许可证与环境保护税申报信息采集明细对照表》。

12.2.1　《排污许可证》副本首页

《排污许可证》副本首页见图12-1。

在《排污许可证》副本首页中，我们可以获取的环境保护税相关涉税信息有：排污许可证证书编号、单位名称、行业类别、生产经营场所地址、社会信用代码、环保联系人、排污

图12-1　《排污许可证》副本首页

许可证有效期限等，这些信息是填写《环境保护税税源明细表》或进行环境保护税管理的重要数据。其中，排污许可证书编号、单位名称、地址、排污许可证有效期限等基础信息可直接用于填写《环境保护税税源明细表》；在使用排污系数（物料衡算）方法计算环境保护税时，行业类别信息是判断纳税人所属行业的重要参考依据；在需要确认环境保护税相关环保管理事项时，可通过环保联系人来进行了解。

12.2.2 《排污许可单位基本信息表》

《排污许可单位基本信息表》可以帮助我们对纳税人基本信息和污染物排放概况进行整体了解。该表中除了载明企业名称、经营地址等基本信息外，还主要载明了生态环境部门对其进行重点管控的污染物情况，包括主要污染物类别、主要污染物种类、大气和水污染物排放执行标准名称等信息。

需要注意的是，该表中仅载明了主要大气和水污染物种类。此外，该表中的污染物种类既包含了应税污染物，也包含了非应税污染物。例如，在表12-1的主要污染物种类中，载明的大气污染物有颗粒物、SO_2、NO_x、VOC_s、汞及其化合物、林格曼黑度、氨，其中VOC_s、林格曼黑度不属于环境保护税法规定的应税污染物，不需要纳入环境保护税管理。

还需要注意的是，如同时存在污染物排放国家标准和地方标准时，依据相关规定，在环境保护税管理中应按"孰严原则"确定污染物排放执行标准。

表12-1 排污单位基本信息表

单位名称	大连×××	注册地址	大连市西岗区××号
邮政编码	116011	生产经营场所地址	辽宁省大连市西岗区×××
行业类别	热力生产和供应	投产日期	1994-11-01
组织机构代码		统一社会信用代码	
技术负责人	×××	联系电话	/
所在地是否属于大气重点控制区	否	所在地是否属于总磷控制区	否
所在地是否属于总氮控制区	是	所在地是否属于重金属污染特别排放限值实施区域	否
是否位于工业园区	否	所属工业园区名称	
是否通过污染物排放量削减替代获得重点污染物排放总量控制指标	否		
主要污染物种类	☑颗粒物 ☑SO_2		☑COD ☑氨氮

续表

主要污染物种类	☑NOx ☐VOCs ☑其他特征污染物［氨（氨气），汞及其化合物，林格曼黑度］		☑其他特征污染物［总磷（以P计），悬浮物，动植物油，pH值，五日生化需氧量，总氮（以N计），溶解性总固体，硫化物，石油类，挥发酚，氟化物（以F–计），总汞，总镉，总砷，总铅］
大气污染物排放形式	☑有组织 ☑无组织	废水污染物排放规律	☑间断排放，排放期间流量不稳定且无规律，但不属于冲击型排放
大气污染物排放执行标准名称	《锅炉大气污染物排放标准》（GB 13271—2014），《火电厂烟气脱硝工程技术规范 选择性非催化还原法》（HJ 563—2010），《大气污染物综合排放标准》（GB 16297—1996），《施工及堆料场地扬尘排放标准》（DB 21/2642—2016）		
水污染物排放执行标准名称	/		

12.2.3 《大气排放口基本情况表》

详见表12-2。

表12-2 大气排放口基本情况表

序号	排放口编号	排放口名称	污染物种类	排气筒高度（m）	排气筒出口内径（m）(2)	排气温度（℃）	其他信息
1	DA001	锅炉废气排放口	氨（氨气）、二氧化硫、汞及其化合物、氮氧化物、林格曼黑度、颗粒物	45	1.6	45	

通过《大气排放口基本情况表》，我们可以对企业的大气排放口进行全面的了解。该表中载明了企业全部大气污染物排放口及排放口的基本信息和排放的大气污染物种类。在企业进行环境保护税大气污染物基础信息采集时，应按照该表中载明的排放口编号、排放口名称、应税污染物种类等进行全量采集。例如，在表12-2中，我们可以看到排污许可证中载明该企业有1个排放口，并可以查询到该排放口排放的应税污染物。

需要注意的是，在原排污许可证公开信息中包含排放口地理坐标信息，但在新版的排污许可证信息中地理坐标信息仅在企业端显示，并未包含在公开信息中。此外，无排污许可证纳税人可通过地理坐标软件查询大气、水等排放口地理坐标信息。

12.2.4 《大气污染物有组织排放》

详见表12-3。

表12-3 大气污染物有组织排放

序号	排放口编号	排放口名称	污染物种类	许可排放浓度限值	许可排放速率限值（kg/h）	许可年排放量限值（t/a）第一年	第二年	第三年	第四年	第五年	承诺更加严格排放浓度限值
					主要排放口						
1	DA001	锅炉废气排放口	林格曼黑度	1级	/	/	/	/	/	/	/级
2	DA001	锅炉废气排放口	氨（氨气）	8mg/Nm³	/	/	/	/	/	/	/mg/Nm³
3	DA001	锅炉废气排放口	颗粒物	30mg/Nm³	/	/	/	/	/	/	/mg/Nm³
4	DA001	锅炉废气排放口	汞及其化合物	0.05mg/Nm³	/	/	/	/	/	/	/mg/Nm³
5	DA001	锅炉废气排放口	氮氧化物	200mg/Nm³	/	/	/	/	/	/	/mg/Nm³
6	DA001	锅炉废气排放口	二氧化硫	200mg/Nm³	/	/	/	/	/	/	/mg/Nm³
主要排放口合计			颗粒物			3.360000	3.360000	3.360000	3.360000	3.360000	/
			SO_2			17.930000	17.930000	17.930000	17.930000	17.930000	/
			NO_x			22.420000	22.420000	22.420000	22.420000	22.420000	/
			VOC_s			/	/	/	/	/	/
					一般排放口						
一般排放口合计			颗粒物			/	/	/	/	/	/
			SO_2			/	/	/	/	/	/
			NO_x			/	/	/	/	/	/
			VOC_s			/	/	/	/	/	/
全厂有组织排放总计											
全厂有组织排放总计			颗粒物			3.360000	3.360000	3.360000	3.360000	3.360000	

大气污染物通过排气筒的有规则排放为有组织排放，例如，烟囱就是我们最常见的有组织排放。供热企业锅炉烟囱有组织排放口为主要排放口。通过《大气污染物有组织排放》表，我们除了能够查询到主要排放口与一般排放口的基本信息外，还可以查询到该企业有组织排放大气污染物的许可排放浓度限值。

Nm^3：标立方米，是气体在标准状态（温度为273.15开尔文，压强为101325帕）下的体积单位。

12.2.5 《大气污染物无组织排放》

详见表12-4。

表12-4 大气污染物无组织排放

序号	生产设施编号/无组织排放编号	产污环节	污染物种类	主要污染防治措施	国家或地方污染物排放标准 名称	浓度限值	其他信息	年许可排放量限值（t/a）第一年	第二年	第三年	第四年	第五年	申请特殊时段许可排放量限值
1	厂界		颗粒物	/	《大气污染物综合排放标准》（GB 16297—1996）	1mg/Nm^3		/	/	/	/	/	/mg/Nm^3
2	MF0011	输送系统无组织排放	颗粒物		《大气污染物综合排放标准》（GB 16297—1996）	1mg/Nm^3		/	/	/	/	/	/mg/Nm^3
3	MF0003	贮存系统无组织排放	颗粒物		《施工及堆料场地扬尘排放标准》（DB 21/2642—2016）	0.8mg/Nm^3		/	/	/	/	/	/mg/Nm^3
4	MF0002	贮存系统无组织排放	颗粒物		《施工及堆料场地扬尘排放标准》（DB 21/2642—2016）	0.8mg/Nm^3		/	/	/	/	/	/mg/Nm^3
5	MF0003	装卸系统无组织排放	颗粒物		《施工及堆料场地扬尘排放标准》（DB 21/2642—2016）	0.8mg/Nm^3		/	/	/	/	/	/mg/Nm^3

大气污染物的无组织排放是指大气污染物不经过排气筒的无规则排放，无组织排放是一种没有排放口的排放形式。例如，煤炭在露天堆存过程中向周边环境排放一般性粉尘就属于无组织排放。除此之外，煤炭的装卸、转运，氨水的储存等工艺环节都会产生无组织排放。通过《大气污染物无组织排放》表，我们可以查询到无组织排放编号、产污环节、污染物种类、排放标准名称和浓度限值。例如，在表12-4中，排放编号为MF0011的无组织排放，产污环节为输送系统无组织排放，污染物种类为颗粒物，排放标准名称为《大气污染物综合排放标准》（GB 16297—1996），排放浓度限值为1mg/Nm^3（毫克/标立方米）。

12.2.6 《废水间接排放口基本情况表》

详见表12-5。

表12-5 废水间接排放口基本情况表

序号	排放口编号	排放口名称	排放去向	排放规律	间歇排放时段	受纳污水处理厂信息			
						名称	污染物种类	排水协议规定的浓度限值	国家或地方污染物排放标准浓度限值
1	DW001	生活污水排放口	进入城市污水处理厂	间断排放，排放期间流量不稳定且无规律，但不属于冲击型排放	不定时	大连光水马栏河水务有限公司	五日生化需氧量	/mg/L	10mg/L
							总氮（以N计）	/mg/L	15mg/L
							动植物油	/mg/L	1mg/L
							氨氮（NH$_3$-N）	/mg/L	5mg/L
							总磷（以P计）	/mg/L	0.5mg/L
							化学需氧量	/mg/L	50mg/L
							pH值	/mg/L	6~9mg/L
							悬浮物	/mg/L	10mg/L

通过《废水间接排放口基本情况表》，我们可以对纳税人水污染物排放口情况进行全面的了解。该表中载明了污水排放口编号、名称、排放去向等，在企业进行环境保护税水污染物基础信息采集时，应按照该表中载明的全部排放口编号、排放口名称及排放口地理坐标进行全量采集。

需要注意的是，当表中"排放去向"为直接进入自然水体时，此排放口才需要进行环境保护税基础信息采集；当表中"排放去向"为"不外排"或"进入城市污水处理厂"时，此排放口不属于直接向环境排放，不需要进行信息采集。

12.2.7 《废水污染物排放》

详见表12-6。

表12-6 废水污染物排放

序号	排放口编号	排放口名称	污染物种类	许可排放浓度限值	许可年排放量限值（t/a）				
					第一年	第二年	第三年	第四年	第五年
主要排放口										
主要排放口合计			COD$_{cr}$						
			氨氮						
			总氮（以N计）						
一般排放口										

续表

序号	排放口编号	排放口名称	污染物种类	许可排放浓度限值	许可年排放量限值（t/a）				
					第一年	第二年	第三年	第四年	第五年
1	DW001	生活污水排放口	pH值	/mg/L	/	/	/	/	/
2	DW001	生活污水排放口	总氮（以N计）	/mg/L	/	/	/	/	/
3	DW001	生活污水排放口	悬浮物	/mg/L	/	/	/	/	/
4	DW001	生活污水排放口	总磷（以P计）	/mg/L	/	/	/	/	/
5	DW001	生活污水排放口	动植物油	/mg/L	/	/	/	/	/
6	DW001	生活污水排放口	五日生化需氧量	/mg/L	/	/	/	/	/
7	DW001	生活污水排放口	氨氮（NH$_3$-N）	/mg/L	/	/	/	/	/
8	DW001	生活污水	化学需氧量	/mg/L	/	/	/	/	/

通过《废水污染物排放》表，我们除了能够查询到污水排放口基本信息外，还可以查询到每个排放口排放的水污染物种类及其许可排放浓度限值。在采集水污染物环境保护税基础信息时，对此表中载明的属于应税污染物的种类应进行全量采集，对非应税污染物不需要进行采集。例如，"总氮"未在环境保护税法附表中列明，不属于应税污染物，不需要进行基础信息采集。

如未标明或未做特殊说明的，表中浓度限值的单位一般为 mg/L（毫克/升）。

需要注意的是，我们需要对排污许可证载明的水污染物许可排放浓度限值与各省颁布的地方排放标准中规定的地方标准限值进行比较，并按照"孰严原则"确定环境保护税管理中污染物排放执行标准限值。

12.2.8 《噪声排放信息》

通过《噪声排放信息》表（详见表12-7），我们可以查询该企业噪声排放标准的名称和噪声排放标准。按照环境保护税法相关规定噪声排放分为昼间噪声排放和夜间噪声排放，相应地，在采集环境保护税基础信息时需要对排污许可证载明的昼间噪声排放标准和夜间噪声排放标准分别进行采集。例如，表12-7中载明企业噪声执行排放标准为《工业企业厂界环境噪声排放标准》（GB 12348—2008），昼间排放限值为55dB（分贝），夜间排放限值为 45 dB（分贝）。

表12-7 噪声排放信息

噪声类别	生产时段		执行排放标准名称	厂界噪声排放限值		备注
	昼间	夜间		昼间，dB（A）	夜间，dB（A）	
稳态噪声	06至22	22至06	《工业企业厂界环境噪声排放标准》（GB 12348—2008）	55	45	
频发噪声						
偶发噪声						

12.2.9 《固体废物排放信息》

详见表12-8。

表12-8 固体废物排放信息

固体废物基础信息									
序号	固体废物类别	固体废物名称	代码	危险特性	类别	物理性状	产生环节	去向	备注
1	一般工业固体废物	其他一般工业固体废物	SW59	/	第Ⅰ类工业固体废物	固态（固态废物，S）	辅助单元	自行贮存，委托处置	离子交换树脂
2	一般工业固体废物	其他一般工业固体废物	SW59	/	第Ⅱ类工业固体废物	半固态（泥态废物，SS）	污染防治单元	委托处置，自行贮存	脱硫渣
3	一般工业固体废物	炉渣	SW03	/	第Ⅱ类工业固体废物	固态（固态废物，S）	热力生产单元	委托处置，自行贮存	
4	一般工业固体废物	其他一般工业固体废物	SW59	/	第Ⅰ类工业固体废物	固态（固态废物，S）	热力生产单元	自行贮存，委托处置	除尘灰
5	一般工业固体废物	其他一般工业固体废物	SW59	/	第Ⅰ类工业固体废物	固态（固态废物，S）	污染防治单元	委托处置，自行贮存	布袋除尘器废滤袋
自行贮存和自行利用/处置设施基本信息									
序号	固体废物类别	设施名称	设施编号	设施类型	污染防控技术要求				
1	一般工业固体废物	灰渣场	TS001	自行贮存设施	贮存过程满足相应防渗漏、防雨淋、防扬尘等环境保护要求，自行贮存的设施环境管理和相关设施运行维护要求还符合GB 15562.2、GB 18599、GB 30485和HJ 2035等相关标准规范要求。				

通过《固体废物排放信息》表，我们可以查询到企业产生的固体废物类别、名称、处理方式及危险废物代码和委托利用处置单位等信息。

需要注意的是，表中载明的"其他一般工业固体废物"包含了税法中规定的"危险废物"，例如，根据2016版和2021版《国家危险废物名录》的认定，废弃的离子交换树脂属于危险废物，但锅炉软化水制备过程中产生的离子交换树脂从2021年1月1日开始不属于危险废物，因此在排污许可中被列为其他一般工业固体废物，纳税人应按税法要求对相应固体废物进行基础信息采集。

12.2.10 《自行监测及记录表》

详见表12-9。

表12-9 自行监测及记录表

序号	污染源类别/监测类别	排放口编号/监测点位	排放口名称/监测点位名称	监测内容	污染物名称	监测设施	自动监测是否联网	自动监测仪器名称	自动监测设施安装位置	自动监测设施是否符合安装运行、维护等管理要求	手工监测采样方法及个数	手工监测频次	手工测定方法	其他信息
1	废气	DA001	锅炉废气排放口	氧含量,烟气流速,烟气温度,烟气压力,烟气含湿量	林格曼黑度	手工					非连续采样至少3个	1次/季	固定污染源排放烟气黑度的测定 林格曼烟气黑度图法 HJ/T 398—2007	
2	废气	DA001	锅炉废气排放口	氧含量,烟气流速,烟气温度,烟气压力,烟气含湿量	汞及其化合物	手工					非连续采样至少3个	1次/季	固定污染源废气汞的测定 冷原子吸收分光光度法(暂行)HJ 543—2009	
3	废气	DA001	锅炉废气排放口	氧含量,烟气流速,烟气温度,烟气压力,烟气含湿量	氨(氨气)	手工					非连续采样至少3个	1次/季	空气和废气 氨的测定 纳氏试剂分光光度法 HJ 533—2009	
4	废气	DA001	锅炉废气排放口	氧含量,烟气流速,烟气温度,烟气压力,烟气含湿量	氮氧化物	自动	是	烟气连续在线监测系统 CEMS-2000	烟囱	是	非连续采样至少3个	设备故障时采用手工监测,监测频次不低于1次/6小时	固定污染源废气 氮氧化物的测定 电位电解法 HJ 693—2014	
5	废气	DA001	锅炉废气排放口	氧含量,烟气流速,烟气温度,烟气压力,烟气含湿量	二氧化硫	自动	是	烟气连续在线监测系统 CEMS-2000	烟囱	是	非连续采样至少3个	设备故障时采用手工监测,监测频次不低于1次/6小时	固定污染源排气中二氧化硫的测定 电位电解法 HJ 57—2017	

通过《自行监测及记录表》，除了可以查询到排放口编号、名称、污染物种类外，还可以查询到生态环境部门对该企业排放全部大气、水污染物的监测规定，包括监测设备和手工监测频次。

需要注意的是，根据《财政部 税务总局 生态环境部关于明确环境保护税应税污染物适用等有关问题的通知》（财税〔2018〕117号）相关规定，在使用委托监测机构监测数据进行环境保护税应纳税额申报时，纳税人应提供当季监测报告；进行减免税申报时，纳税人应提供当月监测报告。

12.3 《排污许可证与环境保护税申报信息采集明细对照表》

详见表12-10。

表12-10 排污许可证与环境保护税申报信息采集明细对照表

序号	排污许可证内容		环境保护税税源明细表内容	
	项目	具体内容	项目	具体内容
1	副本首页	排污许可证证书编号	《环境保护税税源明细表》表头	排污许可证编号
2	副本首页	单位名称	《环境保护税税源明细表》表头	纳税人名称
3	副本首页	行业类别		用于判断主要生产工艺的排污许可规范、产排污系数适用行业
4	副本首页	生产经营场所地址	《环境保护税税源明细表》	生产经营所在区划
5	副本首页	生产经营场所地址	《环境保护税税源明细表》税源基础信息采集	生产经营所在街乡
6	副本首页	社会信用代码	《环境保护税税源明细表》	纳税人识别号
7	副本首页	排污许可证有效期限	《环境保护税税源明细表》	税源基础信息采集有效期起止
8	表1《排污单位基本信息表》	主要污染物类别	《环境保护税税源明细表》	污染物类别
9	表1《排污单位基本信息表》	大气污染物排放执行标准名称/水污染物排放执行标准名称	《环境保护税税源明细表》税源基础信息采集	大气、水污染物标准排放限值——执行标准
10	表2《大气排放口基本情况表》	排放口编号	《环境保护税税源明细表》税源基础信息采集	排放口编号
11	表2《大气排放口基本情况表》	排放口名称	《环境保护税税源明细表》税源基础信息采集	排放口名称或噪声源名称

续表

序号	排污许可证内容		环境保护税税源明细表内容	
	项目	具体内容	项目	具体内容
12	表2《大气排放口基本情况表》	污染物种类	《环境保护税税源明细表》税源基础信息采集	污染物名称
13	表3《大气污染物有组织排放》	排放口编号	《环境保护税税源明细表》税源基础信息采集	排放口编号
14	表3《大气污染物有组织排放》	排放口名称	《环境保护税税源明细表》税源基础信息采集	排放口名称或噪声源名称
15	表3《大气污染物有组织排放》	污染物种类	《环境保护税税源明细表》税源基础信息采集	污染物名称
16	表3《大气污染物有组织排放》	许可排放浓度限值	《环境保护税税源明细表》税源基础信息采集	大气、水污染物标准排放限值——标准浓度值
17	表4《大气污染物无组织排放》	生产设施编号/无组织排放编号	《环境保护税税源明细表》税源基础信息采集	排放口编号
18	表4《大气污染物无组织排放》	污染物种类	《环境保护税税源明细表》税源基础信息采集	污染物名称
19	表4《大气污染物无组织排放》	国家或地方污染物排放标准——名称	《环境保护税税源明细表》税源基础信息采集	大气、水污染物标准排放限值——执行标准
20	表4《大气污染物无组织排放》	国家或地方污染物排放标准——浓度限值	《环境保护税税源明细表》税源基础信息采集	大气、水污染物标准排放限值——标准浓度值
21	表7《废水直接排放口基本情况表》	排放口编号	《环境保护税税源明细表》税源基础信息采集	排放口编号
22	表7《废水直接排放口基本情况表》	排放口名称	《环境保护税税源明细表》税源基础信息采集	排放口名称或噪声源名称
23	表7《废水直接排放口基本情况表》	排放口地理坐标	《环境保护税税源明细表》税源基础信息采集	排放口地理坐标
24	表8《废水污染物排放》	排放口编号	《环境保护税税源明细表》税源基础信息采集	排放口编号
25	表8《废水污染物排放》	排放口名称	《环境保护税税源明细表》税源基础信息采集	排放口名称或噪声源名称
26	表8《废水污染物排放》	污染物种类	《环境保护税税源明细表》税源基础信息采集	污染物名称
27	表8《废水污染物排放》	许可排放浓度限值	《环境保护税税源明细表》税源基础信息采集	大气、水污染物标准排放限值——标准浓度值

续表

序号	排污许可证内容		环境保护税税源明细表内容	
	项目	具体内容	项目	具体内容
28	表9《噪声排放信息》	生产时段	《环境保护税税源明细表》税源基础信息采集	是否昼夜产生
29	表9《噪声排放信息》	厂界噪声排放限值——昼间	《环境保护税税源明细表》税源基础信息采集	噪声——标准值——昼间
30	表9《噪声排放信息》	厂界噪声排放限值——夜间	《环境保护税税源明细表》税源基础信息采集	噪声——标准值——夜间
31	表10《固体废物排放信息》	固体废物名称	《环境保护税税源明细表》税源基础信息采集	污染物名称
32	表10《固体废物排放信息》	固体废物名称	《环境保护税税源明细表》税源基础信息采集	危险废物污染物子类
33	表10《固体废物排放信息》	委托单位名称	《环境保护税税源明细表》税源基础信息采集	固体废物信息——处置情况
34	表12《自行监测及记录表》	监测设备	《环境保护税税源明细表》税源基础信息采集	计算方法——自动
35	表12《自行监测及记录表》	手工监测频次	《环境保护税税源明细表》税源基础信息采集	计算方法——监测数据

第13章　通过生产工艺环节获取税源、税目信息

通过《排污许可证申请与核发技术规范 工业锅炉》和生产工艺环节确认税源信息是使用《排污许可证》确认税源的重要补充。

13.1　建设期以及日常维护施工涉及按次申报税源的确定

13.1.1　项目建设期

项目建设期的土建施工、设备及钢结构、管道的防腐施工及钢结构切割、焊接施工，产生施工扬尘（一般性粉尘）、三苯（苯、甲苯、二甲苯）、甲醛及焊尘（一般性粉尘）等应税大气污染物；项目建设期，由于污水管网尚未铺设完成，生活污水直接向环境排放（用于绿化、降尘等）。上述行为都属于直接向环境排放应税污染物的行为，应当依法缴纳环境保护税。建设期的危废库一般尚未建成，在防腐施工过程中产生的大量废油漆桶等应税固体废物，在贮存环节一般不满足法律法规的要求，应重点关注贮存及处置环节是否应该缴纳环境保护税。

13.1.2　正常运营期的日常维护阶段

生产经营过程中，锅炉燃烧企业需要对厂区和生产等设施进行维护施工，产生的直接向环境排放应税污染物的行为应当依法按次申报环境保护税。如土建施工产生施工扬尘（一般性粉尘）；防腐施工使用的油漆产生苯、甲苯、二甲苯、甲醛等应税大气污染物和废油漆桶等危险废物；钢结构切割、焊接工程产生焊尘（一般性粉尘）。对此可以通过印花税中建安类的项目进行甄别。

13.2　正常运行期间税源的确定

参见本书第3部分中燃煤电厂通过生产工艺环节获取税源信息相关内容。

第14章 应税污染物排放量的核算方法

14.1 核算方法判定的基本原则

应税大气污染物、水污染物、固体废物的排放量和噪声分贝数，按照下列方法和顺序计算：

（1）纳税人安装使用符合国家规定和监测规范的污染物自动监测设备的，按照污染物自动监测数据计算。在实际工作中自动监测也称在线监测。

（2）纳税人未安装使用污染物自动监测设备的，按照监测机构出具的符合国家有关规定和监测规范的监测数据计算。在实际工作中监测机构监测也称委托第三方监测或手工监测。

（3）因排放污染物种类多等原因不具备监测条件的，按照国务院环境保护主管部门规定的排污系数、物料衡算方法计算。

（4）不能按照第（1）项至第（3）项规定的方法计算的，按照省、自治区、直辖市人民政府环境保护主管部门规定的抽样测算的方法核定计算。截至目前，辽宁省暂未出台抽样测算方法。

14.2 应税大气污染物、应税水污染物排序纳税规定

每一排放口或者没有排放口的应税大气污染物（没有排放口的大气污染物排放即无组织排放），按照污染当量数从大到小排序，对前三项污染物征收环境保护税。

每一排放口的应税水污染物，按照《环境保护税法》所附《应税污染物和当量值表》，区分第一类水污染物和其他类水污染物，按照污染当量数从大到小排序。对第一类水污染物按照前五项征收环境保护税，对其他类水污染物按照前三项征收环境保护税。

需要注意的是，上述征税规则适用于全部污染物核算方法，例如，同一排放口排放的应税污染物无论是用自动监测法、监测机构监测法，还是产（排）污系数法进行核算，都应一并按照上述规则进行排序，取污染当量数前三或前五的污染物进行申报纳税。（废气和污水中所含污染物种类较多，从监测技术和成本考虑，难以将每一排放口的所有污染物都纳入征收范围。对前三或前五项污染物征税，已覆盖了主要污染物排放量，可以起到促进污染物减排的作用。）

14.3 减税和免税

14.3.1 供热企业涉及的减免税政策

《环境保护税法》第十二条规定，纳税人综合利用固体废物，符合国家和地方环境保护标准的暂免征收环境保护税。《环境保护税法》第十三条规定，纳税人排放应税大气污染物或者水污染物的浓度值低于国家和地方规定的污染物排放标准百分之三十的，减按百分之七十五征收环境保护税。纳税人排放应税大气污染物或者水污染物的浓度值低于国家和地方规定的污染物排放标准百分之五十的，减按百分之五十征收环境保护税。

需要注意的是，在减征规定中低于标准百分之三十、百分之五十，均不含本数。

14.3.2 减免税额计算公式

固体废物减免税额＝（符合条件的固体废物综合利用量＋在符合国家和地方环境保护标准的设施、场所贮存或者处置的固体废物量）× 固体废物单位税额

大气、水污染物减免税额＝当期应纳税额 × 减征比例（25%或50%）

应纳税额减去减免税额即为应缴纳税额。

14.3.3 减免税额具体规定

1. 应税固体废物减免条件

关于"纳税人综合利用固体废物，符合国家和地方环境保护标准的"，《环境保护税法实施条例》第五条明确："固体废物的综合利用量，是指按照国务院发展改革、工业和信息化主管部门关于资源综合利用要求以及国家和地方环境保护标准进行综合利用的固体废物数量"。《财政部 税务总局 生态环境部关于环境保护税有关问题的通知》（财税〔2018〕23号）第三条明确规定，纳税人对应税固体废物进行综合利用的，应当符合工业和信息化部制定的工业固体废物综合利用评价管理规范。《中华人民共和国工业和信息化部公告》（2018年第26号）明确了《工业固体废物资源综合利用评价管理暂行办法》及《国家工业固体废物综合利用产品名录》。各省级工信厅也下发了《关于做好工业固体废物资源综合利用评价工作的通知》，通知中明确，"开展工业固体废物资源综合利用评价的企业，可依据评价结果，按照《财政部 税务总局 生态环境部关于环境保护税有关问题的通知》（财税〔2018〕23号）和有关规定，申请暂予免征环境保护税，以及减免增值税、所得税等相关产业扶持优惠政策"。

2. 污染物排放执行标准

环境保护部和国家质量监督检验总局于2014年5月16日联合出台了《锅炉大气污

染物排放标准》（GB 13271—2014，代替GB 13271—2001），于2014年7月1日实施。具体排放标准详见下述表格。

该标准规定了锅炉烟气中颗粒物、二氧化硫、氮氧化物、汞及其化合物的最高允许排放浓度限值和烟气黑度限值。

该标准适用于以燃煤、燃油和燃气为燃料的单台出力65t/h及以下蒸汽锅炉、各种容量的热水锅炉及有机热载体锅炉，各种容量的层燃炉、抛煤机炉。

使用型煤、水煤浆、煤矸石、石油焦、油页岩、生物质成型燃料等的锅炉，参照该标准中燃煤锅炉排放控制要求执行。

该标准不适用于以生活垃圾、危险废物为燃料的锅炉。

该标准适用于在用锅炉的大气污染物排放管理，以及锅炉建设项目环境影响评价、环境保护设施设计、竣工环境保护验收及其投产后的大气污染物排放管理。

10t/h以上在用蒸汽锅炉和7MW以上在用热水锅炉在2015年9月30日前执行GB 13271—2001中规定的排放限值，10t/h及以下在用蒸汽锅炉和7MW及以下在用热水锅炉在2016年6月30日前执行GB 13271—2001中规定的排放限值。

10t/h以上在用蒸汽锅炉和7MW以上在用热水锅炉自2015年10月1日起执行表14-1规定的大气污染物排放限值，10t/h及以下在用蒸汽锅炉和7MW及以下在用热水锅炉自2016年7月1日起执行表14-1规定的大气污染物排放限值。

表14-1 在用锅炉大气污染物排放浓度限值

单位：mg/m³

污染物项目	限值			污染物排放监控位置
	燃煤锅炉	燃油锅炉	燃气锅炉	
颗粒物	80	60	30	烟囱或烟道
二氧化硫	400/550[①]	300	100	
氮氧化物	400	400	400	
汞及其化合物	0.05	—	—	
烟气黑度（林格曼黑度，级）	≤1			烟囱排放口

注：①位于广西壮族自治区、重庆市、四川省和贵州省的燃煤锅炉执行该限值。

自2014年7月1日起，新建锅炉执行表14-2规定的大气污染物排放限值。

表14-2　新建锅炉大气污染物排放浓度限值

单位：mg/m³

污染物项目	限值			污染物排放监控位置
	燃煤锅炉	燃油锅炉	燃气锅炉	
颗粒物	50	30	20	烟囱或烟道
二氧化硫	300	200	50	
氮氧化物	300	250	200	
汞及其化合物	0.05	—	—	
烟气黑度（林格曼黑度，级）	≤1			烟囱排放口

重点地区锅炉执行表14-3规定的大气污染物特别排放限值。执行大气污染物特别排放限值的地域范围、时间，由国务院环境保护主管部门或省级人民政府规定。

表14-3　大气污染物特别排放限值

单位：mg/m³

污染物项目	限值			污染物排放监控位置
	燃煤锅炉	燃油锅炉	燃气锅炉	
颗粒物	30	30	20	烟囱或烟道
二氧化硫	200	100	50	
氮氧化物	200	200	150	
汞及其化合物	0.05	—	—	
烟气黑度（林格曼黑度，级）	≤1			烟囱排放口

各省如果出台地方标准，应按地方标准实施。

第15章 应税污染物排放量与应纳税额的具体计算

15.1 应税大气污染物排放量与应纳税额的核算

15.1.1 自动监测方法

依据《排污单位自行监测技术指南 火力发电及锅炉》（HJ 820—2017）相关规定，供热企业20t/h（蒸吨，每小时产生的蒸汽量）以上的锅炉排放口，必须安装在线监测设备（CEMS），监测的污染因子有颗粒物（烟尘）、二氧化硫和氮氧化物。如果在线监测设备已经和生态环境部门联网，每个季度均通过比对监测并且进行数据修约，则上述三种应税污染物必须使用自动监测法核算排放量。

大气污染物自动监测法的计算公式为：

$$E = \sum_{i=1}^{S_i} (\rho_i \times L_i) \times 10^{-6}$$

式中：E——核算当期主要排放口某项大气污染物的实际排放量，kg；

S_i——核算时段内某污染物排放时间，h（小时）；

ρ_i——某项大气污染物第i小时标态干烟气小时排放质量浓度，mg/m³；

L_i——某项大气污染物第i小时标态干烟气量，m³/h。

单一排放口大气污染物自动监测某种污染物月排放量的计算公式为：

某种污染物月排放量＝标态烟气月累计流量×某种污染物月均排放浓度

为了将排放量单位换算为千克，便于计算环境保护税，当标态烟气月累计流量单位为10⁴m³（万立方米），月均排放浓度单位为mg/m³时，污染物月排放量计算公式可转化为：

污染物月排放量（千克）＝标态烟气月累计流量（10⁴m³）×
月均排放浓度（mg/m³）÷100

常用单位换算关系如下：

1吨（t）=1000公斤（kg）；

1公斤（kg）=1000克（g）；

1克（g）=1000毫克（mg）；

1立方米（m³）=1000升（L）；

1升（L）=1000毫升（mL）。

【实例15-1】表15-1为某供热企业2020年12月1号锅炉合规自动监测设备监测数据报告，假设当月无其他污染物排放，请计算当月应纳环境保护税税额。

【解析】第一步，从企业自动监测报表中获取环境保护税计算所需数据。

表15-1　1号锅炉合规自动监测设备监测数据报告

排放口名称	日期	时间	颗粒物实测浓度（mg/m³）	颗粒物折算浓度（mg/m³）	颗粒物排放量（kg）	二氧化硫实测浓度（mg/m³）	二氧化硫折算浓度（mg/m³）	二氧化硫排放量（kg）	氮氧化物实测浓度（mg/m³）	氮氧化物折算浓度（mg/m³）	氮氧化物排放量（kg）	标态流量（m³）
1号锅炉	2020-12-01	00~01	15	14.21	1.63	55.42	52.48	6.02	168	159.11	18.26	108720.6
1号锅炉	2020-12-01	01~02	14.09	14.02	1.56	78.6	78.2	8.71	171.47	170.61	18.99	110766
1号锅炉	2020-12-01	02~03	14.32	13.85	1.57	125.34	121.18	13.76	170.23	164.58	18.69	109792.2
1号锅炉	2020-12-01	03~04	—	—	1.64	—	—	21.17	—	—	19.51	107092.2
1号锅炉	2020-12-01	04~05	13.64	10.67	1.5	192.84	150.87	21.17	—	—	19.51	109776.6
1号锅炉	2020-12-01	05~06	13.49	13.62	1.48	95.4	96.3	10.49	177.5	179.15	19.51	109916.4
1号锅炉	2020-12-01	06~07	14.44	14.39	1.6	71.45	71.22	7.9	165.82	165.3	18.34	110610
1号锅炉	2020-12-01	07~08	13.55	13.41	1.46	57.98	57.39	6.24	148.26	146.74	15.97	107706
1号锅炉	2020-12-01	08~09	13.62	14.06	1.5	98.35	101.54	10.8	144.05	148.73	15.82	109809
1号锅炉	2020-12-01	09~10	12.75	12.8	1.38	105.73	106.17	11.46	157.77	158.44	17.1	108415.8
1号锅炉	2020-12-01	10~11	14.59	14.51	1.55	89.54	89.07	9.53	150.69	149.9	16.03	106375.8
1号锅炉	2020-12-01	11~12	14	13.66	1.48	32.89	32.1	3.47	152.47	148.79	16.07	105378.6
1号锅炉	2020-12-01	12~13	13.85	12.96	1.46	53.71	50.25	5.67	151.8	142.03	16.03	105617.4
……	……	……	……	……	……	……	……	……	……	……	……	……
1号锅炉	2020-12-31	18~19	11.97	10.95	1.61	74.15	67.82	9.99	172.24	157.52	23.2	134692.8

续表

排放口名称	日期	时间	颗粒物实测浓度（mg/m³）	颗粒物折算浓度（mg/m³）	颗粒物排放量（kg）	二氧化硫实测浓度（mg/m³）	二氧化硫折算浓度（mg/m³）	二氧化硫排放量（kg）	氮氧化物实测浓度（mg/m³）	氮氧化物折算浓度（mg/m³）	氮氧化物排放量（kg）	标态流量（m³）
1号锅炉	2020-12-31	19~20	15.73	14.51	2.1	99.63	91.93	13.3	173.45	160.04	23.16	133531.8
1号锅炉	2020-12-31	20~21	16.68	14.88	2.27	152.24	135.81	20.7	177.52	158.36	24.14	135994.8
1号锅炉	2020-12-31	21~22	17.13	16.13	2.41	77.54	73.02	10.93	172.94	162.86	24.38	140998.8
1号锅炉	2020-12-31	22~23	13.95	13.3	1.99	80.9	77.16	11.51	175.5	167.38	24.98	142324.2
1号锅炉	2020-12-31	23~00	18.26	16.4	2.59	134.64	120.93	19.07	176.12	158.18	24.94	141618
平均值			11.89	11.00		100.90	93.54		162.70	151.00		
最大值			37.63	29.56		234.23	193.18		224.56	187.65		
月排放量					838.37			6704.36			10730.39	62393180.40

说明：上表为生态环境部门传递的企业自动监测小时均值月报表，是采用自动监测方式核算污染物排放量纳税人申报计算环境保护税的重要依据。

按照相关政策规定，采用自动监测的，应按自动监测数据计算排放量；当自动监测设备发生故障、设备维护、启停炉、停运等状态时，应当按照相关法律法规等规定，用标记、处理后的自动监测数据计算排放量。在判断能否享受减免及减免档次时，有折算浓度值的，使用折算浓度值；没有折算浓度值的，使用实测浓度值。因此获取如下有用数据：

（1）当月废气排放总量：62393180.40m^3，即6239.31804×$10^4 m^3$。

（2）自动监测数据报表中每种污染物监测数据的第一列为实测浓度，第二列为折算浓度。

排放烟尘（颗粒物）月均小时折算浓度为11mg/m^3，月均小时折算浓度最大值为29.56mg/m^3，月累计排放量为838.37千克；

二氧化硫（SO_2）月均小时折算浓度为93.54mg/m^3，月均小时折算浓度最大值为193.18mg/m^3，月累计排放量为6704.36千克；

氮氧化物（NO_x）月均小时折算浓度为151mg/m^3，月均小时折算浓度最大值为187.65mg/m^3，月累计排放量为10730.39千克。

第二步，计算排放当量数。

烟尘（颗粒物）月排放当量数=838.37÷2.18（烟尘当量值）=384.57339

二氧化硫（SO_2）月排放当量数=6704.36÷0.95（二氧化硫当量值）=7057.22105

氮氧化物（NO_x）月排放当量数=10730.39÷0.95（氮氧化物当量值）=11295.14737

第三步，计算应纳税额。烟尘税率：1.2元/当量，二氧化硫和氮氧化物税率：2.4元/当量。

384.57339×1.2+（7057.22105+11295.14737）×2.4=44507.17（元）

第四步，计算减免税额。

国家排放标准为：二氧化硫200mg/m^3、氮氧化物200mg/m^3、烟尘30mg/m^3。在判断是否能享受减免税时，首先要看所有污染物月小时折算浓度最大值是否超过国家和地方规定的排放标准，若有小时折算浓度超标的数据，则无法享受减免税。其次，在所有污染物小时折算浓度平均值全部达标的情况下，确定减税幅度。确定减税适用档次应使用折算浓度。当月企业排放应税污染物小时折算浓度平均值分别为：二氧化硫93.54mg/m^3、氮氧化物151mg/m^3、烟尘11mg/m^3，

二氧化硫、氮氧化物、烟尘低于排放标准，减税幅度分别为：

二氧化硫折算浓度低于标准浓度判断：93.54÷200＜0.5，可享受50%减征。

氮氧化物折算浓度低于标准浓度判断：151÷200＞0.7，不适用减征优惠。

烟尘折算浓度低于标准浓度判断：11÷30＜0.5，可享受50%减征。

享受减征优惠计算：

7057.22105×2.4×50%+384.57339×1.2×50%=8699.41（元）

第五步，应缴纳税额计算。

应缴纳税额 = 应纳税额−减免税额 =44507.17−8699.41=35807.76（元）

15.1.2　监测机构监测方法

燃煤供热企业除主要排放口排放的二氧化硫、氮氧化物及烟尘外，委托第三方监测的大气污染物（例如，汞及其化合物）、水污染物及噪声依据监测机构监测法核算。其中，汞及其化合物的监测频次按照《排污许可证申请与核发技术规范 锅炉》和《排污单位自行监测技术指南 火力发电及锅炉》（HJ 820—2017）的要求，每个季度监测一次，并且排污单位应将手工监测时段内生产负荷与核算时段内的平均生产负荷进行对比，给出对比结果。监测机构监测方法大气及水污染物排放量计算公式为：

$$E_i = C \times Q \times T \times 10^{-9}$$

$$C = \frac{\sum_{k=1}^{n}(C_k \times Q_k)}{\sum_{k=1}^{n} Q_k}$$

$$Q = \frac{\sum_{k=1}^{n} Q_k}{n}$$

式中：E_i——核算时段内第 i 个主要排放口污染物的实际排放量，吨；

　　　C——第 i 个主要排放口污染物的实测小时加权平均排放浓度（标态干基），毫克/立方米；

　　　Q——第 i 个主要排放口的小时平均干烟气量（标态），立方米/小时；

　　　C_k——核算时段内第 k 次监测的小时监测浓度（标态），毫克/立方米；

　　　Q_k——核算时段内第 k 次监测的小时干烟气量（标态），立方米/小时；

　　　n——核算时段内取样监测次数，无量纲；

　　　T——核算时段内污染物排放时间，小时。

【实例15-2】 某燃煤锅炉供暖企业1月份委托有资质的第三方监测机构对锅炉排放口的汞及其化合物进行检测，检测结果为：实测浓度值0.003mg/m³，折算浓度值0.004mg/m³，标态烟气量10000Nm³/h，本月锅炉全月运行。该排放口3月份在线监测总烟气量为800万Nm³（在线监测设备符合国家规定和监测规范）。请核算1月份该锅炉排放口汞及其化合物的污染当量数。

【解析】汞及其化合物排放量=800×0.003/100=0.024kg

污染当量数=0.024/0.0001=240

实例15-1和实例15-2分别对自动监测和手工监测情形环境保护税的计算过程进行了举例说明，相对比较简单，实际工作中企业往往同时采用两种监测方式，此外也需要考虑同一排放口大气污染物超过三项的排序问题，下面我们将综合上述因素进行举例说明。

【实例15-3】某燃煤供热企业锅炉烟气排放口的二氧化硫、氮氧化物、烟尘安装污染物自动监测设备并与当地环保部门联网，该企业2022年第一季度对在线监测设备进行比对监测且比对合格。在线监测数据显示，1月份二氧化硫、氮氧化物、烟尘的排放量分别为15000kg、49000kg、7000kg。该排放口1月份标态烟气月累计流量为86000万Nm^3。该企业2月份外委有CMA资质的第三方监测机构对该排放口的一氧化碳、汞及其化合物进行委托监测，浓度检测结果分别为150mg/m^3和0.009mg/m^3。汞及其化合物的排放标准为0.03mg/m^3。1月份所有污染物都达标排放，且二氧化硫、氮氧化物、烟尘的排放浓度均低于排放标准50%以上。请核算该企业1月份该排放口环境保护税应缴税额。

【解析】第一步，确定核算方法。

该企业在线比对合格，烟尘、二氧化硫、氮氧化物用自动监测法，汞及其化合物和一氧化碳采用手工监测法核算。

第二步，核算该排放口所有应税污染物污染当量数。

二氧化硫污染当量数：15000÷0.95=15789.4737

氮氧化物污染当量数：49000÷0.95=51578.9474

烟尘污染当量数：7000÷2.18=3211.0092

汞及其化合物污染当量数：86000×0.009÷100÷0.0001=77400

一氧化碳污染当量数：86000×150÷100÷16.7=7724.5509

说明：当监测机构监测污染物所在排放口有自动监测设备时，其废烟气流量应选用自动监测设备标态烟气月累计流量数据，因此在计算汞及其化合物与一氧化碳的排放量时，应选取该排放口自动监测设备标态烟气月累计流量数据。依据相关政策规定，采用监测机构监测数据申报的，如当月没有进行监测，可沿用当季度其他月份监测报告数据进行计算。本例中，汞及其化合物与一氧化碳没有1月份的监测机构监测数据，因此需沿用2月份监测机构监测数据进行计算。

第三步，确定征税污染物品目。

依照排序，污染当量数排在前三的污染物分别为汞及其化合物、氮氧化物、二氧化硫。

第四步，核算应纳税额。

二氧化硫、氮氧化物单位税额为2.4元/当量，汞及其化合物单位税额为1.2元/当量。

应纳税额=（15789.4737+51578.9474）×2.4+77400×1.2=254564.211（元）

第五步，核算减免税额。

因为汞及其化合物是2月监测，依据财税〔2018〕117号文件，纳税人采用监测机构出具的监测数据申报减免环境保护税的，应当取得申报当月的监测数据；当月无监测数据的，不予减免环境保护税。二氧化硫和氮氧化物小时均值低于排放标准的50%，减按50%征收环境保护税。

减免税额=（15789.4737+51578.9474）×2.4×0.5=80842.1053（元）

第六步，计算应缴纳税额。

应缴纳税额=254564.211-80842.1053=173722.106（元）

【实例15-4】 某供热企业在厂界四周各有两个噪声监测点位，2022年1月噪声监测结果为：该企业所在二类地区昼间噪声排放标准为60分贝，夜间排放标准为50分贝。该企业各噪声源当月白天工作30天，夜间工作12天。当月监测时，沿厂界100米以上有两处以上噪声超标。请计算当月应纳噪声环境保护税。

【解析】 第一步，确定四周厂界最大排放值，填入计算表（见表15-2），计算得昼间超标最大值为8分贝，夜间超标最大值为13分贝，对应征税标准分别为1400元、5600元。

表15-2 噪声超标计算表

单位：分贝

方位		北	西	南	东
昼	标准值	60	60	60	60
	监测值	68	55	62	47
	超标值	8	-5	2	-13
夜	标准值	50	50	50	50
	监测值	47	63	43	44
	超标值	-3	13	-7	-6

第二步，确定超标噪声沿厂界长度，大于100米，按2倍计算。

第三步，确定天数，昼间超过15天，按一个月计算；夜间不足15天，减半计算。

第四步，计算应纳税额。

应纳税额=1400×2+5600×2÷2=8400（元）

15.1.3 大气排污系数（物料衡算）方法

若供热锅炉排放口在线监测设备未进行验收、未进行比对监测或在线监测数据未进行修约，则在线监测数据不能作为计税依据核算环境保护税，需要用产排污系数（物料衡算）方法核算应税污染物的排放量。除供热锅炉排放口外的排放口，没有进行手工监测，未取得监测机构监测数据的，或大气污染物无组织排放，也需要用产排污系数（物料衡算）方法核算应税污染物的排放量。

对于因自动监控设施发生故障以及其他情况导致数据缺失的，按照《固定污染源烟气（SO_2、NO_X、颗粒物）排放连续监测技术规范》（HJ 75—2017）进行补遗。二氧化硫、氮氧化物、颗粒物在线监测数据季度有效捕集率不到75%的，自动监测数据不能作为核算实际排放量的依据，应采用产排污系数（物料衡算）方法核算应税污染物的排放量。

15.1.3.1 物料衡算法

排污许可证中规定要求采用自动监测的排放口或污染物项目而未采用的，采用物料衡算法核算二氧化硫的实际排放量，采用产污系数法核算氮氧化物和烟尘的实际排放量，且均按直接排放进行核算。未按照相关规范文件等要求进行手工监测（无有效监测数据）的排放口或污染物项目，有有效治理设施的按排污系数法核算，无有效治理设施的按产污系数法核算。供热企业锅炉废气污染物在核算时段内非正常情况下的实际排放量首先采用实测法核算，无法采用实测法核算的，采用物料衡算法核算二氧化硫排放量，采用产污系数法核算其他污染物排放量，且均按直接排放进行核算。

由于《排污许可申请与核发技术规范 锅炉》是2018年7月31日发布并实施的，按照81公告中《污染物实际排放量核算方法 造纸行业》一般原则中执行"《锅炉大气污染物排放标准》的生产设施或排放口，暂按《污染物实际排放量核算方法 制革及毛皮加工工业——制革工业》'3 废气污染物实际排放量核算方法'中锅炉大气污染物实际排放量核算方法核算，待锅炉工业排污许可证申请与核发技术规范发布后从其规定"的要求，2018年7月31日之前，按照81号公告中制革工业燃煤工业锅炉的废气产排污系数进行核算，2018年7月31日以后按照《排污许可证申请与核发技术规范 锅炉》（HJ 953—2018）的产排污系数核算。

若供暖企业锅炉存在惩罚性征税的行为，则二氧化硫的排放量采用物料衡算法的具体核算方法如下：

固体/液体燃料采用物料衡算法核算二氧化硫排放量，根据燃料消耗量、硫含量进行核算，按直排进行核算。

二氧化硫物料衡算方法计算公式为：

$$E_{SO_2}=2B_g \times \left(1-\frac{q_4}{100}\right) \times \frac{S_{t,ar}}{100} \times K$$

式中：E_{SO_2}——二氧化硫排放量，t；

B_g——锅炉燃料耗量，t；

q_4——锅炉机械不完全燃烧热损失，%；

$S_{t,ar}$——燃料收到基全硫分，%，$S_{t,ar}$ 取核算时段内最大值；

K——燃料中的硫燃烧后氧化成二氧化硫的份额。

气体燃料采用物料衡算法核算二氧化硫排放量，根据燃料消耗量、硫含量进行核算，按直排进行核算。

计算公式为：

$$E_{SO_2}=2.857R \times \frac{S}{100} \times \left(1-\frac{q_4}{100}\right) \times K \times 10$$

式中：E_{SO_2}——核算时段内二氧化硫排放量，吨；

2.857——1 标准立方米二氧化硫的重量，千克/立方米；

R——核算时段内锅炉燃料耗量，万立方米；

S——燃料中硫化氢的体积百分数，百分比；

q_4——锅炉机械不完全燃烧热损失，百分比；

K——燃料中的硫燃烧后氧化成二氧化硫的份额，无量纲。

锅炉机械不完全燃烧热损失可根据实测资料或锅炉生产商热平衡计算资料取值，也可参考表15-3。

表15-3 机械未完全燃烧热损失 q_4 的一般取值

锅炉容量	燃料类型	炉型	q_4（%）	锅炉容量	燃料类型	炉型	q_4（%）
14MW或20t/h及以上	燃煤	层燃炉	5	14MW或20t/h以下	燃煤	层燃炉	10
		流化床炉	5，2（生物质）			流化床炉	16，2（生物质）
		室燃炉	2			室燃炉	3
	燃油	室燃炉	0		燃油	室燃炉	0
	燃气	室燃炉	0		燃气	室燃炉	0

燃料中硫分在燃烧后生成二氧化硫的份额 K 按表15-4选取。

表15-4 燃料中的硫生成二氧化硫的份额

锅炉容量	炉 型		K
14MW或20t/h及以上	燃煤锅炉	层燃炉	0.85
		流化床炉（未加固硫剂）	0.8
		室燃炉	0.9
	燃生物质锅炉		0.5
	燃油/燃气锅炉		1
14MW或20t/h以下	燃煤锅炉	层燃炉	0.825
		流化床炉（未加固硫剂）	0.775
		室燃炉	0.9
	燃生物质锅炉		0.4
	燃油/燃气锅炉		1

15.1.3.2 产排污系数法

2018年7月31日之前，烟尘、氮氧化物、二氧化硫产排污系数依据《污染物实际排放量核算方法 制革及毛皮加工工业——制革工业》之"3废气污染物实际排放量核算方法"选取，2018年8月1日以后按照《排污许可证申请与核发技术规范锅炉》（HJ 953—2018）的产排污系数核算。计算公式为：

$$E_j = R \times \beta_j \times 10^{-3}$$

式中：E_j——核算时段内第j种污染物的排放量，吨；

R——核算时段内锅炉燃料耗量，吨或万立方米；

β_j——第j种污染物产排污系数，千克/吨-燃料或千克/万立方米-燃料。

不同炉型的锅炉的废气产排污系数见表15-5至表15-8。

表15-5 燃煤锅炉的废气产排污系数

燃料名称	工艺名称	规模等级	污染物指标	单位	产污系数	末端治理技术名称	排污系数
烟煤	层燃炉	所有规模	二氧化硫	千克/吨-燃料	16S（无炉内脱硫）	直排	16S
						湿法脱硫（石灰石/石灰-石膏湿法、氧化镁法、钠碱法、氨法）	1.2S
						干法/半干法脱硫（烟气循环流化床脱硫、喷雾干燥法脱硫）	2.4S

续表

燃料名称	工艺名称	规模等级	污染物指标	单位	产污系数	末端治理技术名称	排污系数
烟煤	层燃炉	所有规模	二氧化硫	千克/吨-燃料	11.2S（炉内脱硫）	直排	11.2S
						湿法脱硫（石灰石/石灰-石膏湿法、氧化镁法、钠碱法、氨法）	0.84S
						干法/半干法脱硫（烟气循环流化床脱硫、喷雾干燥法脱硫）	1.68S
			烟尘	千克/吨-燃料	1.25A	直排	1.25A
						袋式除尘技术	0.013A
						干式电除尘技术	0.038A
						电袋复合除尘技术	0.003A
			氮氧化物	千克/吨-燃料	2.94（无低氮燃烧）	直排	2.94
						SNCR	2.06
						SCR	0.59
						SNCR-SCR联合	0.59
					2.06（低氮燃烧）	直排	2.06
						SNCR	1.44
						SCR	0.41
						SNCR-SCR联合	0.41
	循环流化床炉	所有规模	二氧化硫	千克/吨-燃料	15S（无脱硫剂）	直排	15S
						湿法脱硫（石灰石/石灰-石膏湿法、氧化镁法、钠碱法、氨法）	1.13S
						干法/半干法脱硫（烟气循环流化床脱硫、喷雾干燥法脱硫）	2.25S
					4.5S（添加脱硫剂）	直排	4.5S
						湿法脱硫（石灰石/石灰-石膏湿法、氧化镁法、钠碱法、氨法）	0.34S
						干法/半干法脱硫（烟气循环流化床脱硫、喷雾干燥法脱硫）	0.68S

续表

燃料名称	工艺名称	规模等级	污染物指标	单位	产污系数	末端治理技术名称	排污系数
烟煤	循环流化床炉	所有规模	烟尘	千克/吨-燃料	5.19A	直排	5.19A
						袋式除尘技术	0.052A
						干式电除尘技术	0.16A
						电袋复合除尘技术	0.01A
			氮氧化物	千克/吨-燃料	2.7（无低氮燃烧）	直排	2.7
						SNCR	1.35
						SCR	0.54
						SNCR-SCR 联合	0.54
					1.89（低氮燃烧）	直排	1.89
						SNCR	0.95
						SCR	0.38
						SNCR-SCR 联合	0.38
	煤粉炉	所有规模	二氧化硫	千克/吨-燃料	17S（无炉内脱硫）	直排	17S
						湿法脱硫（石灰石/石灰-石膏湿法、氧化镁法、钠碱法、氨法）	1.28S
						干法/半干法脱硫（烟气循环流化床脱硫、喷雾干燥法脱硫）	2.55S
					11.9S（炉内脱硫）	直排	11.9S
						湿法脱硫（石灰石/石灰-石膏湿法、氧化镁法、钠碱法、氨法）	0.89S
						干法/半干法脱硫（烟气循环流化床脱硫、喷雾干燥法脱硫）	1.79S
			烟尘	千克/吨-燃料	8.93A	直排	8.93A
						袋式除尘技术	0.089A
						干式电除尘技术	0.27A
						电袋复合除尘技术	0.018A
			氮氧化物	千克/吨-燃料	4.72（无低氮燃烧）	直排	4.72
						SNCR	3.3
						SCR	0.94
						SNCR-SCR 联合	0.94

续表

燃料名称	工艺名称	规模等级	污染物指标	单位	产污系数	末端治理技术名称	排污系数
烟煤	煤粉炉	所有规模	氮氧化物	千克/吨-燃料	3.3（低氮燃烧）	直排	3.3
						SNCR	2.31
						SCR	0.66
						SNCR-SCR联合	0.66
褐煤	层燃炉	所有规模	二氧化硫	千克/吨-燃料	15S（无炉内脱硫）	直排	15S
						湿法脱硫（石灰石/石灰-石膏湿法、氧化镁法、钠碱法、氨法）	1.13S
						干法/半干法脱硫（烟气循环流化床脱硫、喷雾干燥法脱硫）	2.25S
					10.5S（炉内脱硫）	直排	10.5S
						湿法脱硫（石灰石/石灰-石膏湿法、氧化镁法、钠碱法、氨法）	0.79S
						干法/半干法脱硫（烟气循环流化床脱硫、喷雾干燥法脱硫）	1.58S
			烟尘	千克/吨-燃料	1.25A	直排	1.25A
						袋式除尘技术	0.013A
						干式电除尘技术	0.038A
						电袋复合除尘技术	0.003A
			氮氧化物	千克/吨-燃料	2.94（无低氮燃烧）	直排	2.94
						SNCR	2.06
						SCR	0.59
						SNCR-SCR联合	0.59
					2.06（低氮燃烧）	直排	2.06
						SNCR	1.44
						SCR	0.41
						SNCR-SCR联合	0.41

续表

燃料名称	工艺名称	规模等级	污染物指标	单位	产污系数	末端治理技术名称	排污系数
褐煤	煤粉炉	所有规模	二氧化硫	千克/吨-燃料	17S（无炉内脱硫）	直排	17S
						湿法脱硫（石灰石/石灰-石膏湿法、氧化镁法、钠碱法、氨法）	1.28S
						干法/半干法脱硫（烟气循环流化床脱硫、喷雾干燥法脱硫）	2.55S
					11.9S（炉内脱硫）	直排	11.9S
						湿法脱硫（石灰石/石灰-石膏湿法、氧化镁法、钠碱法、氨法）	0.89S
						干法/半干法脱硫（烟气循环流化床脱硫、喷雾干燥法脱硫）	1.79S
			烟尘	千克/吨-燃料	8.93A	直排	8.93A
						袋式除尘技术	0.089A
						干式电除尘技术	0.27A
						电袋复合除尘技术	0.018A
			氮氧化物	千克/吨-燃料	4.72（无低氮燃烧）	直排	4.72
						SNCR	3.3
						SCR	0.94
						SNCR-SCR联合	0.94
					3.3（低氮燃烧）	直排	3.3
						SNCR	2.31
						SCR	0.66
无烟煤	层燃炉	所有规模	二氧化硫	千克/吨-燃料	16S（无炉内脱硫）	直排	16S
						湿法脱硫（石灰石/石灰-石膏湿法、氧化镁法、钠碱法、氨法）	1.2S
						干法/半干法脱硫（烟气循环流化床脱硫、喷雾干燥法脱硫）	1.6S

续表

燃料名称	工艺名称	规模等级	污染物指标	单位	产污系数	末端治理技术名称	排污系数
无烟煤	层燃炉	所有规模	二氧化硫	千克/吨-燃料	11.2S（炉内脱硫）	直排	11.2S
						湿法脱硫（石灰石/石灰-石膏湿法、氧化镁法、钠碱法、氨法）	0.84S
						干法/半干法脱硫（烟气循环流化床脱硫、喷雾干燥法脱硫）	1.68S
			烟尘	千克/吨-燃料	1.8A	直排	1.8A
						袋式除尘技术	0.018A
						干式电除尘技术	0.054A
						电袋复合除尘技术	0.004A
			氮氧化物	千克/吨-燃料	2.7（无低氮燃烧）	直排	2.7
						SNCR	1.89
						SCR	0.54
						SNCR-SCR联合	0.54
					1.89（低氮燃烧）	直排	1.89
						SNCR	1.32
						SCR	0.38
						SNCR-SCR联合	0.38
	循环流化床炉	所有规模	二氧化硫	千克/吨-燃料	15S（无脱硫剂）	直排	15S
						湿法脱硫（石灰石/石灰-石膏湿法、氧化镁法、钠碱法、氨法）	1.13S
						干法/半干法脱硫（烟气循环流化床脱硫、喷雾干燥法脱硫）	2.25S
					4.5S（添加脱硫剂）	直排	4.5S
						湿法脱硫（石灰石/石灰-石膏湿法、氧化镁法、钠碱法、氨法）	0.34S
						干法/半干法脱硫（烟气循环流化床脱硫、喷雾干燥法脱硫）	0.68S

续表

燃料名称	工艺名称	规模等级	污染物指标	单位	产污系数	末端治理技术名称	排污系数
无烟煤	循环流化床炉	所有规模	烟尘	千克/吨-燃料	4.63A	直排	4.63A
						袋式除尘技术	0.046A
						干式电除尘技术	0.14A
						电袋复合除尘技术	0.009A
			氮氧化物	千克/吨-燃料	1.82（无低氮燃烧）	直排	1.82
						SNCR	0.91
						SCR	0.36
						SNCR-SCR联合	0.36
					1.27（低氮燃烧）	直排	1.27
						SNCR	0.64
						SCR	0.25
						SNCR-SCR联合	0.25

说明：产排污系数表中二氧化硫的产排污系数是以含硫量（S%）的形式表示的，其中含硫量（S%）是指燃煤收到基硫含量，以质量百分数的形式表示。例如，燃料中含硫量（S%）为3%，则S=3。颗粒物的产排污系数是以含灰量（A%）的形式表示的，其中含灰量（A%）是指燃煤收到基灰分，以质量百分数的形式表示。例如，燃料中灰分含量为15%，则A=15。

表15-6 燃油工业锅炉的废气产排污系数

燃料名称	工艺名称	规模等级	污染物指标	单位	产污系数	末端治理技术名称	排污系数
普通柴油（轻油）	室燃炉	所有规模	二氧化硫	千克/吨-燃料	19S	直排	19S
			烟尘	千克/吨-燃料	0.26	直排	0.26
			氮氧化物	千克/吨-燃料	3.67（无低氮燃烧）	直排	3.67
					1.84（低氮燃烧）	直排	1.84
						SCR	0.73
燃料油（重油）	室燃炉	所有规模	二氧化硫	千克/吨-燃料	19S	直排	19S
						湿法脱硫（石灰石/石灰-石膏湿法）	1.4S
			烟尘	千克/吨-燃料	3.28	直排	3.28
						袋式除尘技术	0.033

续表

燃料名称	工艺名称	规模等级	污染物指标	单位	产污系数	末端治理技术名称	排污系数
燃料油（重油）	室燃炉	所有规模	氮氧化物	千克/吨–燃料	3.6（无低氮燃烧）	直排	3.6
					1.8（低氮燃烧）	直排	1.8
						SCR	0.72

说明：产排污系数表中二氧化硫的产排污系数是以含硫量（S%）的形式表示的，其中含硫量（S%）是指燃油收到基硫含量，以质量百分数的形式表示。例如，燃料中含硫量（S%）为0.1%，则S=0.1。

表15-7　燃气工业锅炉的废气产排污系数

燃料名称	工艺名称	规模等级	污染物指标	单位	产污系数	末端治理技术名称	排污系数
天然气	室燃炉	所有规模	二氧化硫	千克/万立方米–燃料	0.02S	直排	0.02S
			烟尘	千克/万立方米–燃料	2.86	直排	2.86
			氮氧化物	千克/万立方米–燃料	18.71（无低氮燃烧）	直排	18.71
					9.36（低氮燃烧）	直排	9.36
液化石油气	室燃炉	所有规模	二氧化硫	千克/万立方米–燃料	0.02S	直排	0.02S
			烟尘	千克/万立方米–燃料	2.86	直排	2.86
			氮氧化物	千克/万立方米–燃料	59.61	直排	59.61
煤气	室燃炉	所有规模	二氧化硫	千克/万立方米–燃料	0.02S	直排	0.02S
			烟尘	千克/万立方米–燃料	2.86	直排	2.86
			氮氧化物	千克/万立方米–燃料	8.6（无低氮燃烧）	直排	8.6
					4.3（低氮燃烧）	直排	4.3

说明：产排污系数表中二氧化硫的产排污系数是以含硫量（S）的形式表示的，其中含硫量（S）是指燃气硫分含量，单位为毫克/立方米。例如，燃料中含硫量（S）为200毫克/立方米，则S=200。

表15-8 燃生物质工业锅炉的废气产排污系数

燃料名称	工艺名称	规模等级	污染物指标	单位	产污系数	末端治理技术名称	排污系数
生物质	层燃炉	所有规模	二氧化硫	千克/吨-燃料	17S	直排	17S
			烟尘（散烧、捆烧）	千克/吨-燃料	37.6	直排	37.6
						旋风除尘+袋式除尘技术	0.38
			烟尘（成型燃料）	千克/吨-燃料	0.5	直排	0.5
						旋风除尘+袋式除尘技术	0.005
			氮氧化物	千克/吨-燃料	1.02（无低氮燃烧）	直排	1.02
						SNCR	0.51
					0.71（低氮燃烧）	直排	0.71
						SNCR	0.36
	循环流化床炉	所有规模	二氧化硫	千克/吨-燃料	17S	直排	17S
			烟尘（散烧、捆烧）	千克/吨-燃料	37.6	直排	37.6
						旋风除尘+袋式除尘技术	0.38
			烟尘（成型燃料）	千克/吨-燃料	0.5	直排	0.5
						旋风除尘+袋式除尘技术	0.005
			氮氧化物	千克/吨-燃料	1.02（无低氮燃烧）	直排	1.02
						SNCR	0.51
					0.71（低氮燃烧）	直排	0.71
						SNCR	0.36
	室燃炉	所有规模	二氧化硫	千克/吨-燃料	17S	直排	17S
			烟尘（散烧、捆烧）	千克/吨-燃料	37.6	直排	37.6
						旋风除尘+袋式除尘技术	0.38
			烟尘（成型燃料）	千克/吨-燃料	0.5	直排	0.5
						旋风除尘+袋式除尘技术	0.005
			氮氧化物	千克/吨-燃料	1.02（无低氮燃烧）	直排	1.02
						SNCR	0.51
					0.71（低氮燃烧）	直排	0.71
						SNCR	0.36

说明：二氧化硫的产排污系数是以含硫量（S%）的形式表示的，其中含硫量（S%）是指生物质收到基硫含量，以质量百分数的形式表示。例如，生物质中含硫量（S%）为0.1%，则S=0.1。

【实例15-5】 某燃煤锅炉供暖企业安装2台100t/h的层燃炉为周边居民冬季供暖，燃煤为烟煤，锅炉没有安装低氮燃烧器，除尘工艺为袋式除尘器，脱硝工艺为SNCR，两台锅炉烟气共同经过1根80米高烟囱排放，在烟囱上安装在线监测设备，在线监测设备已验收并与当地生态环境主管部门联网。2021年第四季度该在线监测设备在线监测数据的有效捕集率为60%，该锅炉房11月份燃煤量为2000吨，11月份入炉煤收到基灰分为20%，收到基硫分为0.8%。请核算该企业11月份锅炉废气排放口烟尘、二氧化硫和氮氧化物的排放量。

【解析】（1）确定核算方法。该企业第四季度在线监测数据的有效捕集率为60%，低于75%，故二氧化硫用物料衡算方法，烟尘和氮氧化物用产污系数法，均按直排量核算。

（2）系数选取。锅炉为层燃炉，煤种为烟煤，锅炉没有安装低氮燃烧器。

故烟尘产污系数=1.25A=1.25×20=25

氮氧化物的产污系数为2.94。

二氧化硫采用物料衡算的方法核算。查表可知 $q=5$，$K=0.85$。

（3）污染物排放量的核算。

二氧化硫排放量=2×2000×0.8/100×（1−5/100）×0.85×1000=25840kg

烟尘排放量=25×2000=50000kg

氮氧化物排放量=2.94×2000=5880kg

【实例15-6】 某燃煤锅炉供暖企业安装2台100t/h的层燃炉为周边居民冬季供暖，燃煤为烟煤，锅炉没有安装低氮燃烧器，除尘工艺为袋式除尘器，脱硫工艺为氧化镁法，脱硝工艺为SNCR，两台锅炉烟气共同经过1根80米高烟囱排放，在烟囱上安装在线监测设备，在线监测设备已验收并与当地生态环境主管部门联网。2021年第四季度该在线监测设备没有进行比对监测，该锅炉房11月份燃煤量为2000吨，11月份入炉煤收到基灰分为20%，收到基硫分为0.8%。请核算该企业11月份锅炉废气排放口烟尘、二氧化硫和氮氧化物的排放量。

【解析】（1）确定核算方法。该企业第四季度在线监测数据没有进行比对监测，在线监测数据不能作为计税依据，应该采用排污系数法核算烟尘、二氧化硫和氮氧化物的排放量。

（2）系数选取。锅炉为层燃炉，煤种为烟煤，锅炉没有安装低氮燃烧器。除尘工艺为袋式除尘，脱硫工艺为氧化镁法，脱硝工艺为SNCR，查表可知：

烟尘排污系数=0.013A=0.013×20=0.26

二氧化硫的排污系数=1.2S=1.2×0.8=0.96

氮氧化物的排污系数为2.06。

（3）污染物排放量计算。

二氧化硫排放量=0.96×2000=1920kg

烟尘排放量=0.26×2000=520kg

氮氧化物排放量=2.06×2000=4120kg

15.1.3.3 一般排放口及无组织排放系数法

详见本书第3部分燃煤电厂该部分的计算。

15.2 应税水污染物排放量的核算

若锅炉燃烧企业将处理后的生活污水用于绿化、降尘，属于直接向环境排放应税污染物。依据《排污单位自行监测技术指南 火力发电及锅炉》（HJ 820）的相关要求，锅炉燃烧企业废水总排放口需要监测的应税污染物有COD_{cr}、氨氮、悬浮物，脱硫废水排放口需要监测的应税污染物有总砷、总铅、总汞、总镉。

1. 在线监测数据计算

具体见锅炉大气污染物在线监测计算方法。

2. 应税水污染物的排放量计算

应税水污染物的排放量计算基本上采用手工监测法，其计算公式为：

应税水污染物排放量（kg）=手工监测的平均浓度值（mg/L）× 水排放量（吨）/1000

3. 系数法

锅炉的废水产排污系数见表15-9。

表15-9 锅炉的废水产排污系数

燃料名称	工艺名称	规模等级	污染物指标	单位	产污系数	末端治理技术名称	排污系数
燃煤	全部类型锅炉（锅内水处理[a]）	所有规模	化学需氧量[c]	克/吨-燃料	70	物理+化学法+综合利用	0
						物理+化学法	20
燃煤	全部类型锅炉（锅外水处理[b]）	所有规模	化学需氧量	克/吨-燃料	90	物理+化学法+综合利用	0
						物理+化学法	30
燃油	全部类型锅炉（锅内水处理）	所有规模	化学需氧量	克/吨-燃料	190	物理+化学法+综合利用	0
						物理+化学法	80
燃油	全部类型锅炉（锅外水处理）	所有规模	化学需氧量	克/吨-燃料	270	物理+化学法+综合利用	0
						物理+化学法	110

续表

燃料名称	工艺名称	规模等级	污染物指标	单位	产污系数	末端治理技术名称	排污系数
燃气	全部类型锅炉（锅内水处理）	所有规模	化学需氧量	克/万立方米-燃料	790	物理+化学法+综合利用	0
						物理+化学法	320
	全部类型锅炉（锅外水处理）	所有规模	化学需氧量	克/万立方米-燃料	1080	物理+化学法+综合利用	0
						物理+化学法	430
燃生物质燃料	全部类型锅炉（锅内水处理）	所有规模	化学需氧量	克/吨-燃料	20	物理+化学法+综合利用	0
						物理+化学法	10
	全部类型锅炉（锅外水处理）	所有规模	化学需氧量	克/吨-燃料	30	物理+化学法+综合利用	0
						物理+化学法	10

注：a 锅内水处理，是指通过向锅炉内投入一定数量的软水剂，使锅炉给水中的结垢物质转变成泥垢，然后通过锅炉排污将沉渣排出锅炉，从而达到减缓或防止水垢结生的目的。锅内水处理只有锅炉排污水产生。

b 锅外水处理，又称为锅外化学水处理，是指对进入锅炉之前的给水预先进行的各种预处理及软化、除碱或除盐等处理（主要是包括沉淀软化和水的离子交换软化），使水质达到各种类型锅炉的要求，是锅炉水质处理的主要方式。在锅外水处理过程中，会产生软化处理废水，同时锅炉运行过程中同样会产生锅炉排污水。因此对于锅外水处理的情况应同时考虑锅炉排污水和软化处理废水。

c 只经过物理方法处理的情形按直排计，排污系数等于产污系数。

15.3 应税固体废物排放量产排污系数（物料衡算）方法核算

锅炉燃烧企业（燃煤供热企业）的应税固体废物包括一般固体废物和危险废物。一般固体废物主要包含粉煤灰、炉渣。

粉煤灰、炉渣的产生量，在2021年4月30日之前按照《污染源源强核算技术指南 锅炉》（HJ 991—2018）的核算方法核算，2021年5月1日以后，依据16号公告中工业锅炉（热力生产和供应企业）的相关系数核算，2021年7月1日以后，依据24号公告中工业锅炉（热力供应）的相关系数核算。

2021年4月30日以前，粉煤灰、炉渣的计算公式为：

$$E_{hz}=R \times \left[\frac{A_{ar}}{100} + \frac{q_4 \times Q_{net,ar}}{100 \times 33870} \right]$$

式中：E_{hz}——核算时段内灰渣产生量，t，根据飞灰份额 d_{fh} 可分别核算飞灰、炉渣产生量；

R——核算时段内锅炉燃料耗量，t；

A_{ar}——收到基灰分的质量分数，%，流化床锅炉添加石灰石等脱硫剂时应采用

折算灰分 A_{zs} 代入本公式；

q_4——锅炉机械不完全燃烧热损失，%；

$Q_{net,ar}$——收到基低位发热量，kJ/kg。

q_4 的一般取值见表15-10。

表15-10　锅炉机械不完全燃烧热损失的一般取值

炉 型		q_4/%	炉 型	q_4/%
层燃炉	链条炉排炉	5~15	流化床炉	5~27，2（生物质）
	往复炉排炉	7~12	煤粉炉	2~4
注：燃料挥发分高、灰分低可取低值，取值大小排序一般为褐煤＜烟煤＜贫煤＜无烟煤或煤矸石。				

飞灰份额的一般取值见表15-11。

表15-11　锅炉烟气带出飞灰份额的一般取值

炉 型		d_{fh}/%	炉 型	d_{fh}/%
层燃炉	链条炉排炉	10~20	流化床炉	40~60
	往复炉排炉	15~20	煤粉炉	85~95
注：1.燃料挥发分高、灰分低可取高值，取值大小排序一般为煤矸石＜无烟煤、贫煤、烟煤＜褐煤。 　　2.燃用生物质时，飞灰份加30%。				

2021年5月1日至6月30日，依据16号公告中工业锅炉（热力生产和供应企业）的相关系数核算，具体系数见表15-12。

表15-12　工业锅炉（热力生产和供应行业）产排污系数表——工业固体废物

原料名称	工艺名称	规模等级	污染物指标	单 位	产污系数	末端治理技术名称	排污系数
燃煤	层燃炉	所有规模	粉煤灰	千克（干基）/吨-原料	1.01A[①]	—	—
			炉渣	千克（干基）/吨-原料	9.24A	—	—
	室燃炉	所有规模	粉煤灰	千克（干基）/吨-原料	8.51A	—	—
			炉渣	千克（干基）/吨-原料	1.05A	—	—
	抛煤机炉	所有规模	粉煤灰	千克（干基）/吨-原料	2.84A	—	—
			炉渣	千克（干基）/吨-原料	7.35A	—	—
	循环流化床炉	所有规模	粉煤灰	千克（干基）/吨-原料	4.73A	—	—
			炉渣	千克（干基）/吨-原料	5.25A	—	—
注：①工业固体废物产污系数是以燃煤的含灰量（A%）来表示的，以干基计。含灰量（A%）是指燃煤收到基灰分含量，以质量百分数的形式表示。例如，燃料中灰分含量为15%，则A=15。							

2021年7月1日以后，依据24号公告中工业锅炉（热力供应）的相关系数核算，具体系数见表15-13。

表15-13　工业锅炉（热力生产和供应行业）产排污系数表——工业固体废物

原料名称	工艺名称	规模等级	污染物指标	单位	产污系数	末端治理技术名称	去除效率（%）	k值计算方法
烟煤	层燃炉	所有规模	粉煤灰	千克（干基）/吨–原料	0.75A（单筒旋风除尘法）	/	/	/
					0.875A（多管旋风除尘法）	/	/	
					1.245A（袋式除尘技术）	/	/	
					1.213A（干式电除尘技术）	/	/	
					1.248A（电袋复合除尘技术）	/	/	
			炉渣	千克（干基）/吨–原料	9.24A	/	/	
			脱硫石膏	千克（干基）/吨–原料	46.957S（石灰石/石灰–石膏湿法）			
	室燃炉	所有规模	粉煤灰	千克（干基）/吨–原料	8.894A（袋式除尘技术）	/	/	
					8.662A（干式电除尘技术）	/	/	
					8.912A（电袋复合除尘技术）	/	/	
			炉渣	千克（干基）/吨–原料	1.05A	/	/	
			脱硫石膏	千克（干基）/吨–原料	53.586S（石灰石/石灰–石膏湿法）			
	抛煤机炉	所有规模	粉煤灰	千克（干基）/吨–原料	3.825A（袋式除尘技术）	/	/	
					3.725A（干式电除尘技术）	/	/	
			炉渣	千克（干基）/吨–原料	7.35A	/	/	
			脱硫石膏	千克（干基）/吨–原料	46.957S（石灰石/石灰–石膏湿法）			
	循环流化床炉	所有规模	粉煤灰	千克（干基）/吨–原料	5.169A（袋式除尘技术）	/	/	
					5.034A（干式电除尘技术）	/	/	
					5.18A（电袋复合除尘技术）	/	/	
			炉渣	千克（干基）/吨–原料	5.25A	/	/	
			脱硫石膏	千克（干基）/吨–原料	44.194S（石灰石/石灰–石膏湿法）			

续表

原料名称	工艺名称	规模等级	污染物指标	单位	产污系数	末端治理技术名称	去除效率（%）	k值计算方法
褐煤	层燃炉	所有规模	粉煤灰	千克（干基）/吨–原料	0.75A（单筒旋风除尘法）	/	/	/
					0.875A（多管旋风除尘法）	/	/	
					1.245A（袋式除尘技术）	/	/	
					1.213A（干式电除尘技术）	/	/	
					1.248A（电袋复合除尘技术）	/	/	
			炉渣	千克（干基）/吨–原料	9.24A	/	/	
			脱硫石膏	千克（干基）/吨–原料	49.565S（石灰石/石灰–石膏湿法）	/	/	
	室燃炉	所有规模	粉煤灰	千克（干基）/吨–原料	8.894A（袋式除尘技术）	/	/	
					8.662A（干式电除尘技术）	/	/	
					8.912A（电袋复合除尘技术）	/	/	
			炉渣	千克（干基）/吨–原料	1.05A	/	/	
			脱硫石膏	千克（干基）/吨–原料	54.138S（石灰石/石灰–石膏湿法）	/	/	
	抛煤机炉	所有规模	粉煤灰	千克（干基）/吨–原料	3.825A（袋式除尘技术）	/	/	
					3.725A（干式电除尘技术）	/	/	
			炉渣	千克（干基）/吨–原料	7.35A	/	/	
			脱硫石膏	千克（干基）/吨–原料	49.565S（石灰石/石灰–石膏湿法）	/	/	
	循环流化床炉	所有规模	粉煤灰	千克（干基）/吨–原料	4.611A（袋式除尘技术）	/	/	
					4.491A（干式电除尘技术）	/	/	
					4.621A（电袋复合除尘技术）	/	/	
			炉渣	千克（干基）/吨–原料	5.25A	/	/	
			脱硫石膏	千克（干基）/吨–原料	46.65S（石灰石/石灰–石膏湿法）	/	/	

续表

原料名称	工艺名称	规模等级	污染物指标	单位	产污系数	末端治理技术名称	去除效率（%）	k值计算方法
无烟煤	层燃炉	所有规模	粉煤灰	千克（干基）/吨–原料	1.08A（单筒旋风除尘法）	/	/	/
					1.26A（多管旋风除尘法）	/	/	
					1.793A（袋式除尘技术）	/	/	
					1.746A（干式电除尘技术）	/	/	
					1.796A（电袋复合除尘技术）	/	/	
			炉渣	千克（干基）/吨–原料	9.24A	/	/	
			脱硫石膏	千克（干基）/吨–原料	44.348S（石灰石/石灰–石膏湿法）	/	/	
	循环流化床炉	所有规模	粉煤灰	千克（干基）/吨–原料	4.611A（袋式除尘技术）	/	/	
					4.491A（干式电除尘技术）	/	/	
					4.621A（电袋复合除尘技术）	/	/	
			炉渣	千克（干基）/吨–原料	5.25A	/	/	
			脱硫石膏	千克（干基）/吨–原料	41.739S（石灰石/石灰–石膏湿法）	/	/	

从上表可以看出，只要确定锅炉的类型（室燃炉/层燃炉）、收到基灰分，就可以计算粉煤灰、炉渣的产生量，计算公式为：

$$固废产生量（t）= 燃煤消耗量 \times 产污系数 \times 10^{-3}$$

15.4 应税噪声排放量的核算

详见本书第2部分中水泥工业企业应税噪声排放量的核算方法。

鸣 谢

国家税务总局大连市税务局
吉林财经大学中国大企业税收研究所
吉林师范大学工程学院
上海中翰沪益税务师事务所有限公司
山西中翰明基税务师事务所有限公司
山东中翰众诚税务师事务所有限公司
内蒙古中翰泽众税务师事务所有限责任公司
河北中翰天道税务师事务所有限公司